周医生与差异化教育

致力于远思题签

· 教育家成长丛书 ·

周远生
与差异化教育

ZHOUYUANSHENG YU CHAYIHUA JIAOYU

中国教育报刊社 · 人民教育家研究院 组编
周远生 著

北京师范大学出版集团
BEIJING NORMAL UNIVERSITY PUBLISHING GROUP
北京师范大学出版社

图书在版编目（CIP）数据

周远生与差异化教育 / 周远生著；中国教育报刊社人民教育家研究院组编 . —北京：北京师范大学出版社，2020.1（2022.6 重印）
（教育家成长丛书）
ISBN 978-7-303-25316-6

Ⅰ.①周… Ⅱ.①周… ②中… Ⅲ.①中小学－教学研究 Ⅳ.①G632.0

中国版本图书馆 CIP 数据核字（2019）第 273019 号

营 销 中 心 电 话　　010-58802135　010-58802786
北师大出版社教师教育分社微信公众号　　京师教师教育

出版发行：北京师范大学出版社　www.bnupg.com
　　　　　北京市西城区新街口外大街 12-3 号
　　　　　邮政编码：100088
印　　刷：北京玺诚印务有限公司
经　　销：全国新华书店
开　　本：787 mm×1092 mm　1/16
印　　张：19.5
字　　数：325 千字
版　　次：2020 年 1 月第 1 版
印　　次：2022 年 6 月第 2 次印刷
定　　价：65.00 元

策划编辑：倪　花　伊师孟　　责任编辑：齐　琳　张筱彤
美术编辑：焦　丽　　　　　　装帧设计：焦　丽
责任校对：段立超　王志远　　责任印制：陈　涛

教育家成长丛书

编委会名单

总　顾　问：柳　斌　顾明远

顾　　　问：叶　澜　田慧生　林崇德　陈玉琨

编委会主任：杨春茂

编　　　委：（按姓氏笔画为序）

于　漪　王瑜琨　方展画　田慧生

成尚荣　任　勇　刘可钦　齐林泉

孙双金　李吉林　杨九俊　杨春茂

吴正宪　汪瑞林　张志勇　张新洲

陈雨亭　郑国民　施久铭　徐启建

唐江澎　陶继新　龚春燕　程红兵

赖配根　鲍东明　窦桂梅　魏书生

主　　　编：张新洲

副　主　编：赖配根　王瑜琨　汪瑞林

总　序

教育是国家发展的基石，教师是基石的奠基者。古人云："国将兴，必贵师而重傅。"兴国必先强教，强教必先重师。党中央、国务院高度重视教师队伍建设。2013 年教师节，习近平总书记在给全国广大教师的慰问信中指出："百年大计，教育为本。教师是立教之本、兴教之源，承担着让每个孩子健康成长、办好人民满意教育的重任。"2014 年，在第 30 个教师节前夕，习总书记到北京师范大学视察并发表重要讲话，指出："一个人遇到好老师是人生的幸运，一个学校拥有好老师是学校的光荣，一个民族源源不断涌现出一批又一批好老师则是民族的希望。"《国家中长期教育改革和发展规划纲要（2010—2020 年）》也明确提出，"有好的教师，才有好的教育"，要"努力造就一支师德高尚、业务精湛、结构合理、充满活力的高素质专业化教师队伍"。"倡导教育家办学"，要创造有利条件，鼓励教师和校长在实践中大胆探索，创新教育思想、教育模式和教育方法，形成教学特色和办学风格，造就一批教育家。"两个一百年"奋斗目标的实现、中华民族伟大复兴中国梦的实现，归根结底要靠人才、靠教育，而支撑起教育光荣梦想的，是千百万的教师。

时代呼唤好老师。有一流的教师，才有一流的教育；有一流的教育，才有一流的国家。出名师、育英才、成伟业，是时代赋予我们教育战线的神圣使命。"所谓大学者，非谓有大楼之谓也，有大师之谓也。"好学校、好教育的最重要标准，就是要有好老师。一所学校、一个地区，乃至一个国家，如果教师有理想、有爱心、有学识、有高超的教育艺术，那么即使硬件设施有些简陋，家长、学生也会心向往之。教师是中国梦的奠基者。教师的重要使命，就是为每个孩子播种梦想、点燃梦想，并帮助他们实现梦想。每一间平凡的教室，每一节朴实的课，都不仅是知识的传递，而且是人类文明精神的接续、人生梦想的起航。正是有亿万个孩子梦想的放飞、绽放，中国梦才更加光彩夺目。如果说中国梦最坚实的土壤是学校，那么教师就是最伟大的"筑梦师"，他们用默默无闻、孜孜不倦的智慧劳动，让每一颗年轻的心灵都与中国梦激情相拥。

倡导教育家办学，造就一批好老师，首先要尊重、珍惜我们的本土智慧、本土创造。教育家不是凭空产生的，而是扎根于自己的民族文化土壤，同时吸收人类文明成果，从而创造出独特而生动的教育实践、教育智慧和教育文明。五千年源远流长的中华文明，不但形成了有我们民族特色的教育理论体系，而且涌现出了千千万万优秀的教育家，有被推崇为"大成至圣先师""万世师表"的孔子，有"匹夫而为百世师，一言而为天下法"的韩愈，有"捧着一颗心来，不带半根草去"的人民教育家陶行知，等等。改革开放40年来，随着教育改革的不断深入，教育战线涌现出了一大批杰出教师。他们痴情于教育事业，坚守理想信念和教育良知，在三尺讲台上默默耕耘、刻苦钻研，同时以敢为天下先的精神大胆创新，不断进取、不断超越，形成了各具特色的教育思想和教学风格。正是他们的成功探索和实践，创造了具有中国风格的教育经验，丰富了具有中国特色的教育理论宝库。原由教育部师范教育司组织编写，现由中国教育报刊社人民教育家研究院组织编写的"教育家成长丛书"，就是要向这些宝贵的本土创造性的教育经验致敬。

当前，教育领域综合改革正在深入推进，考试招生制度改革的大幕已经拉开，立德树人、培育和践行社会主义核心价值观成为大中小学教育的头等任务。可以预见，中国教育将发生深刻的变革，将从"中国制造"向"中国创造"转变。"没有革命的理论，就没有革命的运动。"没有适合中国土壤、具有中国智慧的教育理论，就不可能为未来的中国教育改革提供有效的指导。我们的教育要向"中国创造"飞跃，必然要首先创造属于我们自己的教育理论，而不是"言必称希腊"或者老是贩卖欧美的教育理论。170多年前，美国思想家、诗人爱默生发表了著名演说《美国学者》，号召美国知识界："我们依赖旁人的日子，我们师从他国的长期学徒期时代即将结束。在我们周围，有成百上千万的青年正在走向生活，他们不能老是依赖外国学识的残余来获得营养。"由此，美国迈入精神立国阶段。

　　如今，我们也面临与爱默生同样的情形。随着我国GDP已从世界第二向第一迈进，我们的经济崛起已成为事实，但在道德文明、文化精神等方面，我们还需奋起直追。没有文明的崛起，经济崛起就难以持续。当务之急，是我们需要化解内心深处的文化自卑情结，摆脱对他国文明的精神依附，自觉养成强烈的"中国意识"，独立的中国文化品格，并由此去环视世界，去改造本土实践，去创造属于我们自己的精神养料——这在教育界显得尤为紧迫。"教育家成长丛书"，旨在把我们本土教育实践中蕴含的中国智慧提炼出来，从而形成具有时代意义的中国特色的教育话语体系，再以此去观照、引领、改造中国的教育实践，为伟大的教育改革提供经验、理论支持，也为未来的教育家提供丰富、可资借鉴的精神养料。

　　让我们为中国教育的伟大未来一起努力吧！

2018年3月9日

前　言

　　见证着中国基础教育半个世纪的春华秋实，代表着中国基础教育教学成果的最高成就——"首届基础教育国家级教学成果奖"，闪耀着李吉林、窦桂梅、吴正宪、张思明、洪宗礼、唐江澎、邱学华、于永正、孙双金、薄俊生、龚春燕等一大批优秀教师的名字。而上述这些教师杰出代表恰恰都是《人民教育》"名师人生"栏目中最受读者喜爱的名师，都是"教育家成长丛书"的作者。

　　"教育家成长丛书"（以下简称"丛书"），是在第20个教师节前夕，为了研究、总结、宣传和推广我国众多优秀中小学教师的先进教育思想和鲜活宝贵的教育教学经验，培养造就一大批德才兼备的优秀教师和杰出的教育家，促进教师队伍整体素质的提高，根据教育部党组安排，由师范教育司组织编写的一套凝聚着一大批教育家成长智慧的大型教育丛书。

　　"丛书"自2006年问世以来，不但得到国务院和教育部领导同志的高度重视，而且先后印刷多次尚不能满足广大读者的需求。这其中的奥秘何在？

　　当你翻开"丛书"，每一部著作都讲述着一位教育家成长的故事。这些著作主要从"成长历程""思想概述""课堂实录"和"社会反响"等方面全景式反映其教育思想、教育智慧、专业精神和专业人格的形成过程与教学实践过程。这是教育家成长的基本素质所在。

　　当你沿着教育家成长的足迹走近他们的时候，你会融入这些带有"草根色彩"、扎根中华教育实践大地、充满田野芳香的真实感人的教育故事中。

当你从"丛书"中，从这些当年和自己一样的普通教师，成长为今天受人尊敬的教育家的成长过程中受到启迪，当你触摸着自己的心，把学生的成长和祖国的未来紧紧连在一起的时候，你会真切地感受到教育家离我们并不遥远。

当你用整个身心蘸着自己的生活积累去品味"丛书"中的每一部著作的"成长历程"时，在一位位名师不断学习、不断超越自我、不断超越学科教学的求索足迹中，你会读懂"教育是事业，其意义在于奉献"的丰富内涵。

当你研读"丛书"中的每一部著作的"思想概述"，和每一位名师展开心灵对话的时候，都会深深地感受到，一名教师对教育独立的理解与执着的追求有多么重要。从一名普通的教师成长为受人尊敬的教育家的过程中，你会读懂"教育是科学，其价值在于求真"的深刻含义。透过"丛书"，你会看到一代代教师用爱与智慧塑造民族未来的教育理想。

随着我们从"知识核心时代"走向"核心素养时代"，教师教育教学活动的视野已拓展到人的生存与发展的方方面面。教师要结合自己的教学实践去感悟"教育理念是指导教育行为的思想观念和精神追求"，应该把爱化为自己的教育行为，让爱充盈课堂，触摸到一个个灵动的生命，让爱产生智慧，让爱与智慧在学生心中留下岁月抹不去的美好回忆，让教育者和受教育者都感受到教育的幸福。这是"丛书"给我们的启示，也是每位教师应有的胸怀和视野。

时代呼唤教育家。为了进一步把我们本土教育实践中蕴含的中国智慧提炼出来，从而形成具有时代意义的中国特色的教育话语体系，以此去观照、引领、创新中国的教育实践并在更大范围加以推广，"丛书"将由中国教育报刊社人民教育家研究院继续组织编写，希望能够在更广大教师的心田中播种教育家成长的智慧，从而出更多的名师，育更多的英才，成就中华民族复兴的伟业。这是时代赋予广大教育工作者的神圣使命。如果广大教师能在每位教育家成长、探索教育智慧的过程中受到启迪，形成自己的教育智慧，则实现了我们编辑这套"丛书"的初衷。

"教育家成长丛书"
编 委 会
2018 年 3 月

目 录
CONTENTS
周远生与差异化教育

追寻理想教育足迹

差异化教育思考

差异化诊断测试

差异化个体教学实践

差异化教育评价

差异化教育效果

附　录

追寻理想教育足迹

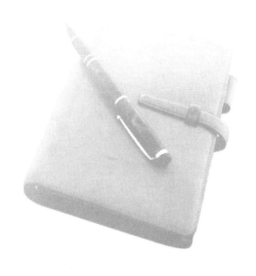

教育就像一条长长的河，40多年来，我在这长河中蹚来蹚去，寻寻觅觅，试图摸索出潮起潮落的规律。

一、此生只想做老师

从古至今，许多中国人都怀有办学梦想、育人梦想，例如孟子，他把"得天下英才而教育之"作为君子之乐，总胸怀社稷，心忧天下，期盼教育救国化民；再如武训、马相伯、晏阳初、陶行知，他们有的办学，有的从教，无不描绘着有关教育的美好图画。

教育就像一条长长的河，40多年来，我在这长河中蹚来蹚去，寻寻觅觅，试图摸索出潮起潮落的规律。

我立志一辈子做教师，从内心深处讲，是因为喜欢教育、热爱教育。一个人若一辈子只做一件事，则必然是因为真心喜欢。我这个喜欢是有个源头的，那就是我祖母。我小时候经常听祖母讲武训的故事，她老人家嘱咐我：长大后要去当老师。老人家觉得这个职业好，风不打头、雨不打脸，开化人、教育人，让孩子们聪明、有学问，是一件功德无量的好事。

青少年时期，我看到父辈们面朝黄土背朝天，一年又一年，和一百年、一千年前一样，终日劳作，辛苦至极，但还是吃不饱、穿不暖，内心既悲凉又万分无奈。那时我听到人家讲放羊娃的故事。

别人问放羊娃："为啥放羊？"

放羊娃答："攒钱，将来娶媳妇。"

又问："娶了媳妇干啥？"

答："生娃。"

再问："那打算让娃将来干啥？"

答："放羊。"

面对贫穷和愚昧的周而复始，我暗暗下决心：将来要做老师，要做最好的老师，要用知识去根除愚昧和落后。

1975年，我高中毕业后，正如祖母所期待的那样，当上了一名民办教师。但没想到，后来我要和爱人贾凤银结婚时，我民办教师的身份却让婚事起了点波折。我们是高中同学，要比家庭背景的话，按当时的标准我们真的是有天壤之别的。那时候我是民办老师，是农村户口；而我爱人是定量户口，是有单位正式编制的会计，她的家庭成员也几乎都是当时所谓吃"公家饭"的。熟悉我们情况的人认为我们结婚是不太可能的，她的亲友中也有人不乐意。但因为是同学，她对我比较了解，她父亲也比较开明，所以我们后来还是走到了一起。

当年我爱人的叔叔回到山东枣庄老家，他的朋友邀请我们一起吃饭，席间互相做着介绍，她叔叔指着我说："这是我的侄女婿，现在做老师。"那时候民办老师地位低、工资少。席间有几位一听我是民办老师，马上就表示出要把我拉出苦海的意思。我爱人叔叔的一个朋友马上说他可以帮我变动工作，可以介绍我到枣庄的一个地方政府机构工作，说这样夫妻在一起生活也方便。

然而，我拒绝了。像这样拒绝不止一次。

因为我要继续做老师！

从教书的第一天起，我内心就有这样一种憧憬：一定要好好教书，用知识来改变农村落后的面貌，改变父老乡亲的生活困境，通过对文化科学知识的传递，让我们的孩子能够从愚昧当中走出来，让他们有思想、有未来，让贫穷不再随一代代人传下去。

二、以己昭昭使人昭昭

我在"文化大革命"中完成了基础教育，但在那 10 年也说不上有什么知识积累。那个时候自己想学习，但苦于没有学习资料。

1976 年粉碎"四人帮"后，我在县教育局教研室里发现了一本日本人大桥正夫主编的《教育心理学》，便借过来读。我偶然得到的这本教育心理学著作就像打开教学管理世界之门的钥匙，又像帮助我登高望远的阶梯。后来我又在徐州新华书店看到了苏霍姆林斯基的《帕甫雷什中学》《给教师的一百条建议》等著作，便把饭钱省下来用于买书。之后渐渐地也有了进修的渠道，一些大学相继开设"夜大""函大""刊大"和"电大"。我报名了东北师范大学的刊授班，学习教育管理。那时的我们真的像饥饿的人扑在面包上，如饥似渴地用知识充实自己。

1977 年恢复高考，我被徐州师范学院中文专科班录取，获得宝贵的学习机会。1986 年，我到徐州教育学院脱产学习教育管理；1989 年到江苏教育学院教育管理系脱产学习；1996 年到华东师范大学教育原理研究生班学习；2003 年参加了由教育部组织的华东师范大学重点中学校长培训班，进行了为期半年的学习；后来我又参加了上海市人事局举办的企业管理咨询师培训班，并通过考试、取得证书。

想要做个好老师，想要培养孩子、教育孩子、改变孩子，首先就要把自己充实起来、丰富起来、武装起来，以己昭昭使人昭昭。学习培训是充实自己的有效途径，每一次培训我都主动参加、积极应考、战胜自我，迎接挑战。通过对系统专业知识的学习，通过睁开眼睛看外面的世界，通过观摩、聆听专家学者是怎么做、怎么说的，我在教育、教学和管理的认识与研究方面，从不知道如何做、如何做好、如何提高的混沌模糊状态，转变为自觉自为的状态。我在不止息的学习过程中，在教书育人的努力中，也取得了令人信服的成绩。

三、从民办教师到"全国优秀班主任"

我曾任教的燕子埠中学位于邳州西北，地处苏鲁两省交界，是武术之乡，很多孩子都会几招几式的拳脚，学校的树皮都被学生打脱落了。这里调皮捣蛋的学生多、打架斗殴的学生也多，学生管理难度大。

学校"乱班""差班"多，我所带的班级就是其中的一个。后来有个班主任被学生气得辞职不干了，校长也对这个"乱班"没有办法，便找到几位老师，但没人愿意接手。万般无奈之下，校长"突发奇想"，把这个"乱班"也交给我，让我一人带两个"乱班"，做两个班的班主任。

我和任课教师一起，从转化最调皮的学生入手，晓之以理，动之以情。多关心，不抛弃；多活动，不放弃。我在课堂上加大了信息量，让学生有事可做。经过一年努力，两个班均被学校评为先进班级。

由于在平时教育教学中因势利导地开展德育工作，教育教学成绩显著，1983 年我被评为"全国优秀班主任"；1988 年我被授予"全国德育先进工作者"荣誉称号；

并作为江苏省唯一的教师代表，参加全国中小学德育工作会议，在中南海受到王震、胡启立等领导和严济慈等教育家的接见。

图 1-1　1983 年被评为"全国优秀班主任"（第三排左起第 19 人）

在班级管理中，我主要做到了以下几方面。

（一）将育人作为班主任工作的核心

教育可以改变学生的命运。在燕子埠中学的教育工作使我深刻体会到教育的价值和做班主任的成就。我教的几届学生，考上了大学的占 90% 以上，而且他们发展得很好。2017 年我回老家，有近 20 位学生约好来看我，他们已成为行业骨干或机关干部。学生陈思甜，家庭经济状况极为困难，曾多次产生辍学念头，我经常做他的思想工作，鼓励他坚持读书，他后来考上了大学；学生吴玉英、王明芹曾中途辍学，我多次到她们家里动员，劝她们回学校继续读书。这样的例子还有很多。

经常有学生告诉我："周老师，当年您对我的要求不仅改变了我，而且影响了我们家几代人。"他们觉得当年我的言行、我的要求改变了他们，改变了他们这一代的生活状态，而后又改变了他们的孩子，甚至影响了第三代。学生讲的这些感激的话，很真诚也很真实。很多年以后，学生再见到我时，回想起的不是我教给他们的文化知识，而是我在各种情境中说的话或者做的事，这些让他们永志不忘。

善歌者使人继其声，善教者使人继其志。我觉得班主任工作对学生的影响是极其深远的，我对班主任工作的喜欢也是发自内心的，也正是因为喜欢所以认真去做。

我认为，教书育人，教书当然很重要，但知识的学习途径有很多；而育人——教给学生做人的道理，是非常具有阶段性的，错过了最佳教育期后就很难补救了，正所谓德行可以弥补智慧的不足，但智慧弥补不了德行的不足。育人是班主任工作的核心，具有核心价值，也是班主任工作的终极使命。

有人说推动摇篮的手就是推动世界的手。其实，优秀班主任的智慧力量、情感力量、人格力量对学生的影响和优秀母亲是一样的。观念决定行为，行为决定习惯，习惯决定命运。班主任的言行举止、对学生的言传身教引领学生确立正确的世界观、人生观和价值观，使学生形成良好的行为习惯，提升他们的人生目标，从而改变他们的生活状态，改善他们的生活质量。

图 1-2　与学生亲切交谈

（二）无条件地爱每一个学生

医生会无条件地接纳每一个病人，不会责备病人生这种或那种病。作为教师，我们同样没有理由去责备学生这样或那样不好，必须无条件地接纳每一个孩子，这是班主任做好班级教育管理的基础。

一花一世界。用苏霍姆林斯基的话说，现实中每一个孩子都是一个完整的世界，没有重复且各具特色。他们是活生生的人、有个性的人、独一无二的人。所以我们必须根据孩子们的不同特点，进行各不相同的教育，运用我们的情感和智慧，晓之以理、动之以情、导之以行。

爱孩子首先要有爱的能力，要接纳孩子、包容孩子、理解孩子；要换位思考，用儿童的视角看问题，从儿童的心理出发想办法，坚信只有差异没有差生，让学生亲其师、信其道。这其实就是建立正确的学生观。

（三）唤醒学生的主体意识

万物生发自有规律，像池塘生春草一样，由内而外地发展变化。班主任工作也是这样，其核心在于"唤醒"，唤醒学生的主体意识和主体精神，激发学生的内生动力。

经过长期摸索，我总结出了学生的"四自"主体性目标——学习自觉、行为自律、生活自理、个性自主。

"学习自觉"指具有崇高的生命追求、良好的学习习惯、自主的学习能力、高效的学习方法和丰富的学习体验，形成终身学习的品质。

"行为自律"指具有正确的价值观、是非观、人生观，自我约束，自我激励，自我管理，自我发展。

"生活自理"指具有积极向上的生活理念、良好的生活习惯、健康的生活方式、独立的生活能力和高雅的生活情趣。

"个性自主"指具有正直、善良的品性，有同情弱小的人文情怀，崇尚真知，理性思考，形成正确的人生信仰和价值追求。

"四自"主体性目标既是班级管理目标，也是教育目标。

为了培养学生的主体性，我在班级设立三层自主管理组织：第一层是学生的自我管理，第二层是学习小组的互助管理，第三层是班委会的组织管理。我建立了"ABC班长制"，A班长负责学习卫生，B班长负责制度检查督导，C班长负责生活运动，并采取轮换制。在行为自律方面，我比较早地倡导无教师自习，老师不看管学生的自习课，同时设立诚信考场即无人监考的考场。让学生策划活动是提升其主体意识的优选路径，活动的要求是民主式决策、参与式管理、体验式感悟和互动式合作，真正让学生做活动的主人。

在班级管理中，每个班主任都会遇到学生出现这样或那样的问题，一届届学生出现的问题差不多，可能仅是多少或先后的差别。各个年级不同年龄的学生出现的问题也有一定规律。我从第一次做班主任起，就对学生出现的各种问题进行了记录，把个案当作案例，写下处理的方法和结果；之后总结梳理，列出学生可能出现的 50 个问题：损坏公物、不诚信、早恋、不团结……然后让学生自己去讨论。讨论其实就是参与式、体验式的自我教育过程，学生自己出现了问题，自己寻求解决的方法。

当学生出现了问题，仅仅自我教育还不够。例如爱护公物问题，我从为什么要爱护公物出发来引导学生，提高其认知水平；从公物为我们的学习生活带来方便、公物为我们学生服务的角度引发学生爱护公物的情感；对学生爱护公物的教育经常抓、反复抓，从而加强意志训练；在班会上赞许学生爱护公物的行为。这一教育过程即按照知情意行去教育学生、改变不良行为，塑造学生良好的行为习惯。

（四）培育良好的班级文化氛围

我在多年的班主任工作中，非常注重班集体"蓬生麻中，不扶而直"的共生效应，积极培育班集体的影响力。

我在教室墙壁上张贴名言警句和英雄楷模的画像，鼓励学生自带书籍以建立班级图书角，在黑板上方悬挂班训、班风等醒目图案或标语；以英雄楷模的名字给小组命名，如雷锋组、（张）海迪组等；设定昂扬向上的教育目标，每次活动都有一个激励性的主题词；和学生一起制定班规班约，构成一个制度化的文化环境，用制度和规范去引导学生。

班级文化建设具有"桃李不言，下自成蹊"的效应，使学生在不知不觉中自然而然地受到熏陶和感染。

四．从乡镇中学教师到完全中学校长

（一）偏远乡镇教师教出全县均分第一名

从教后，从小学到初中再到高中的语文学科课程，我大多都教过。从开始教书的那天起，我一直注重总结教学方法，琢磨怎样提高学生的学习效率。我认为，无论是什么学科，无论在哪个教学阶段，都首先要进行理想信念教育，让学生有崇高的生命追求，有一种理想信念；然后要培养浓厚的学习兴趣，培育良好的学习习惯，提高自主学习能力。我会把所教学科的知识梗概、框架梳理出来，并把后一册的教材买来，连同该册教材的教参发给孩子，给学生画出知识框架图，指出一条自学路径。另外，我教给学生高效学习的方法。比如学语文从字词句章开始，把汉字的象形、指事等造字方法介绍给学生，这样一个字的本源和变迁的内在逻辑就讲清楚了，学生印象深刻，学起来就高效。我还以专题讲座的方式给学生介绍认知规律、遗忘规律和大脑兴奋抑制规律等。

当时我所在的燕子埠中学偏远落后，但我所带班级的学生连续 5 年在考试中取得邳州第一名，而且比第二名好出一大截。起先有人怀疑是不是有什么猫腻，怀疑这个周远生所带的班级的考试成绩是真是假，教育局就派员进校听课考察，结果不言自明。

（二）27 岁做乡镇初级中学校长

1984 年组织任命我做邳州燕子埠中学副校长，1987 年任命我做燕子埠中学校长。我那时候很年轻，才二十七八岁，当校长难免有人不放心。

燕子埠中学是邳州的偏远学校，因为偏远，很多优秀的老师不愿意来，教育局就把"犯错误"的、有点"个性"的和不太"听话"的老师调来，所以这些老师说自己是被"发配充军"的。这些教师也不太好管理，但他们有自己的优势：有个性就有想法，有个性就有能力。

1. 生活上关心老师

当时管理思想、管理艺术的说法还不流行，我也没有什么领导方法，只是相信学校的事情要大家办，"遇事多商量，赛过诸葛亮"。

对这些有个性的老师，我给予他们足够的关心。他们的家大多离校较远，星期天骑自行车回校很疲惫，我便安排食堂多准备点小菜。那个年代的食堂不像现在饭菜丰富，能做到的仅是多几样可口的小咸菜，有热汤、热粥，老师们感到很温暖，受尊重的感觉就产生了。

2. 工作上信任老师

因为年轻，刚被提拔为校长，我的想法也很淳朴：多向有才能的老师学习，多向有经验的老师请教。

这些老师来自邳州不同的地方，他们对学校工作有很独到的见解。因此，在学校具体工作的安排上，我都先征求老师们的意见，和他们探讨解决办法，建议或办法被采纳后，我就在公开场合说明是由谁建议的。

教师对学校工作的建议被采纳并落实，且在教师群体中得到肯定，他们便感觉自身的价值得以体现，帮助学校发展的主人翁精神油然而生，人人奋发有为的局面很快形成。

3. 原则性和灵活性方圆兼济

（1）由报纸放置地引发的思考

管理者需要做好服务工作，要将老师工作中碰到的问题协调好、沟通好、解决好，而做好服务就需要把原则性和灵活性有机结合起来。

在20世纪80年代，报纸基本是老师唯一的信息源。我们学校的报纸最初放在老师办公室，老师阅览方便，但易丢失，于是老校长把报纸放到校长室，老师如果想看报就要去校长室借，这样一来报纸虽被"管住"了，但因为不方便，借阅报纸的老师就少了。当时我就想：为什么订报？报纸管理的目标是不丢失吗？此事引发了我对学校管理行为的思考——管理行为必须指向管理目标。于是我做校长后，便把报纸放回到老师办公室，明确一位老师进行具体管理。

（2）"左口袋的钱右口袋不能用"引发的思考

学校工作是"上面千条线，学校一根针"，当具体事项碰到刚性规定时，制度的局限、人员的惰性总会影响工作开展。

当时学校没有专职会计，便由一位老师代管账务。这位老师特别认真，认真到什么程度呢？不同项目的钱他放在不同口袋里，左口袋的钱不能放到右口袋里，左口袋的钱右口袋的项目也不能用。

我找这位老师谈话，我说："你原则性强，这很好，但你灵活性不够。财务管理的目的是什么？目的是要促进学校工作的推进和开展，账务灵活有利于工作开展，而不是牟取个人私利。"

我从钱的使用问题开始思考管理效能问题。在学校管理工作中，重点工作是什么？关键环节在哪里？人、财、物、事如何统筹协调？如何实现效益最大化？管理的边界在哪里？管理有没有空白？管理的原则性与灵活性应怎样把握？这些问题对有效管理来说都是非常重要的。

我把学校工作中的基础工作、重点工作、难点工作、亮点工作进行分类，按照轻重缓急排序，把周期性工作列成一个清单，重要事情、急迫事情优先办，日事日毕。

（3）不强求一律

20世纪80年代末，西方教育思想大量涌入，各种理论泥沙俱下、真伪难辨。我告诫老师们，各种理论都有可取之处，但也都不是绝对的真理，在这世界上没有绝对的东西。盲人摸象，每个盲人都没有错，他们都在自己的时空里做出了准确的判断，但他们得到的是碎片化的东西。我们老师要有学习、链接、归纳和整理的能力，要有批判性吸纳的本领。

在教学管理上，我强调借鉴与融合。对于教学方法、教学模式，我不强调统一，但目标要统一，底线和标准要统一。老师选用任何方法、任何路径都可以，因人而异，各展所长。这种教学管理理念得到了老师们的认可，是我在偏远地区当校长取得较好成绩的原因之一。徐州市教育局的人员到邳州来调研，让我介绍燕子埠中学的做法，介绍一个偏远地方的学校是怎么发展成文明学校的，教学质量是怎么提升的。我向调研组详细汇报了加强学校管理、提高教育教学质量的具体做法，既有方法总结，也有理性思考，特别是加强班级管理的做法。我的介绍通过调研组得到了徐州市教育局领导的肯定和赞许，我后来被组织推荐为"全国德育先进工作者"的候选人。

（三）到完全中学做校长

1989年秋，我通过考试，被江苏教育学院教育管理系录取，学习教育管理。两年后毕业，教育局安排我到邳州红旗中学任校长。1994年，组织又任命我为八义集中学校长。

八义集中学是邳州最早的两个完全中学之一。1994年前后，学校施教区政府担起了为学校筹集办学经费、发放教师工资的责任。然而，经济条件好点的乡镇尚发不齐教师工资，差的地方教师工资拖欠情况则很严重，由此引发教师罢课，极大地伤害了教师的工作积极性，也严重影响了教育教学秩序。

八义集中学教师断断续续的罢课已有些时日了，在省内影响较大，面对这个"藏龙卧虎"的地方，组织部门要求教育局抓紧物色校长人选。经过斟酌筛选，教育局选派我到八义集中学做校长。

我到达学校、接过重担后，经过周密的调查和广泛的意见征求，采取了几项措施：一是多方努力，筹措经费，积极争取教师工资基本正常发放；二是健全学校规章制度，严肃纪律，严格管理，制度面前人人平等，违者必罚；三是加强师德教育，重视教师职业价值的引领，唤醒教师的职业道德感，增强职业荣誉感；四是加强教学研究，提升教师的专业能力，内部周周培训，外部联系学习；五是改善办学条件，扩建理化实验室，建起邳州中小学第一个计算机教室，学校的硬件设施、绿化、美化等环境建设以及文化建设上了一个台阶。这样一来，校容校貌变得亮丽清新，师生的精神面貌焕然一新，风清气正的校风逐渐形成，教育教学质量也迅速提高，赢得了上级领导和学生家长的赞许。

五、10 万年薪聘校长

——应聘浙江海亮外国语学校

（一）到民办学校去

1996 年，我在八义集中学工作已有两年，各项工作都步入正轨。教育局让我填报特级教师申报材料，准备当年报送审批。

20 世纪 90 年代初，邓小平同志在南海边上画了一个圈，经济体制改革春潮涌动、风生水起。作为教育工作者，改革浪潮中的民办学校引起了我的关注。有一天，《中国教育报》刊发绍兴诸暨海亮外国语学校面向全国招聘校长的招聘广告，"10 万年薪聘校长"的标题十分醒目。

从民办教师到初级中学校长再到完全中学校长，一步步走来，组织给予了我这个年轻教育工作者很多荣誉，我也是满腔热情，尽心尽力地把学校管理好，对教育的思考、对理想教育的追求一刻也没有停止过。当时经济领域的改革已经热火朝天，但公立学校办学依然困难重重，经费筹集之艰难，不做校长的人是很难想象的。教育的春天在哪里？教育改革的出路在何方？理想教育是什么模样？一系列问题引起我的思索。我想：要探索教育教学改革的路径，要寻求理想教育，就必须尝试改变，冲破桎梏，勇于接受挑战，闯出一片天地。而且我内心对绍兴这座历史文化名城也非常向往，对鲁迅、蔡元培、秋瑾这些名人多少有些了解，特别是蔡元培，这位勇士、革命家、大学者、大教育家让我仰止。有机会去应聘文化之乡的校长，心里感觉挺好。于是我寄出材料，应聘浙江海亮外国语学校校长一职。

我鼓足勇气去应聘，绝对不是冲着那 10 万元年薪，而是希望在一所不为钱发愁的学校，专心致志地做校长应该做的事情。在 126 个应聘者中，我通过一轮轮选拔，最后竞聘成功，成为海亮外国语学校的校长。

（二）"逼"着老板降年薪

就职海亮外国语学校，我做的第一件事是跟老板谈，要求降低我的年薪。

我原来所在学校的老师工资仅为三四百元，年收入不到 5000 元。浙江的教师工资相对高一些，但年收入也不到 1 万元。我感觉自己拿 10 万元年薪是有点高的。我反复和老板沟通，我说办好一所学校，校长固然很重要，但更重要的是老师，老师是教育教学的主体；把学校办好，这是我唯一的价值追求。我当时想，如果能按照我所学的教育学、心理学和学校管理学的方法，把一所学校办成我一直期待、一直谋划的理想教育的模样，夫复何求？

老板依然不同意，他认为既然报纸上刊登了校长年薪，说话就要算数，这是诚信。最后我想了个折中的办法：工资中我拿 5 万元出来作为校长奖励基金。老板说不行，你要想建立校长奖励基金，我可以再给你钱，需要单独立项，不能从你的工资中扣。但我坚持我的想法，我说这样有利于办学，有利于提高教师的工作积极性，有利于学校发展。在我一再坚持下，老板最终同意了。这是我到海亮外国语学校做的第一件事：把我的 10 万元年薪变成 5 万元，剩余 5 万元作为校长奖励基金，奖励对学校发展做出突出贡献的优秀老师。

（三）差异化教育萌芽

校长拿出工资奖励教师——这是海亮外国语学校老师在新校长到任后得到的第一个信息。老师们的反响很强烈，他们认为这一做法彰显了校长以身立教、以身作则的示范性和影响力，对良好校风和教风的形成起到了很好的引领作用。

有一点我没有想到：过去在公办学校，特别是重点学校，学生都是通过选拔考试的尖子生；而海亮外国语学校的学生每年能交上 16000 元的学费即可入校，大部分是有钱人家的孩子，学习的积极性大多不高。而这也成为我差异化教育想法形成的起点。

　　我们面向全国招聘了一批优秀的老师，他们大都来自公办重点学校。这些老师大都习惯了教成绩好的学生，面对这些不太喜欢读书的学生，老师们有些茫然、没了主意。老师们碰到了新问题，大家除了抱怨还是抱怨，但抱怨解决不了问题。

　　每一个孩子都是招生老师一次次与家长沟通才到我们学校的，他们都交了很高的学费，都是我们的学生。我对全体老师说，从小处看，每个家庭都只有一两个孩子，他们都是父母的宝贝，父母因为相信我们才把孩子交给我们；从大处看，每个孩子都是国家的未来，都是对社会有用的人才，我们必须无条件、无理由地把孩子教好。我说，过去在公办学校，我们通过考试选择所谓适合教育的学生，现在我们不再选择适合教育的学生了，那我们只能倒过来，选择适合学生的教育。老师们觉得这句话很有意义，有人建议将其挂在墙上。选择适合学生的教育，而不是选择适合教育的学生——这是我在 1996 年基于海亮外国语学校学生状况的思考。海亮外国语学校则是我差异化教育想法萌发的现实土壤。

　　1997 年我去澳大利亚考察了几所民办学校，他们的做法给了我很大的启发：孩子们进校后要做一个考试诊断，教师根据诊断结果为每个孩子制定不同的学习目标，每个孩子都有一套自己的课程，每个孩子的收费标准也是不同的。那时我不禁感叹：我们老祖宗讲了两千多年的因材施教，在澳洲的实践太到位了。

　　当时我在华东师范大学学习，结合差异化教育问题进行研究，初步提出"差异化教育、多元化发展"的应对策略；后来我又和华东师范大学联系以求建立合作关系，海亮外国语学校挂牌最终成为华东师范大学的实验学校，华东师范大学的专家分批到校对教师进行培训，以提高海亮外国语学校老师教学的针对性和有效性。

六、踏上全国教育高地

——在上海教科院实验中学做校长

（一）做有品质的教育

　　我在海亮外国语学校做了 5 年的校长。5 年里，学校年年扩招，校舍年年扩建，学校可以说是飞速发展的。

那时候我看了《华为基本法》，它内容丰富，几乎面面俱到，而且简明扼要，是现代企业管理法则的经典范本。我是学管理的，看到这本书时很兴奋，就参照《华为基本法》拟订了一个《海亮文化纲要》。我想按照《海亮文化纲要》去完善学校管理，但这在当时民办学校的办学环境中是很难做到的。

针对学校的膨胀化扩张，我与老板就学校发展规模进行了探讨。我建议道，教育的功能是育人，不能仅追求利益最大化；教育不是商业，商业可以追求利益最大化。我想做有内涵的教育，做有品质的教育，不希望老板在规模上无限制地扩张。

（二）老首长穿针引线

我与江苏省教育厅原厅长吴椿相识于 1988 年。那年 6 月，中共中央召开全国德育工作会议，作为德育先进工作者，我有幸成为江苏省与会代表中唯一的教师代表。会议级别很高，省教育厅吴椿厅长也是江苏省与会代表之一。王震、胡启立、严济慈等参会并与代表合影留念。

大会的一项内容是修改德育大纲。会议在"德育"与"政治思想教育"的提法上进行了讨论，有人认为把"政治思想教育"改为"德育"是在做文字游戏，没有意义。我也做了发言，我说中小学教育是基础教育，过去讲政治思想教育没有体现出基础性。基础性应该体现在品德教育上，德育有几个层次，一是政治教育，二是思想价值观教育，三是品德教育或公民素养教育。对中小学生而言，我觉得更需要的是品德行为教育。

我的发言引起了与会专家的关注，也得到了吴椿厅长等领导的赞赏，他没想到这个毛头小伙还有自己独有的思考和观点。他说，江苏代表的意见就由周远生执笔。从此我与吴老前辈结下忘年交。

2000 年，在宁波的一个教科研会议上，吴椿厅长当时和上海市教科院胡瑞文院长、浙江省教育厅邵宗杰厅长坐在一起。吴椿厅长和他们开玩笑说："你浙江老邵挖我江苏的墙脚，你把周远生挖去了。"他们说周远生也在这里。会议组人员就把我与他们安排在了一起。老领导吴椿询问我的情况，我汇报了大致情形，并说这里和我之前想象的还不完全一致，并问他老人家能不能介绍一个转制学校，既有民办学校的灵活性，又不一天到晚追逐利益。他说："你想动吗？胡瑞文，就是上海市教科院胡院长，他在搞一个学校，让我给他们找校长，那是个转制学校。"在吴椿厅长的引荐下，我见到了胡瑞文院长。

（三）胡院长细说学校优势

上海市教科院胡瑞文院长跟我说，上海市教科院实验中学相对比较小，没有海亮外国语学校大，待遇也没有海亮外国语学校好，但这所学校有几个优势：一是它是教科院主办的学校，专家多、力量强，你想搞教育实验，这方面我们有共同的目标；二是从长远发展的角度上讲，从你的追求、你的专业和我们做教育的角度上讲，上海是一个教育高地，教育资源丰富，海派文化源远流长，底蕴丰厚，所以无论是个人发展还是学校发展，都是海亮外国语学校不能比的；三是上海教科院房子紧张，不能给你安排一个完整套房，但可以给你补贴；四是这所学校为转制学校，原来是闵行区教育局的下属学校，转制给上海教科院，让教科院承办运作，公立不公办，人权、财权、经营权、管理权都给你，可让你自由发挥。

我觉得这个体制很好。较理想的体制才能孕育出较理想的教育，同时我也能依靠上海教科院的资源优势，继续探索差异化教育。于是在 2000 年，我到上海市教科院实验中学做校长。

（四）系统思考差异化教育

进入实验中学后，我着手制定学校三年发展规划。规划的首要内容是学校的文化理念，从学校文化建设方面规划学校的未来，使学校建设有纲要、学校发展有灵魂。

基于在海亮外国语学校的办学实践，我进一步提出了"尊重差异、提供选择、开发潜能、多元发展"的办学理念，"学习自觉、行为自律、生活自理、个性自主"和"国际视野、人文情怀、科学精神、领袖气质"的育人目标。

差异化教育理念和学校发展规划形成后，需提交专家评审委员会，评审通过方可实施。上海市教科院把一批教育专家请来，包括华东师范大学等高校的权威专家和部分重点中学的校长，我来解读，他们来提问，就像论文答辩一样。

专家首先对我提出的差异化教育理念给予了非常好的评价。然后他们问道："周校长，你要如何识别学生的差异？你要用什么样的策略来满足学生的差异化发展？你刚刚说提供选择，你能够提供哪些选择？对多元发展、潜能开发要如何进行评价?"专家问到了具体操作实施层面上的一系列问题,有的问题我没有圆满的答案,有的问题我答不出来。

我们既然是教科院实验中学,那么就可以把问题作为课题来研究。当时我们把差异化教育研究作为核心课题,并下设四个子课题:一是学生差异化诊断工具的开发研究;二是适应学生个体差异的教育对策研究(后改为适应学生群体差异的教育对策研究);三是高效能课堂教学研究;四是学生问题与问题学生的教育对策研究。经过几年深入探讨,不断学习使用先进的量表等工具,差异化教育研究已经初具雏形。

七、走进上海新纪元教育发展研究院

(一)引领新纪元教育集团学校进入 2.0 时代

自 2003 年起,教育部开始对转制中小学校进行清理整顿,转制中小学校要么转为公办学校,要么转为民办学校,要么停止招生、关闭重组。

我于 2003 年暑假离开上海市教科院实验中学,接受新纪元教育集团董事长陈伟志先生的邀请,出任上海新纪元教育集团校长、上海新纪元教育发展研究院院长。

陈董事长是一位成功的企业家,有强烈的社会责任感和浓厚的人文情怀,热心公益事业。我们相识多年,1996 年他创办浙江平阳新纪元学校时,曾带队到海亮外国语学校考察,当时我热情地介绍了学校情况并把学校汇编的《学校管理制度手册》送给了陈董事长,两校成为互相学习、互相借鉴的友好学校,每年的民办学校工作会议或民办教育研讨活动我们都一起参加。我到上海工作后曾接受过几次陈董事长的邀约,参与了新纪元学校的规划、年度考核等工作。

陈董事长和我在同一时期管理民办学校,不过他是投资人兼管理者,我只是管理者。共同的经历使我们对民办学校的认识和思考有很多相同之处,对民办教育的弊端和问题也有共同的体会。

进入新纪元集团之前,我已与陈董事长进行过深层次的沟通,在三个核心管理问题上达成了共识。其一,民办学校管理必须向现代学校管理迈进,纯粹的家族式管理难以使学校可持续发展，要有壮士断腕的勇气，让专业的人做专业的事。其二，必须旗帜鲜明地建立充满活力的激励机制，积极营造人人争先创优的氛围。学校是老板的，更是全体教职员工的，必须建立起共同的价值体系和共同成长的利益体系，建立起优绩优酬、奖勤罚懒的薪酬分配制度，并重点向一线教师倾斜。其三，建立稳定的干部队伍和教师队伍，加大培训力度，以稳定师资队伍，提高教育教学质量。

如果说家族式管理是民办学校的1.0时代，那么专业化的现代学校管理就是民办学校的2.0时代。

（二）紧紧抓住目标管理这个纲

新纪元教育集团有10多所学校，分布在上海、浙江、四川、贵州等地，我按照董事长的要求制定了《学校发展质量评估办法》，以目标管理为纲，纲举目张，改变了过去下属学校校长找理由、找借口的现象。

《学校发展质量评估办法》从教育教学质量、学校安全、经营效益、教师成长、可持续发展等多个维度，明确了学校工作的具体质量标准和可考评的量化要求。

在经营效益管理上，我从较早建校的平阳新纪元学校和瑞安新纪元实验学校入手，按照财务提供的运营成本报表，寻找收支平衡点，再根据两校的具体情况，明确两校的参照点，制定学校年度经营指标。

激励手段是管理办法实施的有力杠杆。针对学校收不抵支的亏损局面，我对各校提出扭亏要求，明确年度减亏目标，凡达到年度减亏目标的学校均可获得占减亏总额一定比例的奖励；超额完成指标的学校，其超出部分也按一定比例进行奖励。奖励部分由校长主持分配，而对校长本人的奖励则由集团管理中心评估后由集团兑现，不参加学校奖励的分配。同样，对完不成减亏任务的学校也有处罚规定。

通过年复一年、持之以恒地紧抓目标管理，学校的发展一步步进入良性循环的轨道。

（三）千方百计走好培训这步棋

1. 推着老师当名师

民办学校除现金流问题外，最大的问题就是教师队伍不稳定。新纪元学校以较优厚的待遇聘请名师，但不可能所有老师都是名师。为了学校的可持续发展，我们必须在教师结构上做到老中青结合，优秀应届毕业生也是学校招聘的对象。

马斯洛需求层次论对人的需求进行了阶梯式排序，由下至上分别是生理需求、安全需求、社交需求、尊重需求和自我实现需求。人的最高需求是自我实现，老师的自我实现即做名师。学校要想推动老师达成自我实现，那么就要做培训。培训是成本最小的投资，名师要靠学校自己培养，学校要在教师专业化成长方面加大培训力度。

我们请上海市教科院的专家帮助制定教师专业化培训标准，同时我利用自己在上海市教科院实验中学积累的人际资源，聘请江浙沪特级教师，录制初高中所有课程的微课，以此对新纪元学校老师进行培训。虽然，这项工作的投入很大，但集团在教师培训上不计成本。

教师天天看微课，就像接受专家的耳提面命，而且经常参加名师集中培训。教师通过积极主动的学习，在集团催人奋进的学习氛围中不断增强业务能力，多位老师相继被评为特级教师。老师的成长与集团的成长同频共振，普通老师成长为名师的节奏明显加快，这既满足了老师自我实现的需要，也稳定了学校的教师队伍。

2. 教育干部培训成就名校长

为使每所学校都能在充满活力的机制中运行，我们在发展性评价理念的引导下建构了学生发展水平评价、教师专业发展水平评价、学校办学水平评价以及学校各部门和各岗位的考核评价方案。同时，我们紧抓教育干部培训，推出"五个三"培训体系，即三项基础（专业标准、培训课程和培训讲师）、三维课程（通识性课程、岗位能力课程和岗位实操课程）、三维评价、三级网络及三位一体（教研训）。

对教育干部的培训，我们利用互联网，以视频会议的形式每周进行一次培训。新纪元学校的不少教育干部在集团业务培训的过程中，管理能力不断增强，逐步成长为专家型管理人员，有几位同志成为当地的名校长和专家型校长。

一个典型的例子发生在新纪元集团接管的一所西部地区的学校。当时地方领导建议我们另选校长，但考虑到全面接管一所老学校，换校长不利于工作的开展，集团依然聘用原校长，后按照新纪元的"五个三"培训体系对他和所有教育干部进行培训。在不到两年的时间里，这位校长已经成为一名很称职的学校领导，后来成长为名校长和专家型校长，在当地产生很好的影响。无论是在学校管理成效方面，还是对各种活动的参与，他都展示出了良好的学校管理者的素养，让当地领导产生"士别三日，当刮目相看"的感觉。当地教委主任对这种变化感到很诧异，他到上海新纪元教育集团总部与我们进行了面对面交流。他说他们有教师进修学校，既"送出去"也"请进来"，在教师和教育干部培训上花费了大量的人力、物力和财力，但效果很不理想。他说他要向县里建议，每年投入 100 万元，由新纪元教育集团对他们县的全体教师进行培训。

3. 地方培训助推区域教育发展

找上门来的业务也是找上门来的责任。对地方教育干部和教师的培训也推动我们在教育干部和教师培训方面更上一层楼。

根据培训需要，我们研发出教育干部培训教材《现代学校管理》，全体教师培训教材《高效课堂教学研究》《差异化教育》和《校本课程开发》，以及德育教材《问题学生与学生问题》。

一家叫响，多家呼应，集团很快就与多个县区签订了培训协议。后来我们陆续举办了民族地区教育局长教育管理研讨班、全国民族地区校长研讨班、第十二期全国边境县党政领导经济管理研讨班、浙江省诸暨市校长培训班等培训。根据县区教育实际，我们还推出了教育管理咨询、教师专业培训、教育质量检测评估和学校托管等服务业务。2010 年以来，新纪元承接了贵州省纳雍县、织金县、贵定县三个县的全体校长、中层干部和教师共 2 万多人的基础培训和提升培训工作，同时承担了织金、贵定两县的教育质量检测评估工作；在贵定县、大方县各接管了两所学校，形成了培训、评估、托管三位一体整体助推区域教育发展的业务模式。

（四）关键时刻做"救火队员"

1. 震后出任四川广元外国语学校校长

2008 年 5 月 12 日，汶川地区发生大地震。新纪元教育集团的四川省广元外国语学校也在震区。在抢险救灾、稳定教学秩序的关键时刻，广元外国语学校校长病倒了。陈伟志董事长当机立断，立即派我前往广元兼任校长。

在这危难关头，学校一边要安置好本校学生，一边要承担青川中学高三学生复课安置这一艰巨任务。学校要将 836 名青川中学高三学生全部安置妥帖，确保青川中学师生安心复习迎考。

广元外国语学校于 2003 年建校，2008 年在校学生为 1700 多人，那几年的招生工作一直不理想。我在主持工作期间，调整了学校的发展战略，优化教师队伍，优化生源结构，优化内部管理，彰显办学特色。通过大家的努力，学校的办学质量不断提升，赢得了社会广泛认可，到 2009 年年底，学校在校生超过 3500 名，比我 2008 年接手时翻了一番。

2. 出任潍坊（上海）新纪元学校校长

2014 年 8 月 14 日，我再次披挂上阵，出任潍坊（上海）新纪元学校校长。潍坊（上海）新纪元学校是新纪元教育集团目前最大的学校项目，用地 2100 亩，投资 15 亿元。这是一副重担，我接任校长时离开学只有十几天了，然而教室、宿舍、食堂等校舍都还没建好，招生困难。学校位于离市区 50 多千米的荒无人烟的盐碱滩上，真像陶行知所说的"天当被，地当床，广阔天地是大课堂"。见准时开学无望，招聘到的教师不想签协议，招收到的学生也要求退费。虽然学校所在地潍坊滨海经济技术开发区的管委会已经为学校找到了地方，要求学校异地开学上课，但我抱定了一个想法：2014 年开学必须在新纪元自己的学校。为实现这一想法，我只能以工地为家，只能夜以继日地为学校建设奔波，经过全体员工的不懈努力，2014 年在自己学校开学的愿望终于实现了，但很遗憾的是没能及时开学。

（五）差异化教育落地生根，开花结果

我不停地弹拨教育的琴弦，总期盼那最优美的高山流水。为了那曲高山流水，我学习的步履不曾停歇，对国内外先进教育的考察不曾停歇，对差异化教育的研究也不曾停歇。潍坊（上海）新纪元学校成为我的教育实验基地，在这里我不断验证和完善差异化教育构想。

经过多年的教育实践和研究，我终于建构了由差异化诊断测试、差异化教育课程研发、差异化教育信息技术支持、差异化教育群体教学、差异化教育个体教学和差异化教育评价构成的差异化教育体系。

潍坊（上海）新纪元学校开展差异化教育，实施分类编班、分层教学、导师引领、自主学习的教学模式，让每个孩子的个性及智能优势都得到充分发展。学校为每个班配备了先进的电子多媒体触屏教学一体机，为每个学生配备了自主学习智能终端平板电脑，利用学校自己开发的从初中到高中 34 个课程门类的微课程和查漏补缺系统，结合学校自主研发的多元发展的校本课程以及引进的美国 21 世纪青少年核心素养课程，为学生的差异化学习提供了广阔空间。

　　学校与美国菲拉古特中学、英国雷丁大学、加拿大宝迪学院、韩国延世大学和又松大学结成了国际教育战略联盟，进行国际高中、师资培训与营地教育等一系列合作。

　　潍坊（上海）新纪元学校在 2014 年建校时，由于校舍建设的滞后未能及时开学，4 个学部招收的学生总数仅为 418 人，有的班级只有十几名学生。但学校和老师不畏困难，以差异化教育理念教书育人，教育好每一位学生，发掘好每一位学生的潜能，使学校的影响力不断提升。到 2017—2018 学年度，学校的在校学生达到 4489 人。

　　潍坊（上海）新纪元学校的差异化教育取得了丰硕的成果，2014—2018 年，有 1500 多人次获得国家、省、市、区的各级各类奖项；仅在 2017—2018 学年度就有 500 多人次获得各类比赛的各等次奖项，其中仅创新教育类就获得了国家赛事的冠军或一等奖共 16 个，省级及以上的一等奖共 50 多个。

差异化教育思考

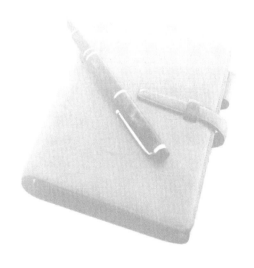

"

　　差异化教育，就是把学生的个体差异视为教育资源，尊重差异，充分关照差异，有针对性地扬长避短、各展其长，使教育与每个学生的发展实现最大程度的匹配，使每个学生最大限度发展的教育。

一、差异化教育的缘起

我萌发差异化教育的想法是在 1996 年。我当时受聘于海亮外国语学校，学校的教师大都来自公立重点学校，习惯教成绩好的学生，突然和一群不太喜欢读书的学生打交道，老师们感觉像秀才遇到兵，一时没有应对办法。当时我提出，要选择适合学生的教育，而不是选择适合教育的学生。

后来我看到钱学森之问。钱学森说，中华人民共和国成立后这么多年里培养出来的学生，还没有哪一个的学术成就能够跟民国时期培养的大师相比，为什么我们的学校总是培养不出杰出的人才？

劳凯声教授说："中国的教育从来没有像今天这样受到人们的普遍重视，但同时，今天的中国教育却正面临着从来没有过的危机"。[①] 我认为劳凯声教授所说的危机，在基础教育这一领域主要指对以学生为中心的育人要求的偏离，就像陶行知先生所说的那样，学生死读书、读死书、读书死。教育教学围绕着高考，以学生考上北大、清华为最得意之事，以致素质教育越喊越远，学生的课业负担越减越重。教育教学只顾尖子生，忽视或伤害了大多数学生，使他们以失败的心态走向人生的下一站。

但这也不全是学校的责任，家长也难辞其咎。网上有人调侃道：幼升小的"牛娃"怕不是爱因斯坦转世？这一调侃说的是上海一些幼儿园"牛娃"的简历：一个孩子有生物博士妈妈和工程师爸爸，认识超过 2000 个汉字，会画心肺循环；另一个孩子有复旦硕士妈妈和清华博士爸爸，18 个月时熟背《弟子规》，3 岁会潜水，懂得核反应堆、碱基配对以及 RNA 转录，和爸爸一起听微积分，学会了函数和极限，平时喜欢的游戏是编程。看到这些简历，谁能以为是幼儿园的孩子？现在的家长十分焦虑、十分急不可耐。从怀孕就开始胎教，不会说话、不会走路的孩子就开始接受早期培训，从语文英语数理化，到琴棋书画跆拳道，再到编程乐高演讲……家长期待孩子样样都会，

---

① 劳凯声：《审视教育问题，展望未来》，载《中国教育报》，2000-05-23。

忽视孩子的天性，不顾孩子的个性与爱好，和学校一起把孩子变成了应试的工具。

　　要改变这种现状，就必须寻求一种在关注学生共性的同时充分照顾学生个性的差异化教育。我对差异化教育的思考和研究是 2000 年在上海市教科院实验中学做校长时开始的。在海亮外国语学校实践的基础上，我提出了实验中学的办学理念等教育构想，同时也对差异化教育进行了系统的思考和梳理，把差异化教育作为课题，借助华东师范大学和上海市教科院的一批权威专家力量，进行了多年的深入探究，不断学习使用先进的量表等工具，建构了由差异化诊断测试、差异化教育课程研发、差异化教育信息技术支持、差异化教育群体教学、差异化教育个体教学和差异化教育评价构成的差异化教育体系。2014 年，潍坊（上海）新纪元学校建校后全面实施差异化教育，让每个孩子的个性及智能优势都得到充分发展，并取得了丰硕的成果。

　　我们实施的差异化教育，针对的是当前的教育弊端和学生核心素养缺失的问题，基于学生的学业水平、智力状况、多元智能发展和适应性诊断结果，把个体差异视为教育资源，尊重学生的个性差异，满足不同学生的学习需要，扬长避短、各展其长，在关注学生共性的同时充分关注学生的个体差异，使教育与每个学生的发展实现最大程度的匹配，使每个学生最大限度地发展。我是这样定义差异化教育的：差异化教育就是以学生为中心，树立"只有差异、没有差生"的学生观，秉承"尊重差异、提供选择、开发潜能、多元发展"的办学理念，培养学生"学习自觉、行为自律、生活自理、个性自主"的习惯品质，逐步培养学生"诚信品德、规则意识、理性思维、创新能力、国际视野、领袖气质、终身学习、信息素养"等核心素养，让所有学生都得到充分发展的教育。

二、差异化教育的理论源头

1. 孔子因材施教的教育思想

　　两千多年前孔子就提出了因材施教并身体力行。孔子认为人的智力有智、中、愚之分，人的性格有温与鲁之异，人的心理状态有勇进与退缩之别，而且每个人的才能有不同的发展趋势。

　　以学生"问仁"为例，孔子的回答是因人而异、各具重点而又万变不离其宗。

颜渊问仁，子曰："克己复礼为仁。"仲弓问仁，子曰："出门如见大宾，使民如承大祭。己所不欲，勿施于人。在邦无怨，在家无怨。"司马牛问仁，子曰："仁者，其言也讱。"子贡问为仁，子曰："工欲善其事，必先利其器。居是邦也，事其大夫之贤者，友其士之仁者。"子张问仁，子曰："能行五者于天下，为仁矣。"并进一步解释五者为"恭、宽、信、敏、惠"。这样的事例还很多，如"问礼""问政""问君子"等。

孔子对不同学生采用不同的教育方法。孔门弟子三千，有"一箪食，一瓢饮，在陋巷，人不堪其忧，回也不改其乐"的颜回，也有勇武过人却遇事鲁莽的子路，还有好商的子贡和好政的冉求。孔子根据他们不同的兴趣爱好分别设立德行、言语、政事、文学四科，使其特长得到充分发挥。正如朱熹所言："孔子教人，各因其材。"

2. 多元智能等国外教育理论

（1）多元智能理论

多元智能理论是由美国哈佛大学的加德纳提出的。加德纳在对超常儿童的研究、脑损伤病人的研究、有特殊技能但心智不全者的研究、正常儿童的研究以及正常成人的研究的基础上，总结出人的智能由语言智能、数理逻辑智能、音乐节奏智能、视觉空间智能、身体运动智能、人际交往智能、自我认识智能、自然观察智能、存在智能构成，这一理论被称为多元智能理论。这些智能在每个人身上以不同的方式、不同的程度组合存在，因而每个人的整体智能各具特色。也就是说，世界上并不存在谁聪明谁不聪明的问题，而是在哪一方面聪明以及聪明程度如何的问题。对于我们教育者而言，每个学生都是独特的，也都是出色的，我们要善于寻找、发现学生身上的闪光点，发掘其潜能，同时也要关注学生个体间的发展差异性和个体智能发展的不均衡性，从而促使不同学生都得到发展。

（2）最近发展区理论

维果茨基提出了最近发展区理论，他认为学生的发展有两种水平，一种是学生发展的现有水平，即学生独立活动时所能达到的解决问题的水平；另一种是学生可能的发展水平，也就是在他人的启发下学生能够达到的更高的思维水平。这两种水平之间的区域就是学生的最近发展区。维果茨基这一理论强调教育不仅要关注学生的已有水平，还要关注学生经过启发所能够发展到的水平，这为我们实施差异化教育提供了心理学依据。

（3）布卢姆认知目标分类法

布卢姆将认知目标分为 6 个层次：知识、理解、应用、分析、综合、评价。他认为，在教学过程中学生的个体差异是客观存在的，教师在对教学活动进行设计时应根据学生之间的能力水平差异，选择不同难度的目标供其完成，让每个学生都有机会接触适合其个人能力水平的较高思维层次的任务。

三、差异化教育研究简介

（一）差异化教育研究的基点

1. 多元智能理论的应用

加德纳提出多元智能理论，认为每个人的智能都具有自身特点。学生由于智能的类型和组合不同，而且其所处的教育环境、家庭背景等也不同，智能优势在个体间存在着差异性。按照这个理论，我们认为：第一，人是有差异的；第二，有些差异是先天的，有些差异是可以通过教育改变的，有些差异是可以利用的；第三，在实施教育的过程中应尊重个体差异，把差异视为教育资源，依据差异特点因材施教、扬长避短。

这个理论的提出在教育界引起了强烈反响，给教育者带来了新的思考角度。有很多人研究多元智能理论并试图用它指导教育实践，但也碰到了一些问题：如何测试学生的这些智能？如何甄别学生能力上的差异？如何分析人的意志品质、兴趣爱好对学业成绩和人格发展的影响？对此，我们首先做的是筛选有效的测试工具，利用这些工具进行差异诊断。这是差异化教育研究的第一个基点。

2. 传统教学和差异化教学

现行的班级授课制有许多优势，尤其是在我国人口众多、教育资源还不充足的国情下，班级授课制是唯一可行的教育模式。班级授课制的最大特点是共性教育突出，个性教育弱化。一刀切的教学模式、统一的评价尺度和只抓"尖子生"的应试观念，使学习困难的学生得不到切实有效的帮助，而优秀学生又缺少挑战，特长和个性发展受到限制。同时，现行教学模式突出且强化语言智能和数理逻辑智能，而音乐节奏智能、视觉空间智能、身体运动智能、人际交往智能、自我认识智能、自然观察智能没有得到很好的发展。如何从学生的学业基础和学习能力实际出发，在班级授课制下让学生的潜能得到最大的发掘？如何在教育教学中对学生各种潜能的开发有所突破？对这两个问题的探究是我们差异化教育研究的第二个基点。

3. 评价观念和评价标准的改变

当前在评价一个学生时，分数几乎是唯一的标准。然而学生在智力、知识、情感、意志、性格等方面都存在一定差异，学校教育要承认差异、尊重差异、利用差异，让每个学生都得到发展。特别是在大力推进素质教育的背景下，我们要树立新的学生观、教学观、教师观，师生要成为合作学习的共同体。对学生的评价不能仅关注其学业成绩，而要关注其全面发展的情况，尤其要关注学生的学习能力和创新精神。为些，实施差异化教育要有与之相匹配的评价标准和评价方法，制定新的评价标准、构建新的评价体系，这是我们差异化教育研究的第三个基点。

4. 学校的核心竞争力是办学内涵和办学品质

21 世纪初，在公办教育资源还不十分充足的情况下，民办教育的硬件优势十分明显。但基础教育发展到今天，可供学生和家长选择的教育资源有很多，人们优先选择有内涵、有品质的教育资源。当今学校的核心竞争力是办学内涵和办学品质，它不仅包括学生的考试分数，还包括学生个性特长的发展、人文精神的塑造、学习能力的提升和创新精神的养成等方面。基于这样的思考，我们认为差异化教育正是丰富学校办学内涵、提高办学品质的有效途径。这是我们差异化教育研究的第四个基点。

出于这些基点，面对这些挑战，我们进行差异化教育实践研究，探索差异化教育的具体操作方法。差异化教育的研究和实践探索在国内基础教育领域还是一个比较新的领域，大家有实施差异化教育的认识和愿望，但还没有成熟的经验和可操作的研究成果，所以我们的研究具有前瞻性，也具有现实意义。

（二）差异化教育研究的目标

第一，通过差异化教育研究，筛选出对学生进行差异化诊断测试的有效工具。

第二，通过差异化教育研究，形成差异化教学理念，改进教师的教学行为，探索差异化教学策略，提高教学的有效性。

第三，通过差异化教育研究，研发一批差异化教育校本课程，为学生的多元发展提供平台。

第四，通过差异化教育研究，研发出具有应用和推广价值的差异化教学软件和差异化评价体系等。

（三）差异化教育研究的内容

1. 差异化诊断测试研究

开发、筛选诊断测试工具，包括智能测试、学习适应性测试、多元智能测试、学科学业水平测试软件，开展有关诊断测试与学习成绩、能力提高和个性发展的相关性的研究。

2. 差异化教育教学策略研究

利用多元智能理论改进教与学的行为方式，增强教学的有效性，总结因材施教的有效方法与途径，包括关于建立学生起始档案和基本信息库，通过数据采集、统计、分析对学生个人成长目标的达成进行分析的研究；关于课堂教学中的分层次教学的研究；关于课堂教学中各种教学模式的研究；关于优秀生、特长生培养的研究；关于学生学习能力成因分析及学习能力培养的研究；关于利用查漏补缺软件达成教学目标和进行针对性辅导的研究；差异化课程建设研究；等等。

3. 差异化教育教学评价研究

有关教学评价的研究包括：标准性评价、相对性评价和发展性评价相结合的三维评价研究，特长生评价标准研究，差异化课堂教学评价研究，学生综合素养评价研究，学校对差异化教育教学的评价考核及激励制度研究，等等。

（四）差异化教育研究的尝试

新纪元教育集团将差异化教育作为发展项目，于2007年开始对其进行研究，且取得了一些阶段性研究成果。

一是完成了智商测试、学习适应性测试、14种人格因素测试软件和"查漏补缺"教学诊断系统的开发。二是对集团旗下学校的初中学生进行了各项测试。三是对测试结果进行了统计和分析。四是利用标准分评价了学生成绩的变化和进步情况。

针对差异化教学，新纪元教育集团旗下各校做了大量的尝试，取得了比较显著的成果。如浙江平阳新纪元学校以数学、科学为品牌学科，积极实施课堂差异化教学，从七年级开始制订培养计划，认真组织实施计划，成绩显著：连续 10 年在数学竞赛中获平阳县团体第一，连续 8 年在理化生竞赛中获平阳县团体第一，中考体育成绩取得平阳县"五连冠"。

另外，集团领导高度重视并投入数千万元，最终成功研发了新纪元教育集团"查漏补缺"学习诊断系统。"查漏补缺"学习诊断系统是根据教学过程及学生课外学习的实际需要，在现代教学评价理论的引领下，运用高科技手段开发出的教学诊断系统。该软件既为教学评价提供了科学、方便的工具，又为教学提供了海量的内容资源，能够更直接、更有效地服务于教与学。"查漏补缺"学习诊断系统的主要功能有以下几方面。

第一，组卷：软件里每科有数万道试题供教师选择，教师可根据课标要求，按照双向细目表选题组卷。

第二，制表：将考试题按知识点和能力层级要求组织起来，反向制作双向细目表。

第三，诊断：考试后输入各题得分，系统自动生成诊断报告，分析存在的问题。

第四，跟进：根据诊断报告，针对需要强化的知识点输入跟进训练题，系统自动生成补缺试卷，再次进行针对性强化训练。

以上是教师使用的主要功能。在学生学习方面，该系统也有供学生选择使用的一系列个体学习资源，使学生能及时了解自己在学习过程中存在的问题，针对问题进行补缺，快速提高学习效率。

（五）差异化教育研究的资源保障

集团的专家团队和经费支持为研究提供了坚实的人力、财力和技术保障。差异化教育研究属于应用型研究，用实证的方法进行研究，研究的重点在操作层面。特别是在筛选、比较科学的测试工具阶段，我们进行了测试软件开发，这一过程的完成离不开雄厚的资金支持和有力的技术保障。

（六）研究方法与步骤

1. 研究方法

差异化教育研究主要采用实验研究法、行动研究法、评价研究法。对差异化诊断的研究，我们建立了科学的假设，采用了实验研究法。对差异化教育教学策略的研究，我们采用行动研究法。对差异化教育教学效果评价的研究，我们采用评价研究法。

2. 研究步骤

第一阶段（2007 年 9 月至 2009 年 8 月）为差异化测试研究阶段。

此阶段的主要任务为组建队伍、学习培训、诊断测试。解决的问题有：制定差异化教育实施方案，申请立项；确定培训参研人员；分解差异化教育研究目标；成立差异化教育指导组；准备差异化教育研究课题的开题。此阶段的成果有：完成测试结果分析报告；参研教师学会解读测试报告，学会使用"查漏补缺"系统；完成开题报告。

第二阶段（2009 年 9 月至 2010 年 8 月）为差异化教育教学研究阶段。

此阶段的主要任务为制定方案、实践研究和分步推进。解决的问题有：实施差异化教育计划，在对初中学生进行学业水平、学习能力、学习习惯、性格特点、兴趣爱好测试的基础上，分析测试数据，推进差异化教育教学方案；制订个人培养计划，实施个别化教育；推进差异化教育研究；培训参研教师，请专家对差异化教育研究进行指导。

在这个阶段我们根据不同学段学生的身心特点和学段差异，提出了差异化培养目标，开发了差异化课程，探究了差异化课堂教学模式，从而达成差异化教学效果。这个阶段是差异化教育研究的重点阶段。

我们在此阶段取得的成果有：学生学习成绩提高情况分析报告、学生个性特长发展成果集、差异化教学个案集、差异化校本课程选编以及阶段性成果展示交流会。

第三阶段（2010 年 9 月至 2014 年 8 月）为差异化教育教学评价阶段。

此阶段的主要任务为考核评价、资料汇总和总结表彰。解决的问题有：差异化教育成果评价体系的构建，研究效果的自我检测，差异化校本课程的开发，差异化教育研究项目的结题。此阶段的结果有：差异化校本课程、学生学业水平发展变化评价量表、差异化教育管理制度文本、差异化教育研究论文集、差异化教育效果检测自查报告、差异化教育研究报告及结题报告。

第四阶段（2014 年 9 月至 2017 年 8 月）为以潍坊（上海）新纪元学校为基地，全面实施差异化教育教学的阶段。

此阶段的主要任务为转变师生观念，培育核心素养，培养面向未来的人才。解决的问题有：中西融合差异化校本课程体系的建设，高效课堂教学体系的建设，道尔顿模式及优生培养模式的探索。此阶段的成果有：形成中西融合差异化校本课程体系，建立新课改后高中差异化教学管理制度，完成差异化教育研究论文集。

（七）差异化教育研究的创新点

我们使用有效的测试工具对学生进行学业水平、智能倾向、学习适应性、性格特长、兴趣爱好和家庭环境六个方面的测试，并对测试结果进行量化分析，以量化分析结果实施差异化教育教学。在此过程中，教师对学生的研究第一次从感性认识层面提升到理性数据分析和心理倾向研究层面，增强了教育管理和教学管理的针对性与实效性。这是第一个创新点。

学生的 9 项智能中必然有几项是具有优势的，教育教学要针对差异因材施教，以期学生群体实现各美其美、美美与共的理想状态。这就要求教师树立全新的教育观、学生观，使教育教学面向全体学生，尊重差异，把差异看作教育资源，所有学生都是可教之人、可育之才。这是第二个创新点。

在国家发布学生核心素养之前，我们就提出了培育学生的八大核心素养；在课程建设上引进西方青少年领导力课程、批判性思维课程、STEAM 课程（科学、技术、工程、艺术、数学多学科融合综合课程）等；在教学模式上学习道尔顿实验班的方法，结合"3+3"新高考模式，对学生实行分类编班的特色教学、分层施教的差异教学和选课走班的个性教学；在学习方式方法上，引进 PBL（问题式学习或项目式学习）学习模式，鼓励学生自主学习、合作学习和探究学习，着力培养学生的创新意识、批判性思维和动手操作能力。这是第三个创新点。

我们以品牌学科建设为抓手，要求所有学科制定学科课程实施规划，确立学科建设的八维指标：学科教育思想、学科育人目标、学科核心素养、学科内容结构、学科课堂结构、课外活动设计、学科亮点打造和学科质量评价。这是第四个创新点。

以优化课堂教学为目标，形成并完善"345"高效课堂教学模式，即课堂教学要渗透"差异化、信息化、批判性思维"三元素，通过"导、学、议、练、悟"教学五环节，达成"知识结构、能力结构、智力结构、情感结构"四维目标。这是第五个创新点。

形成标准性评价、相对性评价、发展性评价和学分制的综合评价体系，给学校教育教学提供了一个全新的目标导向。这是第六个创新点。

差异化诊断测试

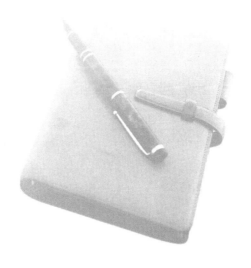

"认识你自己"是古希腊哲人对人们的忠告。在教育教学活动中，从多元智能和个性心理倾向等层面进行分析后会发现，学生没有实现真正意义上的认识自己，老师也没有全面认识学生，家长同样不清楚自己孩子的各种智能情况。差异化诊断测试可为学校老师实施差异化教育提供可以精确把握的有关学生智能情况的数据资源，也为家长提供帮助深刻认识孩子的、为学生提供帮助深刻认识自己的较准确的资料。

工欲善其事，必先利其器。学校要实施差异化教育，就必须清楚地知道每个学生的差异在哪里，他们的优势和劣势是什么，学业发展和生涯拓展的方向为何。而这些都离不开测试工具。

对测试工具的要求，一是能够对人的各种智能和个性心理倾向进行全面检测；二是检测的结果必须是真实、有效、科学的；三是要方便、可操作；四是检测结果要便于大数据统计和分析。我们按此要求筛选并进一步研发测试工具，下面具体阐释差异化诊断测试工具和测试方法。

一、认知能力测试

我们选用的第一个测试工具是多维度少年儿童团体智力测验（GITC）。多维度少年儿童团体智力测验使用的是全国常模，能比较全面地测试学生的智力和学习潜在能力。但这个量表需要人工批阅，通过对照常模换算出智商（IQ）分数来进行评定，当测试大量学生时这个量表很不方便。于是我们集团开展研发工作，把测试前台做成计算机软件。经过半年多的反复实验，我们终于完成了计算机团体测试软件的开发。

成功将这个量表开发成计算机软件后，我们又对其他几个量表做了相似的开发，利用校园网实施了大规模团体测试。GITC测验也被称为智商测验，每项测验的时间约为5分钟，共测验10项内容，一个人完成所有测验的时间约为60分钟。

多维度少年儿童团体智力测验有常识、辨异、类同、排列、算术、空间、理解、译码、词汇、拼配10个分测验，包括语言和非语言两部分，10个分测试可以产生13组数据，能对学生的知识积累能力、抽象概括能力、数学运算能力、分析理解能力、词汇运用能力、观察辨别能力、图形理解和逻辑推理能力、空间知觉能力、转换和记忆能力、形象思维能力等诸多学习能力进行测量。用这个量表进行测试后，我们将测试结果与语文、数学学科成绩进行相关分析，发现相关度比较高，尤其是数学成绩。因此我们认为这个量表的实用性很强，是诸多测试量表中的首选。下面通过一个案例展示一下这个量表的实测结果。

学生认知能力综合测试

学生姓名：陈××

年级：高中一年级

班级：1班

学校：潍坊（上海）新纪元学校

性别：男

出生日期：1999年11月15日

测试日期：2015年9月25日

表 3-1　陈××GITC语言量表、非语言量表、全量表测试结果评价

语言量表	非语言量表	全量表
一般	聪明	聪明

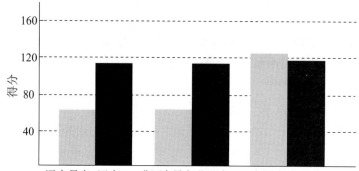

图 3-1　陈××语言量表、非语言量表、全量表测试的得分及折算后的IQ分

表 3-2　测试得分与相应测试结果评价

得分	70分以下	70—80分	80—90分	90—110分	110—120分	120—130分	130分及以上
测试结果评价	差（智力缺陷）	较差	中下	中等（一般）	中上（聪明）	优秀	极优秀

表 3-3　陈××GITC 分测验测试能力描述和结果评价

量表	分测验	测试能力描述	测试结果评价
语言量表	常识	对日常生活中接触到的事情的认知能力及记忆能力	中上
	类同	抽象和概括能力及从中发现出共同要素的能力	中上
	算术	数字、计算、推理和心算能力，亦需注意力	极优秀
	理解	实际知识的理解与判断能力及文字表达能力	极优秀
	词汇	语词的掌握程度及口头语言表达能力	中下
非语言量表	辨异	对事物形态进行辨认、推理和区分重要与否的能力	中等
	排列	不用语言文字就能表达和评价整个情境的能力	中等
	空间	空间知觉、视觉和动作的协调能力	极优秀
	译码	短时记忆、视觉和动作协调的能力，书写速度	中等
	拼配	知觉部分与整体关系的能力，视觉和动作的协调	极优秀

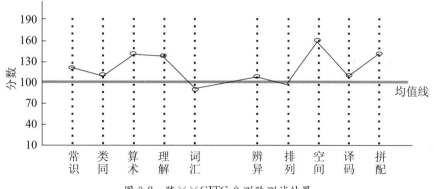

图 3-2　陈××GITC 分测验测试结果

二、学习适应性测试

我们选用的第二个工具是学习适应性量表。我们先使用了一个很多学校都用过的包含 11 个维度的学习适应性量表，对学生的学习适应性进行了测试，下面是一个学习适用性测试个人报告案例。

学习适应性测试个人报告

姓名：冉××

年龄：11

性别：女

班级：10 班

测试时间：2015 年 9 月 26 日

表 3-4　冉××学习适应性测试结果评价

维度	分数	评价
学习积极性评价	7	主动性强
学习计划性评价	9	计划性强
课堂学习态度评价	8.5	课堂学习有效性高
读书方法评价	9	会读书，有良好方法
学习技巧评价	8	有学习技巧，会记忆，善思考
应试方法评价	6	一般
家庭环境评价	7.5	家庭学习环境好
学校适应评价	7	学校适应良好
同学关系评价	9.5	与同学关系良好
独立性评价	8.5	独立性强
坚持性评价	9	有毅力

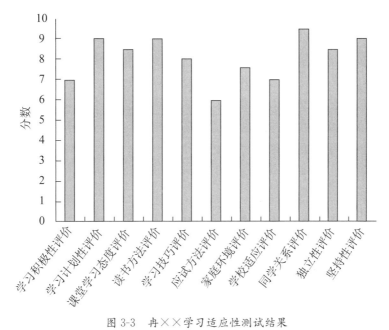

图 3-3　冉××学习适应性测试结果

后来我们又使用由我国学者制定的学习适应性量表（增订版）。这个量表是李坤崇教授在陈英豪等人编制的学习适应性量表的基础上修订而成的。

学习适应性量表（增订版）包括学习方法、学习习惯、学习态度、学习环境和身心适应五个分量表，每个分量表均分成数个细项，具体内容如下所述。

学习方法：旨在协助被试了解自己学习方法的优劣，包括学习技巧、学习计划、学习时间和内容分配、阅读和记笔记、考试技巧五个细项。

学习习惯：旨在协助被试了解自己学习习惯的状况，包括读书习惯、学习注意力、作业三个细项。

学习态度：旨在协助被试澄清自己对学习所持有的态度，包括学习兴趣、对课堂学习的态度、对学校教学环境的态度三个细项。

学习环境：旨在协助被试审查周围各项环境因素对其学习的影响，包括家庭的物质和心理环境、学校建筑设施、课程教学与师生关系、同伴关系四个细项。

身心适应：旨在协助被试察觉自己的身心状况对学习的影响，包括自我观念、自制能力、情绪稳定性、身体健康四个细项。

　　学习适应性量表（增订版）是一个有效且便捷地了解学生学习适应性状况的测试工具，此量表能为学生、教师和家长诊断学生学习适应性状况提供依据，适用于初中学生。全量表共有 60 个测试题，每个分量表各有 12 题。每人的测试时间约为 25 分钟。这个测试的信度检验采用的是内在一致性方法，全量表及各分量表的内部一致性都很好。这个量表的效度检验采用的是验证性因素分析以及学业成绩的相关性两种方法，验证结果说明全量表在模型的参数估计上没有违反基本模型的适合标准，各分量表和全量表的模型拟合性较好。

　　以下给出的是一个通过学习适应性量表（增订版）诊断出的学习适应不良学生的个人报告。

学习适应性量表（增订版）测试个人报告

　　基本情况：李××，男，14 岁，八年级学生，学习成绩在班级处于中下水平。

　　问题陈述：李××升入八年级后，可能由于学习任务的加重，其学习成绩出现下滑，他七年级时各门功课的成绩在班级中属中等，但八年级第一学期期末考试的成绩下滑较多。这一情况引起了老师的关注，老师建议该生先做一下多维度少年儿童团体智力测验，在确定智力情况的基础上再用学习适应性量表（增订版）测试。

　　该生多维度少年儿童团体智力测验的结果为：语言 IQ 为 92，非语言 IQ 为 98，全量表 IQ 为 94。

　　学习适应性量表（增订版）测验的结果如表 3-5、图 3-4 所示。

表 3-5　李××学习适应性量表（增订版）测试结果

量表	等级	评价
全量表	2	较差
学习方法	1	差
学习习惯	3	中等
学习态度	3	中等
学习环境	3	中等
身心适应	3	中等

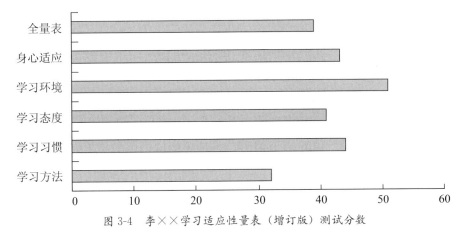

图3-4　李××学习适应性量表（增订版）测试分数

李××学习适应性属于较差，这一测验结果与李××的学业测试表现是一致的，李××三门功课在期末考试中的班级排名都是最后几名。上述测验结果说明李××的智力属于正常水平，不存在智力缺陷，但学习适应性总体情况较差，尤其是学习方法方面，学习效率低下，不能适应八年级的学习。李××可被诊断为学习适应性不良学生。

根据测验结果和其自身评价，李××学习适应性不良的原因主要是学习方法不当、学习习惯不良。从七年级到八年级，学习的压力逐渐加重，李××原有的学习方法和学习习惯存在的问题凸显出来，造成其学习上的不适应。李××学习的问题主要表现为：复习形式单一，死记硬背，不动脑筋，看书不做记号，听课不做笔记，不会有效利用时间。学习方法不当导致李××学习成绩较差，而学习成绩较差又招来家长的埋怨和老师的批评，进而影响其学习态度，日复一日，恶性循环。

建议家长多给孩子精神上的关爱，不宜一味责怪；老师应帮助李××找出存在的问题，指导他改进学习方法，改正不好的学习习惯。同时，家校双方都要鼓励李××增强自信心，消除心理压力，逐步掌握正确的学习方法，不断提高学习成绩。

三、多元智能测试

美国哈佛大学加德纳教授提出人类的智能是多元的，每人的智能都包含语言智能、数学逻辑智能、视觉空间智能、音乐节奏智能、身体运动智能、自我认知智能、人际交往智能、自然观察智能、存在智能等方面。我们使用的是多元智能量表（乙式）（MIDAS2）。

（一）多元智能量表（乙式）（MIDAS2）的结构与内容

此量表由美国的布莱顿·希勒博士编制，我国吴武典教授修订。此量表由 9 个分量表组成，每个分量表分别代表一种智能，具体如表 3-6 所示。

表 3-6　多元智能量表（乙式）（MIDAS2）分量表介绍

分量表	内容	典型人物
语言智能	有效地运用口语（如演说家、政治家）或文字（如诗人、剧作家、编辑或记者）的能力。这项智能包括把语法（语言的结构）、语音（语言的发音）、语义（语言的意思）和语用（语言的实际应用）等维度结合并运用自如的能力，包括修辞学（运用语言说服他人采取一项特定行动）、记忆策略（运用语言记忆信息）、诠释（运用语言告知）及后设语言（运用语言讲述语言本身）等范畴	歌德 莎士比亚 李白 徐志摩 鲁迅
数学逻辑智能	有效地运用数字和推理的能力（如数学家、税务会计、统计学家、科学家、计算机程序员或逻辑学家）。这项智能包括对逻辑的方式和关系、陈述和命题、功能及其他相关的抽象概念的敏感性。这项智能的表现在于将这些抽象的概念运用于分类、分等、推论、概括、计算和假设检定	哥白尼 牛顿 爱因斯坦 霍金 华罗庚
视觉空间智能	准确地感觉视觉空间（如猎人、侦察员或向导），并把知觉到的表现出来（如室内设计师、建筑师、工程师、美术家或发明家）。这项智能包括对色彩、线条、形状、形态、空间及它们之间关系的敏感性，也包括将视觉和空间的想法立体化，在脑海中呈现出来，以及在一个空间中很快地找到方向的能力	毕加索 张大千

续表

分量表	内容	典型人物
音乐节奏智能	察觉、辨别、改变和表达音乐的能力（如音乐评论家、作曲家、演奏家）。这项智能包括对节奏、旋律或音色的敏感性。它包括透过认知由上而下地理解音乐（属于统整性的、直觉的），透过知觉由下而上地理解音乐（属于分析性的、技术的），或者两者兼备	贝多芬莫扎特
身体运动智能	善于运用整个身体来表达想法和感觉（如演员、运动员和舞者），以及运用双手灵巧地生产或改造事物（如工匠、雕塑家、机械师和外科医生）。这项智能包括特殊的身体技巧，如协调、平衡、敏捷、力量、弹性和速度，以及本体感觉的、触觉的和由触觉引发的能力	迈克尔·杰克逊刘翔
自我认知智能	有自知之明，并有据此做出适当行为的能力。这项智能包括对自己的了解（如优缺点、特点），意识到自己的内在情绪、意向、动机、脾气和欲求，以及自律、自知和自尊的能力。小说家、哲学家等多具有这方面能力	弗洛伊德甘地
人际交往智能	察觉并区分他人的情绪、意向、动机及感觉的能力。包括对脸部表情、声音和动作的敏感性，辨别不同的人际关系暗示并对这些暗示做出适当反应的能力。具备这种能力者最适合担任教师、社会工作者、心理辅导员、销售人员等	孔子丘吉尔罗杰斯
自然观察智能	自然观察智能的独特之处是注重人和环境的互动，能了解、欣赏大自然的美妙，与之和谐而快乐地共存、共荣。具备这种能力者最适合担任公园解说员、星象观测员、生物学家、环境生态学家等	达尔文
存在智能	了解人生的意义，掌握生命的价值，常思索存在的问题或宇宙的本质，并且没有疑惑；有明确的生活目标，并能以泰然的态度面对生死和宇宙的变化。如哲学家等多具有这方面的能力	苏格拉底

（二）测试结果的分数解释

按照计分标准完成计分后，可以对照常模表换算成 T 分数，并依照 T 分数绘制成图。T 分数是平均数为 50、标准差为 10 的标准分数，用来表示个人的分数在群体中的相对位置。

根据各分量表（各项智能）T 分数的高低，评价等级可被大致分成 5 个，如表 3-7 所示。

表 3-7　评价等级及其含义

T 分数	评价等级	含义
40 分以下	弱	表示个人对活动的参与度不高，没有特别的喜好或表现，可能是因为个人经验不足或缺少学习机会。
40—44 分	较弱	表示个人对此领域没有特别的喜好和参与，可能是因为对自我的要求太高，也可能是因为经验不足，如果增加活动经验、增强自信心，仍可能有所发挥。
45—54 分	一般	表示个人对此领域保持一定兴趣，会参与相关活动，但没有特别的好恶和投入，如果有特别的鼓励和学习机会可能会有更佳的表现。
55—59 分	较强	表示个人对此领域的学习兴趣盎然，对自我表现也有相当的自信。
59 分及以上	强	表示个人对此领域的学习有高度的热忱，对自我表现相当满意，如果继续努力，可能有很好的发展。

（三）基本用途

多元智能量表（乙式）（MIDAS2）旨在了解学生在日常生活中对多元活动的兴趣倾向、参与热情以及潜在的发展方向和能力。

每个人的智能都是多方面的，智商不能代表一个人的所有能力或真正能力，重要的是要了解学生的差异，了解其优势（强势）智能在哪里、弱势智能在哪里，这也正是使用这个量表进行测试的真实目的。

得到测验分数后，可参照常模表找出个体各项智能情况在群体中的相对位置，亦可绘制个体智能图。每个人各项智能的高低强弱不同，我们要从个人智能的分布状况了解个别差异，分析个人的强势智能和弱势智能，从而帮助学生在学习活动和职业生涯发展上进行自我探索和适切规划。对测试结果使用的具体建议有三点：个人内在差异的分析重于人际差异的比较；个人优势智能的分析重于弱势智能的分析；强调个人优势智能的运用。

　　我们测试多元智能的目的是"知其所长，明其所短，扬长避短，尽展所长"，强调在真实的情境中评估学生的每项能力，制订个性化教育计划，找出优势智能并加以规划，提供促进发展的机会，而不是针对学生的劣势采取补短措施。多元智能理论强调通过个体全方位的能力去评估个人的表现，以正向、积极的态度去看待个人发展，不再强调给予某种标识（如好或差），强调老师要留意每个学生的兴趣和潜能，并尝试以不同的教学方式让每个学生得到最好的教育，获得最好的发展。

四、14 种人格因素测试

　　卡特尔 16 种人格因素测试往往用于测试成人的人格，而面对青少年我们采用的是 14 种人格因素测试。这个测试中的人格因素与学生的学习状态、学习成绩是正相关的。下面是一个此测试的个人报告。

14 种人格因素测试个人报告

　　姓名：张××

　　年龄：12

　　性别：男

　　测验日期：2015 年 9 月 5 日

　　此测试 1—4 分为低分，5—6 分为中等分，7—10 分为高分。通过每项所得的标准分可以看出张××的人格特点，如图 3-5 所示。

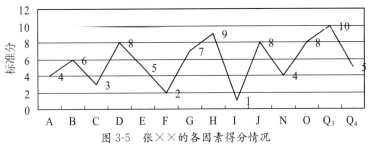

图 3-5　张××的各因素得分情况

　　因素 A——乐群性（孤独—乐群）：4 分

　　低分特征：缄默，孤独，冷漠；其标准分低于3者通常表现出执拗，对人冷漠，落落寡合，吹毛求疵，更倾向于独自工作，不轻易放弃一己之见，工作标准常常很高，严谨而不苟且。

　　高分特征：外向，热情，乐群；标准分高过8者通常和蔼可亲，与人相处的能力、合作适应能力较强；喜欢和别人共同工作，愿意参加或组织各种社团活动；不斤斤计较，容易接受别人的批评；与他人萍水相逢也可以一见如故。

　　因素B——聪慧性（迟钝—聪慧）：6分

　　低分特征：思想迟钝，抽象思考能力弱；通常理解力不强，不能举一反三。

　　高分特征：聪明，富有才识，善于抽象思考，学习能力强，思维敏捷。

　　因素C——稳定性（激动—沉着）：3分

　　低分特征：情绪激动，易生烦恼，心神恍惚不定，易受环境影响；低分者通常不善于应付生活上遇到的困扰和挫折，不能面对现实，常常会急躁不安，身心疲乏，甚至失眠。

　　高分特征：情绪稳定且成熟，能面对现实；高分者通常能以沉着的态度应对现实中出现的各种问题，行动充满魄力，能鼓舞士气，有维护团队的精神。

　　因素D——兴奋性（冷静—冲动）：8分

　　低分特征：情绪安定，冷静，不好动，偏于墨守成规。

　　高分特征：易动感情，易苦恼，对各种类型的刺激反应强烈。

　　因素E——恃强性（顺从—恃强）：5分

　　低分特征：谦逊，顺从，通融，恭顺；低分者通常行为温顺，顺应别人的意旨；即使处于十全十美的境地，也有事事不如人之感。

　　高分特征：自高自大，自以为是，也可能非常武断。

　　因素F——活泼性（严肃—活泼）：2分

　　低分特征：严肃，审慎，冷静，寡言；低分者通常行动拘谨，内省且不轻易发言，较消极，阴郁；有时可能过分深思熟虑，又近乎骄傲自满，在工作上常是认真可靠的。

　　高分特征：轻松兴奋，随遇而安；高分者通常活泼，愉快，健谈，对人对事有热心且富有感情；但有时也可能过分激动，以致行为变幻莫测。

　　因素G——有恒性（敷衍—负责）：7分

低分特征：苟且敷衍，缺乏奉公守法的精神；低分者通常缺乏远大的目标和理想，缺乏责任感，甚至有时会不择手段地达到某一目的。

高分特征：有恒心，负责，做事尽职；高分者通常细心周到，有始有终，所交的朋友多数是努力实干的人。

因素 H——敢为性（退缩—敢为）：9 分

低分特征：畏怯退缩，缺乏自信心；低分者通常在人群中表现出羞怯，有不自然的表现，有强烈的自卑感，拙于发言，更不愿意和陌生人交谈，凡事采取观察态度，有时由于过分关注自我而忽视了社会环境中的重要事物与活动。

高分特征：冒险敢为，少有顾忌；高分者通常不掩饰，不畏缩，有敢为精神，有克服困难的毅力；有时可能粗心大意，忽视细节，也可能无聊多事。

因素 I——敏感性（理智—感情）：1 分

低分特征：理智，看重现实，自食其力；低分者通常以客观、坚强、独立的态度处理问题，有时也可能过分骄傲、无情。

高分特征：敏感，感情用事；高分者通常心肠软，易被感动，富于幻想，有时会不切实际，缺乏耐性，不喜欢接近粗犷的人或做笨重的工作，在团体活动中常常有不着边际的想法和行为，因而降低团体的工作效率。

因素 J——充沛性（热情—谨慎）：8 分

低分特征：热情、活泼、精力充沛；敢于发表自己的意见，愿意参加集体活动，喜欢实干。

高分特征：谨慎，好沉思，想问题周到；有时表现出个人主义，对他人过于苛求。

因素 N——世故性（直率—世故）：4 分

低分特征：坦白，直率，天真；低分者通常思想简单，感情用事；与人无争，与世无求，心满意足；但有时显得幼稚、粗鲁、笨拙，似乎缺乏教养。

高分特征：精明能干，世故；高分者通常处世老练，行为得体，能冷静分析事态，对一切事物的看法是理智、客观的，但有时是讥讽的态度。

因素 O——忧虑性（自信—忧虑）：8 分

低分特征：安详，沉着，有自信心；低分者通常有自信心，不易动摇，相信自己有应付问题的能力，有安全感，能运用自如；有时因缺乏同情心而引起别人的反感。

高分特征：忧虑抑郁，充满烦恼；高分者通常觉得世道艰辛，人生不如意，甚至沮丧悲观；时时患得患失，自觉不如人，缺乏和人接近的勇气。

因素 Q_3——自律性（任性—自律）：10分

低分特征：任性自我，不顾大体；低分者通常既不能克制自己，又不能尊重礼俗，更不愿意考虑别人的需要，充满矛盾又无法自己解决。

高分特征：知己知彼，自律谨严。高分者通常言行一致，能够合理支配自己的感情行动，为人处世中能保持自尊心，赢得别人的重视，有时却过于固执己见。

因素 Q_4——紧张性（宁静—紧张）：5分

低分特征：心平气和，闲散宁静；低分者通常知足常乐，保持内心的平衡，也可能过分慵懒，缺乏进取心。

高分特征：紧张焦虑，激动挣扎；高分者通常缺乏耐心，心神不定，过度兴奋，时常感觉疲乏，又无法彻底摆脱紧张以求宁静，在集体中对人对事缺乏信念，战战兢兢且不能控制自己。

五、学业水平测试

在诸多影响学生发展的因素中，学生的学科成绩的基础水平是很重要的，入学时的学科测试是必不可少的。根据课标要求，我们用新纪元教育集团研发的教学诊断系统进行学业水平诊断测试。

下面展示的是一个学业水平诊断报告。

学业水平诊断报告

诊断学科：数学

诊断对象：王××

诊断内容：八年级数学

能力定位：—0.21（能力系数）

百分等级：39.3%

说明：该生数学成绩为58分，在全年级中排在中后的位置，成绩不太理想。

具体诊断结果如表 3-8 所示。

表 3-8　王××数学诊断结果

知识点	学习水平/掌握程度			
	识记	理解	应用	整体
幂的运算	100%	—	—	100%
实数	100%	13%		26%
一次函数的概念和解析式	100%	100%		100%
一次函数的图像	100%	—		100%
等腰三角形	—	0%	100%	50%
常量、变量与函数	100%	—		100%
图形的轴对称（一）	100%	—		100%
全等三角形	—	100%		100%
因式分解	—	100%	100%	100%
图形的轴对称（二）	—	—	100%	100%
整式的除法	—	—	0%	0%
整式的乘法	—	—	28%	28%
整式	—	0%	—	0%
一次函数的应用	—	—	33%	33%
一元一次不等式	—	—	—	0%
合计	100%	50%	36%	48%

注：整体的结果是根据识记、理解、应用的结果的加权平均数，不同知识点所取的权不同；合计的结果是各知识点结果的加权半均数。

诊断结果分析：在这次测试中，王××在实数、等腰三角形、整式的除法、整式的乘法、整式、一次函数应用、一元一次不等式等知识的得分率低于 60%，应注意加强。

学习建议有以下几点。

第一，对实数、等腰三角形、整式的除法、整式的乘法、整式、一次函数应用、一元一次不等式的相关知识，应认真听老师的讲解，多做一些相关练习。

第二，通过平时的作业养成分析学习中存在的问题的习惯，这一习惯可以有效提高学习成绩。

第三，向学校老师、学校差异化教育中心或新纪元教育测评咨询中心的专家咨询。

另外，我们还有一份家庭情况信息采集表，旨在了解学生家庭背景、爱好特长、获奖等情况，在分析学情时作为参考。

差异化教育课程研发

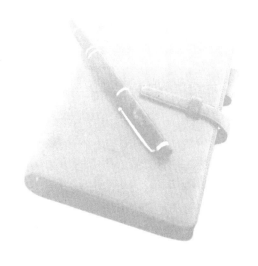

学生的差异化诊断测试结果呈现出个体的多元潜能。学校要实施差异化教育，充分发掘学生的多元潜能，就必须努力研发多元的差异化课程，夯实差异化教育课程基础。

一、差异化课程设计规划

潍坊（上海）新纪元学校秉承"尊重差异、提供选择、开发潜能、多元发展"的办学理念，明确"提供选择"必须以提供多元课程选择为依托，制定差异化校本课程纲要，研发多元校本课程，努力构建以学生发展为中心、以开发多元智能为目标的差异化课程体系。

（一）课程规划依据

1. 国家政策

我国新一轮基础教育课程改革确立了国家、地方、学校三级课程管理体制，对学校课程研发进行了实质性赋权。伴随着课程改革的不断深入，学校课程建设也由单纯进行校本课程研发逐渐转变为对学校的所有课程进行整体规划和有机整合，以落实"立德树人"的根本任务，更好地发挥课程的育人功能。教育部在《基础教育课程改革纲要（试行）》中指出："改变课程管理过于集中的状况，实行国家、地方、学校三级课程管理，增强课程对地方、学校及学生的适应性。"2015 年 2 月发布的《山东省中小学教学基本规范》在"课程管理"一章中也强调："学校要根据办学理念、育人目标、办学特色和学校实际，科学规划学校课程，制定并落实学校课程方案。"上述政策为学校课程规划提供了政策依据。

2. 培养目标

潍坊（上海）新纪元学校致力于实现学生"学习自觉、行为自律、生活自理、个性自主"，以培养"诚信品德、规则意识、理性思维、创新能力、国际视野、领袖气质、终身学习、信息素养"八大核心素养为长远目标导向，助力学生规划美好未来。这样的价值追求构建起学校多元课程建设的精神骨架，并成为学校课程整体规划的逻辑起点。

3. 学生需求

学校的教育价值追求是课程规划的逻辑起点，对这个逻辑起点最直白的表述就是两个字——育人。培育出新时代所需要的建设者和接班人，培养他们应有的品性和能力，这是学校课程规划的根本。

　　潍坊（上海）新纪元学校的学生来自潍坊市内外的不同地方，他们的兴趣爱好、学习基础、生活背景、发展目标等千差万别，为学生提供多元课程已成为必然。学校充分承认并尊重学生在学习潜能、发展基础和个性倾向等方面的差异，利用差异化诊断工具对入学新生进行差异化诊断测试，同时对学生进行关于课程需求的广泛调查，为研发差异化课程和实施差异化教学提供科学依据。另外，未来社会对人才素质的多元需求以及新高考政策的逐步实施，促使我们运用系统思维对学校课程进行整体设计，从而更好地达成促进学生个性发展和适应未来社会需要的育人目标。

（二）课程设计原则

1. 生本化

　　坚持以学生发展为中心的课程建设取向，始终将学生发展置于课程规划的核心位置，并努力实现学生个性发展与未来社会需求的有机结合。

2. 系统性

　　针对十二年一贯制学校学生进行系统发展规划，包括目标衔接、内容衔接、学习方式衔接等，体现一贯制学校课程建设与学生发展的系统思考。

3. 均衡性

　　按照促进全体学生全面发展的理念统筹设计，体现课程结构的均衡性，包括三级课程均衡、各领域课程均衡、必修与选修课程均衡，促进学生全面发展。

4. 选择性

　　结构均衡并不等于结构僵化，应针对学生差异体现课程结构的广泛适应性，增强课程结构的选择性。包括针对不同学段学生的年龄特点、依据各学段培养目标来设计差异化的课程结构；针对同一学段学生的差异增强课程设置的多元性和选择性。

（三）课程设计目标

　　依据学校八大核心素养的育人目标，我们将学校课程的总体目标确定为以下六点。

　　第一，使学生具有诚信、正直的品格和深厚的人文积淀，形成对自然、社会及自身的正确认识，具有规则意识和法治观念。

　　第二，使学生掌握基础教育阶段应具备的基本知识，形成积极的学习态度和终身学习习惯，具有自觉获取信息的能力和自我发展的意识。

　　第三，使学生具有国际视野和开放心态，理解并尊重多元文化。

　　第四，使学生形成崇尚真知、独立思考的习惯，具有批判性思考的能力、创新的能力和解决问题的能力。

　　第五，使学生具有决策引导的号召力和强调责任、以身作则、勇于担当的领导力。

　　第六，使学生尊重生命，热爱生活，感恩美好，淳朴善良，善于在生活中发现美、创造美，对美好事物有感悟力，对弱势群体有同情心。

　　以上目标是学校十二年一贯制课程的总目标，具体学段课程的目标依据学生的年龄特点和具体的课程设置而有所不同。

（四）课程实施的师资保障和设施保障

　　丰富的教学资源是达成课程目标的必要条件。学校在对"最强师资、最美校园、最优教育、最好服务"的发展愿景和"标准化、差异化、信息化、国际化"办学特色的追求中，积累了支撑学校多元课程建设的丰富的校内外师资资源。

　　潍坊（上海）新纪元学校以教育主管部门规定的师生比的1.5倍为数量标准，面向全国招聘优秀教师。学校拥有雄厚优质的师资力量，现有教职工650名，其中正高级教师和特级教师20名，拥有硕士及以上学历的教师130名，长期聘用外籍教师7名，形成了一支由特级教师、正高级教师、优秀骨干教师、青年专业教师和外籍优秀教师组成的教师队伍。教师不同的专业、学术背景和业务特长为研发、实施多元课程提供了有力的师资支持。

　　学校拥有满足多元课程实施的丰富物质资源，设有科学实验室、微机室、美术教室、音乐教室、数码钢琴室、钢琴室、书法教室、沙画教室、舞蹈教室、棋艺教室、STEAM课程多功能教室等。学校斥巨资引进了青少年核心素养课程，包括批判性思维、多元素质英语、青少年领导力、生涯规划、中西文化比较、国际创新教育等课程，研发了从初中到高中所有34个门类的微课程，为每个学生配备了自主学习智能终端平板电脑，所有这些都为学校课程的建设和实施提供了扎实的物质基础和丰富的资源保障。

（五）差异化校本课程教学安排

学校的差异化校本课程全部被编入课程表。其中必修类的特色课程被编入行政班级的课时计划，全体学生必须学习；多元选修校本课程是由学生自主选择的，实行走班制，按照课时计划授课。表 4-1 和表 4-2 分别展示了 STEAM 课程的课时计划和小学多元选修课程安排。

表 4-1　校本特色 STEAM 课程课时计划

STEAM 课程项目	各年级课时数／（节/周）						
	高中			初中			小学
	高一	高二	高三	七年级	八年级	九年级	高段
无人机	2	2	—	—	—	—	—
航模	2	2	—	—	—	—	—
车模	2	2	—	—	—	—	—
3D 打印	2	2	—	2	2	—	—
机器人	2	2	—	2	2	—	—
生涯规划	—	—	2	—	—	2	—
中西文化比较	1	1	—	1	1	—	—
青少年领导力	1	1	—	1	1	—	—
多元素质英语	1	1	—	1	1	—	1
大英百科	1	1	—	1	1	—	—
批判性思维	1	1	—	1	1	—	—

注：高中、初中集中学习的时间为周六。

表 4-2　小学多元选修课程安排

多元选修课程名称	适合年级	活动地点
英语提高	6 年级	6 年级 1 班教室
科学小实验	3—6 年级	科学实验室
排球训练	3—6 年级	排球场

续表

多元选修课程名称	适合年级	活动地点
趣味泥塑	3—6 年级	4 年级 2 班教室
琵琶	2—4 年级	音乐教室 1
数学提高	4—6 年级	6 年级 4 班教室
沙画课程	1—6 年级	沙画教室
漫画	1—3 年级	1 年级 2 班教室
萨克斯社团	3—5 年级	餐厅 3 楼
5 年级语文精英	5 年级	5 年级 4 班教室
5 年级英语精英	5 年级	5 年级 1 班教室
6 年级英语精英	6 年级	2 年级 1 班教室
课本剧表演	5 年级	5 年级 2 班教室
语文提高	3 年级	3 年级 2 班教室
数学培优	3 年级	3 年级 1 班教室
数学游戏	1 年级	1 年级 1 班教室
趣味数学	2 年级	2 年级 3 班教室
魅力二胡	2 年级	2 年级 2 班教室
五年级数学提高	5 年级	5 年级 3 班教室
数学精英	4 年级	4 年级 1 班教室
语文培优	3 年级	3 年级 3 班教室
篮球	4—6 年级	篮球场
足球	4—6 年级	足球场
古筝基础	3—5 年级	音乐教室 2
语文提高	4 年级	4 年级 3 班教室
拉丁舞	3—6 年级	小操场
少儿合唱	3—6 年级	3 楼会议室

（六）课程建设助推教师专业成长

学校课程建设在促进学生发展的同时，也助推教师的成长。学校课程建设的主体是教师，落实的主体也是教师。因此，实现教师专业成长和学校可持续发展也是课程建设目标的应有之义。课程建设中的教师专业成长主要表现为以下三方面。

第一，增强教师的课程意识，提升教师研发与实施课程的能力。教师在课程建设的实践中提升自身的专业水平和职业素养，实现由专业课程教师向品牌教师的转变。

第二，进一步引导教师向创新思维方式和批判性思维方式转变，努力推进教育教学方式的创新，使教师在创新实践中实现人生理想。

第三，促进学校的内涵发展和可持续发展，打造学校品牌，逐步达成学校长远发展的愿景。

二、差异化课程结构体系

（一）总体结构

依据学校的办学理念和育人目标，我们将学校课程结构概括为五个领域、三个层级、两大类型。各领域、各层级之间的课程相互联系、有机融合，形成了指向学生发展的、具有学校特色的课程体系。其中五个领域为：品格与社会、语言与文化、科技与思维、运动与健康、艺术与审美。三个层级为：指向学生基础发展的国家课程、适合当地需求的地方课程和学校自主研发的校本课程。两大类型为必修课程和选修课程，其中国家课程、地方课程和十二年一贯制校本特色课程为必修课程，其他为多元选修课程（具体见表4-3）。

对国家课程，我们依据课程标准和学校学生的实际情况，以品牌学科建设为抓手，对三个学段所有学科进行校本化建设，并利用一贯制学校的优势，尝试进行衔接课程的研发。

校本课程则依据学生需求和培养目标，分为多元选修课程和十二年一贯制特色

表 4-3　潍坊（上海）新纪元学校十二年一贯制课程体系

课程类型		品格与社会 高中	初中	小学	语言与文化 高中	初中	小学	科技与思维 高中	初中	小学	运动与健康 高中	初中	小学	艺术与审美 高中	初中	小学
国家课程（必修）		道德与法治/思想政治、综合实践活动			语文、英语			数学、物理、化学、生物、信息技术、通用技术（高中）		数学、科学、信息技术	体育与健康	体育		音乐、美术、书法	—	美术、书法
		历史、地理		—												
地方课程（必修）		生涯规划	生涯规划、安全教育、全教育、环境教育	安全教育、环境教育	传统文化			—			心理健康			—		
校本课程	十二年一贯制特色必修	青少年领导力（模拟联合国）、主题德育、社会实践			中西文化比较、演讲与口才、英语社团、英语西方素质英语、朗诵经典诵读、文学创作、课本剧			批判性思维、STEAM课程（航模、工业4.0与3D打印）、大英百科、海洋课程			食育教育、体操			音乐、美术、书法各有两项特长和两项爱好		
	多元选修	差异化学科拓展课程			差异化文科拓展课程			差异化学科拓展课程、MOOCAP课程、机器人、无人机、数学探秘、科技创新、电脑动画、棋艺、校园吉尼斯			体育社团：武术、乒乓球、篮球、足球、棒球			音乐、美术社团：舞蹈、合唱、形体训练、器乐、戏剧、沙画、时尚漫画、书法		

必修课程。多元选修课程重在为不同学生提供多样化选择，包括针对不同学段的学生、同一学段不同群体的学生、作为独特个体的学生的多元课程，最大限度满足学生个性发展的需求。十二年一贯制特色必修课程强调学校的培养目标，凸显学校的育人特色和价值追求，包括三方面的课程。一是批判性思维、青少年领导力、生涯规划、STEAM 课程等一系列国际创新教育课程，着力培养学生的理性思维和创新精神；二是中西文化比较课程、外语特色课程，着力培养学生的国际视野和对多元文化的理解能力；三是食育特色课程，着力培养学生动手操作的能力、热爱生活的情感及健康高雅的生活情趣。五个领域的国家课程、地方课程、多元选修校本课程和十二年一贯制特色必修校本课程，形成了覆盖全面、和谐统一、重点落实、特色各异的课程体系，共同促进学生的全面发展和个性发展。

（二）五个领域课程的目标与结构

品格与社会课程旨在培养学生的诚信品德、规则意识、责任担当和奉献精神，主要包括国家课程中的道德与法治/思想政治、历史、地理、综合实践活动，地方课程中的生涯规划、安全教育、环境教育，十二年一贯制特色必修校本课程的青少年领导力、主题德育、社会实践等，以及多元选修校本课程中的差异化学科拓展课程。

语言与文化课程以培养学生的语言运用能力、人文情怀和多元文化鉴赏能力为目的，包括国家课程中的语文、英语课程，地方课程中的传统文化，十二年一贯制特色必修校本课程的中西文化比较、多元素质英语，多元选修校本课程中的差异化学科拓展课程等。

科技与思维课程旨在培养学生的理性思维、创新精神、实践能力、信息素养等，主要包括国家课程中的数学、物理、化学、生物、信息技术等，十二年一贯制特色必修校本课程中的一系列国际创新教育课程，如批判性思维、STEAM 课程、大英百科等，多元选修校本课程中的差异化学科拓展课程等。

运动与健康课程旨在培养学生健康生活、自我管理等素养，主要包括国家课程中的体育与健康，地方课程中的心理健康，十二年一贯制特色必修校本课程中的食育课程和体操，以及各种体育社团等多元选修校本课程。

艺术与审美课程旨在培养学生健康的审美情趣和艺术创造能力，包括国家课程中的音乐、美术、书法，十二年一贯制特色必修校本课程的"两项特长"和"两项爱好"要求，以及多元选修校本课程中的艺术社团，如舞蹈、合唱、形体训练、器乐、戏剧、沙画、时尚漫画等。

（三）各领域、各层级课程的联系与融合

尽管将课程按照培养目标和行政管理分成五个领域、三个层级和两大类型，但对于学生八大素养的形成来说，各领域课程应形成一个整体，因而部分课程在具体实施时会进行跨领域、跨学科的有效整合。例如，将校本课程中的批判性思维与国家课程结合起来，运用批判性思维探讨学科问题；将 STEAM 课程的理念运用于跨学科和多学科；以学生生活经验为中心，以主题活动为载体，实现多学科的整合，使三级课程成为育人的有机整体。

学校差异化课程建设的目的在于培育学生、发展教师、促进学校的可持续发展和特色发展。它不是一幅固定的课程蓝图，而是动态的不断生成的专业行动和根植于教师内心的实践追求。随着学校办学理念的不断落实，教师的课程意识和实践能力不断增强，学校课程建设不断完善，便能为学生发展提供更丰富、更优质的课程选择。

三、差异化校本课程研发

（一）差异化校本课程的价值取向

丰富的差异化课程资源是落实"尊重差异、提供选择、开发潜能、多元发展"办学理念的重要保障。它的研发与实施必将有利于学生的个性发展，有利于教师专业素质的提高，有利于学校特色的形成。我们提出培养学生"诚信品德、规则意识、理性思维、创新能力、国际视野、领袖气质、终身学习、信息素养"的核心素养的目标，这一目标具有鲜明的、具体的指向性，这些指向性的目标必须被落实在相关课程和教材上，而不是停留在文件里。

基于上述育人目标，我们的校本课程建设必须是多元的、开放的、面向世界的和面向未来的；必须站在发展前沿甚至引领方向；必须是自主的，最终能形成品牌——我们要打造有创新教育特色的校本课程体系。

　　基于对差异化教育的思考，我们校本课程的开发必须关照学生个性，发挥学生特长，助力学生的差异化发展，即站在学生的角度，以学生为中心，在学校课程整体框架内，合理设置并研发实施多元校本课程，给学生更广阔的发展空间和更自主的选择自由，让学生获得更生动的发展和更具价值的成长——我们要打造面向全体学生的多元课程体系。

（二）差异化的校本课程体系

　　差异化校本课程分为必修课程和选修课程两大类。

　　必修类校本课程是学校遵循自己的办学理念，依据由学校的培养目标确定的课程要求，分级、分序列开发的主题课程。必修类校本课程指向学生素质的养成，强调主题的统一性、内容的系统性和知识的渐进性。分级、必修、大班授课和考试考核是其突出的组织特征。这类校本课程由学校主导，主题鲜明，且学校严格把关、严格要求，不是精品不开课。

　　选修类课程重在为不同学生提供差异化选择，以最大限度地满足学生个性发展的需要。选修类课程主要是学校（教师）依据自身优势，根据学生的兴趣或特长自主开发的符合学校课程目标的类型多样、可供选择的课程。尽管选修类课程都指向学生的个性发展，但也有区别：兴趣选修类课程强调学校课程目标及主题的丰富性和多元性，开放且门类众多，选修是其突出的组织特征。这类校本课程鼓励多样化，尽力做到百花齐放。专长选修类课程强调根据学生的自身潜能或自身特长而设置，量身定制、资源特配是其突出特征。

1. 拓展类必修课程——对国家课程和地方课程的拓展与提高

　　拓展与提高国家课程和地方课程的必修校本课程可以分成两类。

　　一类是学段衔接课程，包括小学与初中的衔接课程和初中与高中的衔接课程。具体做法是：校本教材与录取通知书一起发送到学生手中，校本教材内容包含对学生升入高一学段的祝贺、新学校的相关说明、前一学段基础知识的巩固要点以及下一步学法的引导。教师在新学期开学后，针对学生的完成情况做具体辅导。这类课程的教材一般由学校安排相关学科教师进行编写，相对稳定。

　　例如，小学与初中的衔接课程"走好初中第一步"共有四个部分：送给成为中学生的你；语文篇——万丈高楼平地起、漫步古诗苑、我和名著有个约会、下笔如有神；数学篇——趣味数学、数与代数、图形与几何、解题方法与技巧；英语篇——听说、阅读、写作、电影欣赏。

另一类是学科提高与补充课程。我们对基础教育各学段各科的教学提出要求，制定基于国家课程标准的语文、数学、英语等所有学科的学科质量标准及评价要求；制定各学科建设方案，确立学科建设的八维指标：学科教育思想、学科育人目标、学科核心素养、学科内容结构、学科课堂结构、课外活动设计、学科亮点打造和学科质量评价。

2. 特色类必修课程——对学生核心素养的拓展与提高

学校的特色类必修课程大部分是从国外引进的前沿课程，有的课程还要学校斥巨资建设实验室、购进实验设备，如 3D 打印等。

青少年核心素养课程。包含批判性思维课程、青少年领导力课程、多元素质英语课程、中西文化比较课程、生涯规划指导课程等。这些课程教材的编写过程为：教材引进——教师培训——教师学习研磨——教材转换——教材完善。

STEAM 课程是将科学（science）、技术（technology）、工程（engineering）、艺术（art）、数学（mathematics）的内容加以整合，培养学生把学到的零散知识与方法提升为一个完整的逻辑体系的能力，让学生亲身实践、动手操作以实现知识与技术的完美结合。我们的口号是："像科学家一样思考，像艺术家一样设计，像工程师一样做事，像发明家一样创造。"

科学知识课程包含大英百科、数学的奥妙、芬兰儿童教养技能等。

外语特色课程采用双主教材形式，中外教结合，包括自由自主阅读课程、视听课程、国际课程自主选修、日语和韩语课程等。

食育特色课程则包括动手制作各类面点和西餐等食物的活动。

3. 特长类选修课程——对学生兴趣爱好的拓展与提高

特长类选修课程给学生提供了广阔的选择空间。小学有沙画、舞蹈、声乐、竖笛、古筝、钢琴、少年鼓号、腰鼓、十字绣、手工工艺、毛线编织、红领巾读书、小记者、剑桥英语、英语课本剧、书法、小主持人、演讲与口才、奥数辅导等社团或课程；初中有英语口语、演讲与口才、交际礼仪、形体舞蹈、奥数、阅读、写作、象棋、乒乓球、篮球、书法、素描、剪纸、器乐、声乐、摄影等社团或课程；高中有形体、健美、音乐、舞蹈、编导、表演、主持、美术、摄影、演讲等社团或课程。

特长类选修课程安排在每周二、周四下午的第三、第四节课，学生连堂学习，这便保证了学生每周都有固定的学习时间，为实现每个学生都有两个爱好与两个特长的"2+2"学习提供了时间保障。随着学校优质特长课程的发展，特长类选修课程目前已能基本满足每个学生的需要，做到人人都有喜欢的课程。

4. 综合实践类选修课程——对学生动手能力、生存能力的拓展与提高

我们将综合实践类选修课程分成三大类。

一是校内外主题活动课程。学校分学部、分年级组织户外活动，活动形式有远足、参观、亲子欢乐游等。例如，2017年小学部曾两次到欢乐海（海边游览区）举行活动，一次是"欢乐海游"，另一次是"欢乐海运动会暨亲子活动"；我们曾组织学生到潍坊学院参观他们的智能温室及标本馆，参观后安排学生将此次经历写成文章，有的教师让孩子观察植物的生长情况，做研究并写成报告。通过开展主题活动，学生积累了生活经验，视野更加开阔。

二是主题性研究课程。我们有海洋文化主题（学校地处海边）、盐碱地生态研究（学校地处盐碱滩）、现代农业无土栽培（潍坊寿光是蔬菜之乡）、海盐晒制、风筝制作（潍坊是风筝之乡）、年画制作（潍坊杨家埠年画是三大木版年画之一）等课程。我们组织学生参与主题研究，引导学生深入社会、开展调查，学会收集资料、形成观点、撰写报告和动手制作，从而培养学生关注生活、关心环境、关照他人的人文情怀以及分析问题、解决问题的能力。

三是主题德育活动。我们以节庆和时令为主题，开展德育活动。有的学部每月进行一次活动，以2017—2018学年为例，初中部于2017年9月组织了"秋季秋令营——我的部队生活"活动，于10月组织了"我爱我家"活动，于11月组织了"家务事我来做"活动，12月为"心中有他人"活动；于2018年3月组织了"我爱妈妈"活动，4月为"爱护环境，从我做起"活动，5月为"学校吉尼斯我参与"活动。这一系列主题活动的开展，使学生的思想行为发生了很大的变化，使他们体会到父母的辛苦，感受到家校生活的温暖，还增强了他们的自信心，发展了特长。

5. 社团类选修课程——对学生禀赋和爱好的拓展与提高

社团类选修课程主要是以团委、学生会、班委会为单位，以学生的禀赋和爱好为纽带来组织活动。项目内容丰富多彩，活动由学生自己组织。

（三）差异化校本课程研发的管理

每学年开学前，学校各学部在学生差异化测试的基础上调查学生的需要和发展意愿，研发各类校本课程。我们要求教师要强化课程研发意识，把校本课程研发与国家课程、地方课程及教师学生的生活经验紧密结合，努力做好校本课程的研发工作。我们将学校各类文化课程、德育课程、研究性学习、社团活动、社区服务、综合实践等纳入学校课程体系，将各类教育教学活动系列化、课程化、规范化，形成全方位、立体化的育人环境，着力构建"国家课程校本化，校本课程特色化，特色课程精品化，精品课程系列化"的课程架构。

1. 选题调研，确定校本课程

学校每学期征集一次校本课程主题。教师基于对具体学情的了解和把握，依据各自的专业特长和优势，充分发掘学校内外的有利资源，自主确立主题，填写《校本课程研发申报表》，报送学校审核。

我们要求教师在主题选取上要体现地域差异，在题材上要体现学科差异，在内容上要体现层级差异。每一个单元由哪些板块组成，对此教师要做到心中有数，不能只是把很多资料堆砌在一起，不能将所有的内容都呈现在教材中。差异化校本教材的编写要满足"有利于丰富学生经历、有利于开拓学生视野、有利于发展学生个性、有利于学生自主选择、有利于关照学生差异"的"五个有利于"，切实落实具有核心概念、反映学习过程、体现教育价值、承载学校理念的研发设计初衷。

2. 征询志愿，组织学生自主选课

学校对教师拟开设的校本课程及其实施计划进行汇总和评审后，将质量合格的确定为校本课程选题，申请开课的教师用精练的语言撰写一份面向学生的课程简介，内容包括课程的主要特点、基本内容、适用年级、达成目标、教学时数及选课方法，以便于学生自主选课。

课程简介通过学校电子信息平台发布，学生结合各自的兴趣和爱好自主选课。每生每学期可选修两门多元选修课程，学校的实验室、图书室、微机房、运动场等所有设施和资源均向师生开放。学校在学期初进行统一的资源安排。

3. 明确规范，做好教材编写工作

学校组织教师做好课程实施前的两项必要工作：一是编制课程纲要，二是编写教材。学校提醒教师避免校本课程过度文本化，更要避免脱离现有学情的"拿来"主义，倡导"做中学"和"实践中生成"，学校定期进行优秀校本教材的评选和展示。

4. 有机调节，切实关照学生要求

进入教学实施环节后，教师针对学生出现的学习适应性情况，一方面对学生进行鼓励和引导，另一方面也进行一些微调：一是让不适应的学生重新选择校本课程班；二是调整完善授课内容和要求，将目标下移，注重兴趣培养和情操培育。

（四）加强校本课程的实施管理

学校通过管理机制和评价手段来规范校本课程的实施，以保证校本课程的健康、有序运行。

1. 课时协调与管理

学校指导校本课程的教师以学期为周期规划课程内容和课时，以解决学生的有序管理等实际问题，同时促进各校本课程资源的深度开发和课程教学的序列化、体系化，进而形成更加合理的校本课程结构。

2. 课程质量评价

学校课程审议委员会对校本课程纲要、教材等进行审议，对课程目标的准确性、课程内容的适切性、课程实施的可行性及课程四要素之间的一致性进行评价。通过听课和对学生及家长的调查访谈，了解课程研发质量和适应性，从而不断完善和提高课程品质。

3. 教师管理与评价

学校从 2014 年开始将课程评价纳入教师考核。在教师评价方案的一级指标"专业发展"（占总评价的 10％）之下设置二级指标"课程研发"（占总评价的 3％）。遵循过程与结果结合、数量与质量结合、文本与实效结合、多元主体的评价结合、品质与量化结合的评价要求，重点抓前置性、过程性、结果性三方面评价。

4. 学生管理与评价

学校严格要求学生学习管理制度的落实，注重增强学生的参与和守则意识。学校要求教师对学生进行学习评价时应注重过程性、表现性，采取定量与定性、过程与结果相结合的方式；对每一位学生选修课的学习状态、参与情况、期末学习成果等分别进行等级评价，并如实记入综合素质发展手册。学校还创设平台，阶段性地展示学生取得的标志性成果，并推荐优秀学生参加教育部门组织的评选活动。

我们持之以恒地做好差异化多元课程的研发，如切如磋，如琢如磨，日积月累，终有所成。学校共研发出适合学生需要的多门校本课程，其中已有近一半的校本课程开发了相应的教材。课程实施以来，学生的特长得到了充分发展，学习方式更加个性化，创新意识、运用知识解决问题的能力、动手操作能力等都得到了加强。教师通过参与课程的研发与实施，其课程观念发生了根本转变，对课程的本质、课程的价值、课程的要素与结构、课程中的师生关系等有了全新认识，教师的科研意识水平、科研理论水平、科研方法水平也得到普遍提高。

四、国际品牌课程引进

我们深知，没有创新人才，就不可能有国家强盛；没有创新教育，就不可能有创新人才。学校工作的对象是学生，学生学习主要依靠课程，课程的品质可显著影响学生的素质，创新人才的培养离不开创新课程的土壤。为培养具有国际视野、人文情怀、科学精神和领袖气质的现代化人才探索一条创新教育的道路，建设具有鲜明时代特色的精品化校本课程体系，这是时代赋予我们的使命和责任。

从教以后，时刻关注教育前沿已成为我的习惯。1996年我到浙江海亮外国语学校后，就密切关注顾泠沅、赵忠建等几位专家研究成果的进展。2000年到华东师范大学学习后，我关注的范围扩展到了北京师范大学、东北师范大学等高校的专家，关注他们的最新观点。

2010年，我到美国拉斯维加斯参加课程研讨会，接触到国际上先进的STEAM教育课程，后来我到加利福尼亚州参观了十几所中小学，发现他们课程中跨学科的综合性课程设计对培养学生的知识整合能力和动手实践能力极有帮助。回国后，我多次聆听研究外国教育的专家左焕琪教授的讲座，并当面向左教授请教，得到了他的热情指导。

2014年潍坊（上海）新纪元学校建立，在潍坊这个教育竞争异常激烈、名校林立的地方，想要实现弯道超车并占据教育制高点，想要在远离城区的荒芜盐碱滩上办好一所特色学校，我们就必须高标准定位，让我们的办学理念和育人要求与国际接轨。所以我提出"构建现代学校制度、创办优质民办教育"的学校使命,"最美校园、最强师资、最优教育、最好服务"的发展愿景,"尊重差异、提供选择、开发潜能、多元发展"的办学理念,"学习自觉、行为自律、生活自理、个性自主"的近期教育目标,"国际视野、人文情怀、科学精神、领袖气质"的远期教育目标,"诚信品德、规则意识、理性思维、创新能力、国际视野、领袖气质、终身学习、信息素养"的学生核心素养,以及"做最好的自己"的校训。我提出创建品牌学校的发展目标及"四化五品"的办学要求,"四化"就是标准化、差异化、信息化和国际化;"五品"就是品牌学科、品牌教师、品牌学生、品牌德育和品牌服务。

"四化"中有一条是国际化,即办学与国际接轨,以国际上的优秀学校为标杆,向国际优秀学校迈进。学校在建筑设计上借鉴英国伊顿公学的建筑模式,蓝天白云下是三到五层的校舍,青瓦红墙相映衬,回廊结构与U字造型相呼应,拱门与凸窗相搭配,藻井上方的玻璃方塔与黛色棱锥房顶相照应,再加上宽阔的长廊、欧式桌椅、蕴涵"羊皮卷"样式的"破茧化蝶"校园雕塑和高高的塔式钟楼上准点响起的雄浑悠扬的钟声,使人仿佛置身欧洲大陆。

在我们的校园里,每一株花草的种植、每一处景观的设计、每一种色彩的运用、每一个空间的布局、每一面墙壁的设计,都是师生思维与智慧的碰撞,都呈现出师生们匠心独运的精彩,真正做到好学校自己会说话,获得许多专家的赞誉:"这里离城区很远,这里离世界很近。"

潍坊(上海)新纪元学校创立伊始,便依托新纪元教育平台的资源和潍坊市重视教育的政策优势,在开足开齐国家课程和地方课程的同时,借鉴国外课程建设的最新成果,大力研发差异化、国际化的校本课程。2015年9月,学校参考美国21世纪青少年核心素养课程,投入巨资引进当时最前沿的青少年核心素养课程。学校还创建了国际创新教育中心、创客实验室、3D打印实验室、无人机实验室、航模教室、机器人教室、多元思维能力训练中心、中西文化体验中心、大英百科自然科学学习中心、数学精英特训中心、模拟联合国领袖气质训练中心,为特色课程教学搭建舞台。学校各种特色课程简介如下。

1. STEAM课程

STEAM课程是以科学、技术、工程、艺术、数学的内容为基础,针对现实生活中或课程学习中的实际问题,通过小组合作学习,跨学科整合学习材料,设计出解决

问题的方案，并利用各学科知识来论证和解决实际问题。一个 STEAM 课题可能涉及物理实验、生物技术和数学运算等知识，对学生整合知识的能力、设计的能力和问题解决的能力提出考验并提供发展机会。STEAM 课程的出现给现有学科分类的课程设置和教学带来革命性变革。

2. 西门子工业 4.0 卓越工程师培养课程

西门子工业 4.0 卓越工程师培养课程将德国西门子公司提供的全球领先的工业 4.0 技术引入基础教育阶段，为有志于学习工程类课程，希望未来能在制造领域有所建树的学生提供学习机会，通过营造创新思维的良好氛围，逐步培养创新型人才。该课程包含西门子数字化控制与编程、西门子数字化建模与装配、西门子设备集成与智能制造、西门子结构力学与优化动态分析、3D 打印与逆向工程、数字化工厂与模拟城市 6 项课程内容。

3. 3D 打印课程

3D 打印是快速成型技术的一种，它是以数字模型文件为基础，运用粉末状金属或塑料等可黏合的材料，通过逐层打印的方式来构造物体的技术。3D 打印通常通过数字技术材料打印机实现，常在模具制造、工业设计等领域用于制造模型，后逐渐被用于一些产品的制造，有些零部件已通过这种技术来生产。该技术在珠宝加工、鞋类生产、工业设计、建筑、工程和施工、汽车制造、航空航天、牙科医疗、枪支制造等领域有所应用。3D 打印课程的教学目标是让学生了解数字化设计的含义和社会价值，帮助学生发挥个人想象和创意，设计并打印出充满个性创意的 3D 模型。

（a）老师指导学生进行 3D 打印操作　　　（b）学生独立进行 3D 打印

图 4-1　3D 打印课程

4. 数学探秘课程

此课程改变传统的数学教学模式,将趣味性、互动性、实用性融入抽象的数学课堂教学,通过教学环节的革新设计,让学生体会到数学之美,增强对数学的感性认识,让学生喜欢数学。同时,课程提炼了高中会考和高考的知识点,形成了与国标课程的有效对接。

图 4-2　校本教材《数学探秘》

5. 青少年领导力课程

学校的教育目标之一是培养青少年的领袖气质,即拥有领导力。领导力的核心是责任意识,能勇于承担责任,具有规则(法制)意识和组织能力。此课程旨在帮助学生清楚地认识到自己的强项和弱项,学会科学地进行时间管理和任务管理,以合适的方式与人沟通,理解自己在团队中的作用,敢于创新,面对挫折时能够反思和进取,有一定的演讲和谈判能力。

6. 多元素质英语课程

多元素质英语课程旨在循序渐进地帮助学生掌握与不同职业门类、不同学术领域相关的句子及常用表达方式,如外交英语、政治英语、科技英语、财经英语等,引导学生进行深层次的学习,使学生不仅能进行日常生活中的英语交流,也能用英语就某一个职业或学术领域进行信息交流,能够准确沟通某一职业或学术领域的背景、环境等相关信息。

7. 中西文化比较课程

此课程通过选择最具代表性的案例对比中西文化，借助生动有趣、灵活易懂的讲解，从多个视角比较中西文化在价值观、思维方式、行为方式、社会制度、文学与艺术、传统与风俗、社交与礼仪、饮食与健康、人文与教育等方面的差异，深入浅出地剖析中西文化矛盾的原因和表现形式，探索中国文化的继承与创新，并批判性地借鉴西方文化。此课程旨在开拓学生的国际文化视野，提高对中西文化差异的理解和感知能力，提高学生跨文化交流的能力，培养跨文化意识。

8. 生涯规划课程

此课程以素质为本位，以能力为核心，从知识、技能和态度三个层面，通过"四结合"来指导学生的生涯规划。所谓"四结合"即知识学习、能力训练和行为养成相结合，理论与实践相结合，课堂教学与学校主题实践活动相结合，"做中学"与"学中做"相结合。此课程旨在让学生形成就业意识和职业规划意识，从而激活学习能力，增强职业竞争力，促进学生未来职业发展。

五、批判性思维的学习训练与课程研发

批判性思维课程是我校的特色课程。在此以批判性思维课程为例，来说明我们是如何在引进国际课程的基础上研发特色校本课程的。

（一）分析批判性思维

批判性思维在教育领域的影响日益深远，在人才培养理念、课程与教学、考试与评价、创新教育、品格培养等方面都发挥了重要作用。1998年，联合国教科文组织发布了《面向二十一世纪高等教育宣言：观念与行动》，把"培养批判性和独立的态度"列为教育与培育的使命之一。2012年6月11日，时任国务院总理温家宝在中国科学院和中国工程院两院院士大会上指出："批判思维是现代社会不可缺少的精神状态，是一种独立思考精神，它不迷信任何权威，只尊重真理和规律……批判思维是创造的基础，没有批判，不可能有创造。"我们认为，批判性思维能力是学生在信息社会应具备的基本能力，它对创新教育起着关键作用。我们把《批判性思维工具》和《批判性思维原理和方法——走向新的认知和实践》作为学校全体员工的必读书目，开始进行批判性思维的理论探索。

1. 批判性思维的含义

批判性思维的英文为"critical thinking"，"critical"一词源于希腊文，有"辨明或判断的能力"之意，对"critical thinking"的英文解释可译为"利用恰当的评估标准确定某物的真实价值，以形成有充分根据的判断"。批判性思维是根据一定的标准评价思维进而改善思维，通过解析、应用、分析、综合、评估来处理得到的信息，进而支配信念和行为的过程。批判性思维的核心是对信息进行有目的的处理，通过处理过程及处理结果来进行理性判断。

2. 批判性思维的内容

批判性思维的主要内容包含六个方面。一是思维的主动性，即积极主动地进行思考，而不是被动地接受知识。二是思维的独立性，独立的思维能使人在众多现象和观点面前坚持自己的想法，能对各种观点和看法进行理性思考，不人云亦云。三是思维的开阔性，开阔的思维使人多角度、多侧面地对问题进行考察。四是好奇心和怀疑精神，这是批判性思维的主要内容，它能使人敏锐地发现问题，并对问题进行层层深入的探究和思考。五是自信心和勇气，在批判性思维过程中，人必须对自己的思维能力有足够的信心，并且要具备足够的勇气，这样才能敢于质疑，才能大胆提出具有批判性的问题，从而保证批判性思维的顺利开展。六是坚韧性，要通过批判性思维获得最后的成功，坚韧性是必备的精神。

3. 批判性思维的特质

美国哲学家罗伯特·恩尼斯认为批判性思维是合理的、反思性的思维，其目的在于决定我们的信念和行动。我们认为批判性思维既是一种辩证的评价性思维，也是一种综合性思维，具体表现为思维角度的多样性、思维方式的多样性、涉及学科的多样性。总之，批判性思维整合而非拒斥各种思维方式，是多种思维方式的综合作用。

具有批判性思维能力的人具有以下特质：感受敏锐，思维灵活，能发现常人视而不见的问题，并且能多角度地考虑解决办法；理解深刻，认识新颖，能洞察事物的本质并能进行开创性的思考；思维辩证，实事求是，能合理运用发散与集中、感性与理性、正向与逆向等思维方式，不走极端，能把握事物的发展方向。

（二）训练批判性思维

1990 年，来自人文科学、自然科学、社会科学和教育等领域的 46 位美国和加拿大专家发表的《批判性思维：一份专家一致同意的关于教育评估的目标和指示的声明》指出，批判性思维技能包括解释（interpretation）、分析（analysis）、评估（evaluation）、推论（inference）、说明（explanation）和自我校准（self-regulation）。基于此，我们开展了批判性思维的诊断、教师培训、教材编写和训练、课程研发和实施等一系列实践。

1. 开展批判性思维的诊断

我们采用了加利福尼亚批判性思维倾向测试问卷（CCTDI），从寻求真理、思想开明、求知欲、分析能力、系统化能力、推理的自信心和认知成熟度等几个维度测评学生的批判性思维状态，综合诊断结果，形成分析报告。针对潍坊（上海）新纪元学校学生的分析报告反映出如下几个较为明显的特点。

第一，在寻求真理方面，部分学生的主动性很差，为了不面对困难，甚至会忽视正当理由和相关证据，大部分学生处在矛盾的状态。第二，在思想开明方面，约一半的学生具有明显的正向趋势。他们容许他人说出不同于自己的观点，也愿意包容他人的观点。第三，在求知欲方面，绝大部分学生表现出对知识的强烈好奇心，他们愿意去获取新知识，了解新事物。只有极少数学生在求知欲上表现出淡漠的心态。第四，在分析能力方面，大部分学生对未发生的事情都保持着一种警觉的心态。第五，在系统化能力方面，约 1/3 的学生表现出较为良好的以规律性、秩序性、系统化的方式处理问题的倾向。第六，在推理的自信心方面，绝大部分学生相信可以用反思式思考解决问题或做出决定。其中，近 1/5 的学生表现出明显的这种特征，但也有超过 1/5 的学生处于矛盾状态。第七，在认知成熟度方面，超过半数的学生能够较好地认识到问题的复杂性，具有及时做出决定的习惯。第八，从整体数据来看，没有学生表现出与批判性思维的严重对立，超过 1/2 的学生在批判性思维各个维度上的整体倾向性较强，说明这些学生有很好的批判性思维的基础；约 1/2 的学生的批判性思维处于矛盾的状态，如果这一部分学生对批判性思维课程进行学习，那么批判性思维将能够更好地服务他们的学习和生活。

2. 加强批判性思维教师培训

2015年暑假，我们邀请了中国批判性思维教育专家、中国青年政治学院谷振诣教授来我校对全体教师进行批判性思维培训，江南大学吴格明教授对全体教师进行逻辑学培训，美国专家穆恩尚对全体教师进行批判性思维课程培训，北京国信世教信息技术研究院专家王爽来我校进行批判性思维专题培训，批判性思维权威专家董毓博士来我校进行为期8天的专题性全员培训。

图 4-3　美国专家穆恩尚对全体教师进行批判性思维课程培训

董毓博士以"基础教育中培育批判性思维的作用"为题，通过中国的处境、我们所面对的世界、中国基础教育的责任和问题、批判性思维及其三大作用、推行批判性思维教育的途径这五大方面，深层次地解读了开展批判性思维教育的重要性及其实施方法。董毓博士用鲜活的案例指明了中国学生最缺乏的品质精神是理性、创造性和质疑精神。他提到，2011年杜克大学教育督导、美国教育考试服务中心（ETS）美国学术能力评估测试（SAT）和美国大学预修课程（AP）前出题人哈根曾带领中美双方团队发表了一份《2011中国SAT年度报告》。这一报告显示，中国学生SAT的平均分数仅为1213分，与美国学生平均分1509分的差距高达近300分，这300分的差距主要来自考查学生批判性思维能力的阅读和写作。这充分说明了中国学生整体缺少有效的思维能力训练，这也是目前限制中国学生学术能力的最重要的因素之一。他指出，批判性思维不仅是创新的必要基础，还是创新的催化剂，

图 4-4　中国青年政治学院谷振诣教授来我校进行批判性思维培训

推进批判性思维教育就是培育创新能力。他说，开设培育理性和开放性的批判性思维课程，将批判性思维的精神和方法向其他科目进行注入式渗透，等等，都是进行批判性思维教育的切入点。

吴格明教授以"我所理解的批判性思维"为题，从批判性思维的本质、主要内容、目标、灵魂、核心、关键词、认识误区等多个方面对批判性思维进行了综合阐述。他指出，批判性思维的本质是反思，反思的起点是质疑，批判性思维需要逻辑且核心是逻辑；批判性思维的目标在于求真择优；批判性思维能够提高情商；质疑和反思有助于人的精神独立，使人不人云亦云，不迷信权威，更不指鹿为马。

图 4-5 吴格明教授在授课

我们不仅"请进来",而且"走出去"。我们派出了批判性思维课题组到北京进行专门研学。

我们依据循序渐进的原则,在不同阶段向不同师生群体推广批判性思维教育。在初始阶段,我们选择少数学生和少数老师进行局部的、小范围的培训提高,随着教材的逐渐成型和教法的逐渐成熟,批判性思维教育逐渐向全体师生扩展。

3. 编写批判性思维教材

在基础教育阶段,我校在开展批判性思维教育方面是领风气之先的。鉴于国内在基础教育阶段没有现成的批判性思维教材,我们首先组织编写了十一册的"批判性思维"学习丛书;然后又组织编写了《特色课程规划与课例选编》一书,批判性思维课程规划是其中的一部分重要内容;之后又组织编写了《批判性思维》教材。

4. 设置批判性思维课程

我们把批判性思维校本课程作为七年级、八年级、高中一年级和高中二年级的校本必修课程,每周 1 课时,列入课程表。在批判性思维课程中,教师作为"教"的一方,重在对学生进行批判性思维启发和训练;学生作为"学"的一方,重在对批判性思维进行了解、领悟和应用。

5. 在学科教学中渗透批判性思维

课堂是教学的主阵地,把批判性思维意识和批判性思维技能渗透于学科教学是实施批判性思维教育的重要途径和方法。

批判性思维能力的培养与各门具体学科的教学相结合，就是把批判性思维教学和学科知识教学结合起来，把批判性思维知识与技能融入语文、数学、物理等具体学科教学中。这不但优化了国标课程教学的效果，还使批判性思维意识和能力在实际运用中得到提高。

在批判性思维教学过程中，我们提出"四化"标准：知识问题化、问题情境化、情境活动化、活动系列化。批判性思维课程很好地提升了学生对思维和论证进行合理分析、辨别、解释、推理、判断、挖掘和拓展的能力，有效培养了学生的质疑精神和创新品质。学生在分析和讨论的氛围里，在一节渗透批判性思维的课堂上，提出合适的论题、有新意的推断、有依据的反驳，挖掘自己的思维潜能，就讨论的主题进行建设性表达。另外，在教学评价上，我们把批判性思维在教学中的渗透情况作为一项指标纳入评课议课范畴。

6. 以校园文化建设和活动来推动批判性思维的运用

批判性思维的养成不仅需要师生面对面的直接互动，也需要一定的文化环境。创造一种渗透批判性思维的校园文化环境至关重要。

知识可提高一个人的技能和做事的本领，而文化则塑造一个人的思想和精神。营造批判性思维校园文化环境是批判性思维教育的一个重要方面。批判性思维技能可以通过反复强化而获得，而批判性思维精神则通过批判性思维文化入脑入心。

学校以多种方式帮助学生学习、运用批判性思维的各项技能，培养学生解释、分析、评估、推论、说明和自我校准的能力，同时提高学生应对能力型考试的技能水平。批判性思维不仅要求学生在课堂上进行批判性思考，在学习、生活的其他方面也要运用批判性思维。我校开展的批判性思维活动主要有以下几方面。

一是结合学校的"快乐悦读"活动，指导学生进行批判性阅读。学生既读原著，也读相关评论，进行学习研讨，不唯书不唯上，陈述自己的观点，其独立思考、双向质疑、异见包容、力行担当的批判性思维精神得到培育。

二是开展演讲类、论辩类等批判性思维竞赛。例如，学校以水资源为主题，组织学生进行模拟联合国辩论，几位学生分别模拟不同国家的代表发言，并针对他人的陈述表达自己看法；再如，开办模拟法庭活动，学生扮演法官和控辩双方，进行当庭陈述、当庭控辩。

图 4-6 学生们进行模拟联合国辩论

三是将批判性思维训练与敬老院爱心活动结合起来，学生在活动中不仅关爱老人、奉献爱心，还运用了批判性思维进行创新实践。经过导师的细致引导和学生的多次深入讨论，学生分成了几个责任小组：第一小组模拟社会学家对敬老院的历史沿革和发展变化进行人文调研；第二小组模拟政协委员对社区人口规模与老龄化状况进行抽样调研；第三小组模拟人大代表对敬老院现状与老人需求的匹配进行调研；第四小组模拟经营公司对社区老年经营服务性收益状况进行财商调研。各小组在做好奉献爱心、服务老人的同时，深入敬老院和社区，扎实做好调研工作并撰写调研报告。调研结果虽然不完善，但也是一次有益的尝试，为以后创新活动的开展提供经验。

几年的实践表明，批判性思维课程的研发与学习运用可以帮助我们突破思维的局限，是我们开展创新教育、提升学生思辨能力的有效工具，也是对学生实施差异化教育、促进学生个性发展的有益尝试。

差异化教育的信息技术支持

当今世界，科技进步日新月异，互联网、云计算、大数据等现代信息技术深刻改变着人类的思维、生产、生活、学习方式，深刻展示了世界发展的前景。因应信息技术的发展，推动教育变革和创新，构建网络化、数字化、个性化、终身化的教育体系，建设"人人皆学、处处能学、时时可学"的学习型社会，培养大批创新人才，是人类共同面临的重大课题。

——习近平致国际教育信息化大会的贺信

一、学校信息技术系统建设的目标

潍坊（上海）新纪元学校按照上海新纪元教育集团的信息化发展战略，全力打造智慧校园；以具体目标为导向，不断推进学校信息技术系统的可持续发展，培养智慧型师生；以教育信息化引领教育现代化，推动差异化教育的实施。

1. 信息化基础设施建设的目标

利用云计算、物联网、移动互联网、大数据等最新信息技术，搭建高标准的学校信息化基础设施平台，促进基础设施平台的更新换代、整合优化和统筹利用，形成以自主系统数据库为核心的教育信息化环境，为教育现代化和差异化教学提供强有力的硬件支持。

2. 教学资源平台建设的目标

通过自主建设、引进购买、挖掘整理等多种渠道，高度整合各类优质数字教育资源；构建体系完整、类型丰富、结构合理、标准统一、优质共享的数字教育资源平台，加强基础性资源、个性化资源和校本资源建设，完成覆盖小学、初中、高中教材知识点的微视频课程以及配套题库、课件、工具等资源的建设，组织学校名师建设系列特色教学资源与校本特色课程平台。

3. 智慧课堂建设的目标

以智慧课堂建设与应用为导向，推动教育教学模式创新。积极开展对智慧校园环境构建、信息技术与教育教学的深度融合、信息技术支持下的新型学校管理、智慧型师生素养培养的模式和策略等方面的探索，促进教育理念和教学方式的深刻变革。以课堂教学为阵地，以立德树人为目标，提高教育教学质量；以课堂教学为重点，积极开展信息技术融入课堂教学的理论与实践探索；转变教学方式，培养学生自主学习、合作学习和探究学习的能力，推动传统课堂教学模式的变革与创新。

4. STEAM 教育和创客教育建设的目标

推进 STEAM 教育、创客教育等新的教育模式的应用，着力提升学生的信息素养、创新意识和创新能力，使学生养成数字化学习习惯，促进学生的全面发展，使信息化在培养面向未来的高素质人才方面起到引领作用。

5. 教育信息管理系统建设的目标

建设全面覆盖、功能齐全、安全高效的教育管理信息系统、决策支持系统和教育管理服务平台，通过教育管理的信息化实现对学校人、财、物、事的智能管理，提升教育管理与服务水平，促使学校管理现代化、决策科学化、服务网络化，从而全面保障教育的改革和发展。

6. 信息系统安全体系建设的目标

加强计算机网络和信息系统的安全防范，落实国家信息系统安全等级保护制度，不断提高安全防范和应急能力，保证网络的稳定运行和数据的安全，防止不良信息在网上传播；加强网络空间安全培训，提高师生信息安全处理能力和技术水平；加强网络安全教育，不断提高师生的信息安全意识。

二、学校信息化建设的推进

信息化建设是学校重点建设的战略工程之一。在信息技术硬件设备上，学校花费 3000 多万元搭建网络平台，实现万兆到校园、千兆到桌面，校园无线网络全覆盖。优质资源班班通，每个班级均配备先进的电子多媒体触屏教学一体机；学习空间人人通，学生每人一个平板电脑。

学校信息化建设在学校工作各方面的表现主要为以下几点。

第一，信息化提升学校管理水平。集团自主研发的教学管理平台和教学资源平台，集合了教学管理、教育资源、公文流转、人事管理、会议管理等众多功能，实现了无纸化办公。视频会议系统极大地节省了时间和空间成本，提高了工作效率，使沟通交流更加高效便捷。

第二，信息化促进教师专业发展。学校对教师进行信息技术强化培训，指导教师使用现代信息技术开展教育教学活动，不达标者不上岗。教师已能熟练运用信息技术进行微课制作、命题组卷和远程教学，在课堂上实现了师生网络互动。

第三，信息化支持学生自主学习。集团和学校开发了从初中到高中 34 个课程门类的微课程，按照国家标准将每个知识点录制成微视频，为学生的差异化学习、自主学习提供了条件。而且每个学生都配有智慧学习终端平板电脑，人人会学、处处能学、时时可学，再加上课堂教学互动，信息技术与课堂教学实现了深度融合。潍坊市图书馆为学生提供了 12 万册电子读物，学生可以通过平板电脑进行电子阅读。

第四，信息化辅助国际创新课程。为了开阔学生的国际视野，培养科学精神，学校引进了国际创新教育课程，创建了国际创新教育中心、创新实验室、3D 打印实验室、无人机实验室等。通过网络信息技术，我校学生和美国菲拉古特中学学生开展了长期有效的互动交流活动。

第五，信息化促进家校工作。老师通过微信、QQ、学校管理公共服务平台、学校网站等与家长进行交流沟通，拉近了学校与家长之间的距离，让家长及时了解班级动态和学生现状，实现了家校同频共振、齐心协力促进学生发展的良好状态。

三、信息化对差异化教育的作用

国家政策中学校"三通两平台"的信息化建设目标是按照应用驱动的基本思路提出的。除"宽带网络校校通"（简称"校校通"）属于信息基础设施建设外，"优质资源班班通"（简称"班班通"）和"网络学习空间人人通"（简称"人人通"）都强调信息技术在教育教学中的应用。"班班通"强调的是优质数字教育资源的广泛共享以及信息技术在课堂教学过程中的普遍深入应用；"人人通"是利用光纤通信技术为师生提供的网络服务空间与环境，努力使每位师生都可以拥有一个网络个人管理平台，强调以网络为载体，探索信息时代学习方式以及师生之间、学生之间互动的新模式。

信息技术在教育教学中的应用是永无止境的，技术的不断创新会给教育提供新的动力和条件，教育的发展也会对信息技术的发展提出新的要求。信息技术广泛且深入地应用于课堂教学中，可以使学习者的学习便捷化、个性化，从而实现高质量的学习。这是教育信息化发展的方向，是教育信息化的希望所在，同时也是其魅力所在。

差异化教育的本质就是为不同学生提供不同的教育教学服务，促进不同学生向不同方向发展，满足其不同的教学需要，使其成长达到尽可能高的高峰。差异化教育必须搭乘信息技术的快车，必须以网络信息技术为载体，从而实现给予不同学生不同的教学内容、不同的学业要求和不同的及时跟进的差别化辅导。这是差异化教育的要求，也是网络信息技术的优势。没有网络信息技术的支持，面对全体学生的差异化教学是难以实现的。

四、学校自主信息平台系统和数据库的建设

课堂教学严重滞后于信息技术的发展是教育专家和主管部门长期关注但尚未得到完美解决的问题。虽然老师不再只使用粉笔，开始使用幻灯机、投影仪、白板等多媒体设施，但教学设施的进步并没有实现预想的教学手段和教学效果的改善，很多教师依旧满堂灌，很多学生依旧死记硬背。为什么会出现这种情况呢？许多老师反映这些设施"中看不中用"。

如果学校没有自己的数据库，没有方便使用的电子教学资源，老师在日常教学中就要花费额外的时间和精力在收集整理资源和制作课件上，这会大大增加教师的工作负担。同时，教师东拼西凑出的教学材料，也难以有效提升课堂教学效果。实际上，为教师提供教学资源的平台很多，但接地气的、符合教学实际的、可操作的很少。大多研发单位出于利益考虑，对自己的平台进行了技术处理，导致平台的资源互不相通，给教师备课带来很大的不便。教师需要的是贴近教材的，更好体现自主学习、远程学习和分层训练的学科数字教学资源。

为此，上海新纪元教育集团和潍坊（上海）新纪元学校在平台建设和数据库建设上投入了大量资金和人力，建成了完全自主的平台系统和数据库，为差异化教育教学铺设自己的高速通道。

集团和学校研发了五大数据资源系统——差异化自主学习系统、教学诊断系统、双向细目表知识点检测系统、查漏补缺系统和中学全部34门课程微课系统，同时数百万字的精选电子文库起到配合作用。

五大数据资源系统结合校园万兆光纤宽带，加上学生人手一个的智慧终端平板电脑与教师的电子多媒体触屏教学一体机，一个相对独立而又开放的智慧校园网络体系便形成了。教师可获得特级教师的教案和近万道习题等教学资源，学生可获得多阶学习资料，师生的智慧教与学及网络互动变为可能，学生的自主学习有了实现基础。

在此仅就差异化自主学习系统的功能进行介绍（界面如图 5-1 所示）。

图 5-1　差异化自主学习系统界面

差异化自主学习系统现有课程包括：高中语文、高中数学、高中英语、高中物理、高中化学、高中生物、高中地理、高中历史、高中政治、信息技术、高中音乐、高中体育、高中美术、初中语文、初中英语、初中数学、初中物理、初中化学、德育、励志、学习方法、自然百科、人文艺术、百家讲坛、名校课堂、大英百科自然科学 100 讲等。我们的差异化自主学习系统有以下几个特征。

课程品质：我们邀请江浙沪名校的特级教师精心设计和录制了这些课程，有别于网络上良莠不齐的课程资源。

学科齐全：系统不但涵盖了初高中全部必修学科，还增加了德育、励志、学习方法、百家讲坛等拓展性学科。

专题总结：系统不但有教材同步课堂，还有综合性总结专题，对中高考的总复习很有帮助。

思维导图：各学科、各章节都配有思维导图，以建构知识体系框架，显示知识点之间的内在联系，便于学生对知识体系进行整体把握，如图 5-2 所示。

学习导引：我们设计了题目和题目之间的内在关联，让学生通过基础巩固和拓

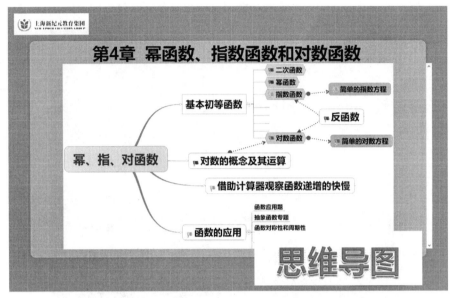

图 5-2 "幂函数、指数函数和对数函数"一章"思维导图"界面

展提高的功能进行学习。

自我测验:学生通过自我测验检查学习效果,并获得结果统计(如图 5-3 所示)。

总之,差异化自主学习系统真正实现了名师讲授、全科覆盖、教材同步、海量资源、在线播放、体系完整。

五、信息技术支持下的差异化课堂教学

1. 转变教师的教学观念

信息技术支持下的课堂教学要求教师树立全新的教育观,全面、正确地认识国际视野下的教育发展趋势、全球范围内未来人才的素质结构和能力要求以及社会对人才核心素养的期待,从而为教育教学确定正确的出发点。

(1)教师从教材的执行者转变为教材的研究者、拓展者

有人说,信息技术与教育教学深度融合后受益最大的是学生,压力最大的是教

图 5-3 学生自我测验"结果统计"界面

师，但我们认为师生双方都是受益者，且都需要改变自己教或学的方式方法，转变教或学的观念。因为信息技术与教育教学融合的平台不是讲台，学生的学习资源不再仅是教师的教案，学生的学习模式不再仅是课堂上的听讲。

传统的教学观念以教师为中心、以教材为中心，教材上有什么教师就教什么，教材上没有的教师就不教也不敢教。如今教师要转变教学观念，不能把目光局限在固化的课本知识的传递上，被动地做教材的执行者和知识的灌输者，而应从"一本（课本）、一标（课标）、一教参"中解放出来；成为终身学习的人，成为教材的研究者、开发者；成为多层次、立体化学习资源的开发者，努力实现知识从课本内向课本外的迁移，进行知识的整合，丰富学生的学习资源；提升学生信息化背景下的自主学习能力，使学生的收集、处理和利用信息的能力与分析问题、解决问题的能力都得到增强；真正做到"得法于课内，施法于课外"。教师从传统意义的"教书匠"转变成信息技术背景下的"教育家"。

（2）教师从知识的灌输者转变为与学生共同学习的合作者

教师是学生学习的组织者、引导者与合作者，是学生人生的引路人，指导学生应该学什么、怎么学、往哪儿发展，引导学生沿着正确的方向前行，留下空间让学生创造性地自主学习。

我们提倡在教学过程中，学生是学习的主人，教师必须充分调动学生学习的积极性和主动性，培养其良好的学习习惯，使其学会学习。信息技术时代的学习应是敏锐地感知各种信息、高效地利用有效信息、创造性地解决问题并生成有价值信息的过程，应是主动学习、自我学习和自主学习。学生应由被动的接受者转变为主动的学习者，由"要我学"转变为"我要学"。学习方式的自主化可以激发学生的学习热情与兴趣，让学生获得更加全面、自由的发展。在课堂教学实践中，教师应当是学生学习的引导者，通过激发学生学习的兴趣，让学生挖掘自身潜能，完成学习任务。

（3）师生关系从师道尊严转变为平等的互动与交往

在由信息技术支持的教学过程中，师生关系的特征为平等交往、积极互动、共同发展。教学是教师"教"与学生"学"的统一，而这种统一的实质是交往，是知识、信息的交流。交往意味着对话、参与、相互感染和激励，需要教育情境和精神氛围的塑造。对学生而言，交往意味着心态的开放、主体性的凸显、个性的张扬、创造力的释放。对教师而言，交往意味着授课不再是传授知识，而是与学生一起分享获得成功的欣喜；上课不再是燃烧自己，而是点燃学生生命的火炬，是自我专业成长和自我实现需要的满足。

2. 提升教师的信息技术应用能力

我们深入开展有关信息技术与教学融合的途径、方法和模式的研究，大力推进教师信息技术应用培训，包括业务培训、信息化素养与技能培训、信息技术与教学融合培训等，引导教师树立正确的信息化教学理念，掌握科学有效的信息化教学方法，提高教师应用信息技术创新教学方法、创设情境化学习环境的能力，不断促进教师的专业发展。

我们依据学校教师信息技术应用能力培养规划，在提升教师队伍的信息化能力、促进教师的专业发展的同时，加强对教育行政管理人员的信息技术应用能力培训，帮助学校管理层树立信息化教育意识，进一步转变办学理念和学校管理理念，推动信息时代的教学管理变革。

我们以持续的信息技术培训为抓手，以考核奖惩为杠杆，推进网络信息技术进课堂，促进"互联网＋课堂"的落实，使平板电脑的使用和管理常态化、规范化，

提升实效性。具体措施有以下几点。

第一，学校信息中心把教师进行信息化课堂教学所要掌握的相关技能写成培训文档，并制作出微视频，放在学校的办公平台上，教师利用空余时间进行自主学习，有疑问时可以到信息中心办公室进行咨询。

第二，信息中心定期举行培训会，教师可以根据自己的时间安排参加培训。我们不强制要求教师参加培训，但要求每位教师必须掌握信息化课堂教学所需要的信息技术，如触屏一体机的正确操作方法、平板电脑的使用方法和互动课堂的授课方法等。

第三，每学期末，学校会组织信息技术技能考试，全体授课教师都要参加，系统自动评分批改、统计结果。考核结果分为不合格、合格、优秀三种，学校会公布成绩并兑现奖惩。不合格的教师要在下学期开学前进行补考，通过后再上岗。

第四，教学部信息中心主任定期考察教师信息化课堂教学技能的掌握情况。对按时参加信息技术培训、积极学习信息技术、日常信息化教学表现突出、授课质量高、学生反应积极、教学效果良好的教师，学校通报表扬；对信息化授课技能掌握较差的教师，学校通报批评并强化培训。

第五，学校进行定期和不定期的检查，对认真落实信息化教学的学部和教师进行表彰，对不认真落实、敷衍应付的学部和教师进行通报批评，情况严重的给予处罚处理。

第六，在加大培训管理的同时，我们积极举办各种评优活动，以活动推动和深化信息技术进课堂。例如开展"一师一优课、一课一名师"等信息化教学推广活动，每月开展一次微课制作评比活动。

3. 运用差异化互动智慧教学系统

学校建设了差异化互动智慧教学系统，为教学实施搭建了一个电子技术创新平台。教师可以利用这个平台多快好省地翻转课堂教学，学生通过这个平台和平板电脑可以自主学习、自我检测、自我纠错，师生互动具有一对一的准确性、纠错反馈的即时性以及群体与个体的兼顾性，更有效地提高课堂教学效率和教学质量。

备课时，差异化互动智慧教学系统可为教师提供丰富的备课资源，针对某一节课、某一教学内容，有不少于 10 份的特级教师教案、课件和视频供教师挑选，教师不用从零开始制作教案，从资源库中选择适合自己教学风格和适应学生实际的教学内容进行组织即可。教师可以任意截取特级教师的教学视频并插入自己的教案中，这些动漫效果的视频，更容易触动学生的感官，效果更理想。这样一来，教师的备课是站在巨人的肩膀上的，节省了备课时间，分类教学也有了多种课案选择。

在学生课前预习时，教师把该节课的有关背景材料、教学要点、教学目标等发送给学生，学生利用平板电脑即可进行自主预习。教师在备课时应已充分掌握学生的已有知识水平，根据学生的实际水平准备 ABC 三个层次的内容，既可以面向全班学生统一发送，也可以根据学业层次分组发送，还可以针对个人进行特别发送，以达到分层教学、因材施教的目的。

教学过程根据学校统一的"导、学、议、练、悟"五环节进行，各环节中师生时时互动，教师即时诊断、即时反馈、即时评价。在练习环节，教师可向学生推送同样的题目，也可以向不同学生推送不同的题目，学生审题做题，完成后反馈给教师，教师可以利用学生提交答案的时间差逐一查看学生完成的准确性，具体到每一位学生。教师可以根据学生的练习情况及时诊断，调整自己的教学行为。

图 5-4　师生利用平板电脑教与学

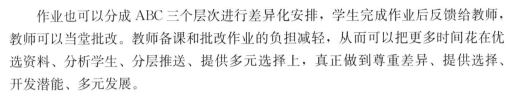

作业也可以分成 ABC 三个层次进行差异化安排，学生完成作业后反馈给教师，教师可以当堂批改。教师备课和批改作业的负担减轻，从而可以把更多时间花在优选资料、分析学生、分层推送、提供多元选择上，真正做到尊重差异、提供选择、开发潜能、多元发展。

差异化互动智慧教学系统帮助教师了解每一个学生的需求，使因材施教进一步落实，教与学的节奏也更快。例如，A 同学做对了第四题，系统则马上告诉他可以跳过第六题，因为做对第四题的学生几乎不可能做错第六题。如果 B 同学做错了第四题，那么系统会提示他继续练习第六题，因为这个知识点可能是 B 同学需要反复练习与巩固的。学习分析系统可以让学生接受个性化的教育。

差异化互动智慧教学系统可充分发挥教师的主导作用，全面激活学生主体作用，教学效果表现出几大特征：参与多——学生能够全员、全程、全力参与课堂教学的每个活动；容量大——围绕课时目标，学生预习的内容深、解决的问题多、当堂训练的题量大；节奏快——教学环节无缝衔接、自然流畅，环环相扣、层层深入，每个环节都有时间节点与目标要求。

教师还可以利用差异化互动智慧教学系统全程实时分析学生个体和班级整体的学习进度、学情反馈和阶段性成果，及时找到教学中存在的问题，并对症下药，实现对学习过程和结果的及时矫正。

4. 引进国际先进教育资源

日新月异的信息技术对教育的影响不仅表现在对新技术和手段的运用上，而且表现在给教育的发展带来的新理念和动力上，使教育内容、方法和模式发生深刻变革。教育信息化不是仅把资源装进口袋、把课程放到云端、把名师挂在网上，其关键在于将信息技术融入教育教学的全过程，使教学方式实现从以知识传授为主向以核心素养培养为主的转变，并根据社会发展和学习者的需求，引进全国乃至全世界的优质教育资源。我们对发达国家进行考察学习后，引进了国际创新教育课程，包括 3D 打印课程、数学探秘课程等；还有核心素养课程，包括批判性思维课程、多元素质英语课程、青少年领导力课程、生涯规划课程、中西文化比较课程等，进一步丰富了我们的教育资源。

六、信息技术支持下的远程教学

信息技术支持下的远程教学是利用互联网以及学校数据库和数据资源系统进行学习的方法，它打破了时间和空间的限制，让学生可以随时随地进行学习。

1. 远程教学的几种典型模式

我校目前实行的远程教学典型模式主要有以下几种：电子阅读学习模式、微课自主学习模式和远程直播教学模式。

（1）电子阅读学习模式

这一模式是基于我校创建和引进的数字图书馆，学生使用平板电脑进行阅读以提高阅读量的学习模式。电子图书馆的优势有很多，如采购成本低、存放容易、内容量大、检索便捷、绿色环保。我校已经建成校本数字图书馆，同时引进了国家数字文化网、中国知网、超星数字图书馆、潍坊市中小学数字图书馆等丰富馆藏资源，学生可以使用平板电脑到各个图书馆线上阅读图书。

（2）微课自主学习模式

这是我校目前主要采用的在线教育模式。相比于直播课程，微课的优势在于可以反复推敲、反复优化、反复录制，还可以添加后期制作，如字幕和叠加动画等，使画面呈现效果更佳、更具特色。学生进入系统后就可以选择特级教师的微课程，学生远程自主学习非常方便。目前我校制作完成的初高中微课视频的总时长已超过5000小时。

（3）远程直播教学模式

我校已在寒暑假多次实践这一模式并取得了良好效果。远程直播教学模式的特色在于学生和老师可以进行面对面沟通，也方便老师对学生的学习进行督促与检查，而且老师可以根据学生的反馈及时改变教学策略，有利于调动学生的上课积极性。我们举办的远程直播教学活动和名师课堂直播，涵盖小学、初中、高中各阶段，并根据实际情况采用了多种远程授课形式，包括面向全校师生的学习方法讲座、面向整个年级的课程辅导、面向春考班级的专业辅导以及面向学习困难学生的一对一辅导。

2. 远程教学的优势

远程教学可完整还原课堂授课过程，突破时间和空间的限制，实现"面对面"授课。通过互联网技术，教师和学生足不出户，通过语音、视频、文字进行线上交流。远程教学系统支持多种格式的课件，使课堂内容更加丰富有趣。在线点名功能可帮助教师检查学生的在线学习情况。在线互动可实现师生问答或者生与生之间的交流。在线测试功能可实现在线出题，学生即时答题，系统实时反馈数据。这些功能让教学整体更生动、更饱满、更立体、更有效。远程教学既可以用于一对一培训，也可以开放课程资源进行一对多的培训；不仅面向学生，也面向教师等开展成人职业培训。

远程教学不受时空限制，可以成百上千名学生共同听一位教师讲课，授课效益实现最大化；还可以按学生的实际情况进行分层教学，使不同水平的学生都得到发展。学生的学习也比较灵活，学生可以在规定的远程上课时间坐在家里听课学习。如果当时有事，也可利用其他时间回放视频进行学习，这样就解决了空间和时间的问题。远程教学还有一个重要优势是解决师资问题。学校教师的教学水平是有差异的，在让优秀教师资源的作用得到充分发挥方面，信息技术支持的远程教学是一种有效的方式。

3. 远程教学的管理

我校规定，各学部要安排师生使用平板电脑进行远程教学活动。各班级（学部）通过学校办公平台报送远程教学的课程内容。各班主任或值班教师通过学校办公平台上传该班远程学习执行情况的照片（教师通过家校平台获取学生在家学习的照片）。

4. 远程教育安排

远程教学由阵容强大的教师团队承担，按照学校差异化教学理念实行分层教学，A层以提高拓展为主，难度较大。B层以巩固达标为主，难度适中。学生可以根据自己的情况进行选择。远程学习结束时学校对"双优"学生（全勤和成绩优秀的学生）进行奖励。

学生根据自己情况先进行预报名，班主任做好汇总统计，交给教学管理部，学校信息部给参加远程教育的学生开通远程学习账号。

远程学习是真正体现自觉、自愿、自主的学习，学生明白学习完全是自己的事。学校鼓励学生做学习的主人，不要求学生必须参加远程学习。

差异化群体教学实践

多元课程体系为差异化教学提供了现实基础，能否真正实现开发学生潜能、促进学生多元发展，取决于群体教学和个体教学质量的高低。

一、差异化群体教学的诊断分析

我们对学生进行差异化诊断测试，得到学生群体和个体的认知能力测试、多元智能测试、学业水平测试、学习适应性测试、人格测试的结果。每次测试结束，学校差异化研究中心都会提供团体报告和个人报告。团体报告提供关于年级学生的群体信息，便于年级组分班、分类和分层，实施有针对性的教育教学活动。个人报告主要供班主任、学生导师和家长了解学生的情况，便于家校合作促进学生个性化的成长。

二、差异化群体教学的目标设计

——双向细目表

各差异化诊断测试的团体报告为差异化教学提供了依据。在班级授课的群体教学模式下，我们首先要针对学生群体的差异性确定差异化课堂教学的目标。这是因为课堂教学目标支配课堂教学活动，是教学的出发点，也是教学的归宿。

布鲁姆把认知领域的目标分为六个主要层次，目标由简单到复杂依次是知识、理解、应用、分析、综合、评价，后一目标需建立在已经达成前一目标的基础上，从而形成了目标的层次结构。知识指对先前学习的材料的记忆，包括具体事实、方法、过程、理论等。理解指能把握材料的意义，并借助转换、解释和推断三种形式来表明对材料的理解。应用指能将习得的材料应用于新的具体情境，包括概念、规则、方法、规律和理论的应用。分析指能将整体材料分解成部分，理解部分的价值及其在整体中的地位。综合指能将部分组成新的整体，强调运用创造能力以形成新的模式或新的结构。评价指对材料做出价值判断。我们对教学目标分类进行研究，图 6-1 是我们得出的知识类型与技能类型的对应关系。在对教学目标分类进行研究的基础上，我们决定借助双向细目表确定教学目标。

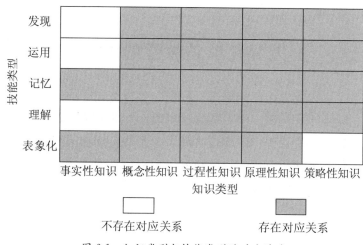

图 6-1　知识类型与技能类型的对应关系

　　双向细目表是考查目标（能力）和考查内容之间的关联表。双向细目表的一向是全部知识点的有序排列；另一向是能力层次，采用知识、理解、应用、分析、综合、评价作为目标分类，体现对学生从简单基本到复杂高级的认知能力的考核要求。前一目标是后一目标的基础，即没有知识就不能有理解，没有知识与理解就无法应用。

　　双向细目表应具有同课程标准及考试大纲的严密的一致性。"教学要取得好的效果，首先要有明确的目标，在教学中有明确的教学目标较之没有明确的教学目标，效率可提高 50%。"① 课堂教学目标的差异化设置对课堂教学效率的提升具有重要作用。

　　例如，针对高中数学《导数及其应用》一章，数学组通过编制近 5 年有关这部分内容的高考试题双向细目表，发现 14 个知识点中"常见基本初等函数的导数公式""函数单调性与导数""函数的极值与导数"是高频考点，并将教学目标确定为"灵活运用""掌握""理解"三个层次，较好地实现了教学目标的差异化。

　　为了帮助教师更好地制作和使用双向细目表，上海新纪元教育集团自主研发了双向细目表制作软件，使教师不仅能实现对知识点的不遗不漏，而且能把知识点与

---

① 华国栋：《差异教学策略》，103 页，北京，北京师范大学出版社，2009。

目标要求紧密关联，明确每个知识点应达到什么层级的目标要求，明确教学的方向。同时，利用双向细目表和海量题库，借助查漏补缺系统，学生可以进行有针对性的自主学习，可以自我检测对各知识点的掌握情况，对自学情况做出客观评价，并且可以循环测试，实现差异化学习。循环测试是这样进行的：查漏补缺系统根据双向细目表为学生出题，学生完成后系统依据学生对知识点的掌握情况再给出补缺试题，学生继续完成，直至知识点被全部掌握。

在目标导向的教学中，我们注重目标的确定和表述，将教学目标分为四大类——知识与技能、能力与方法、情感态度与价值观、思维与智慧；强调课时教学目标要具体、清晰、可操作、可检测，体现在教案上，落实在课堂教学中。

我们组织教师开展差异化教学目标双向细目表和差异化教学目标评价双向细目表编制的研究，要求所有教师必须在每学期的教学计划中附上所教课程该学期的双向细目表，在每个章节或单元前也附上详细的双向细目表。

双向细目表可以使命题更方便，客观、全面地检测学生学过的学科知识，既注意覆盖全面，又关注重点内容，防止命题的随意性。

双向细目表在课堂教学、试题命制等方面的应用案例可见本书附录。

三、差异化群体教学的保障
——双主线教学

为保障差异化群体教学的顺利实施，我校构建了双主线教学体系——常规教学主线和多元发展教学主线，下面以高中部的实施情况为例进行详细解读。

（一）什么是双主线教学

双主线指常规教学主线和多元发展教学主线。

常规教学主线主要指向全省学业水平考试和普通高等学校招生全国统一考试的教学活动，也就是针对国家课程实施的教学活动。多元发展教学主线主要指向开发学生潜能、促进学生多元发展的个性化教育教学活动，针对的是高校自主招生、综合素质评价、国外高校招生以及音体美各类特长生招生。双主线教学既是差异化教学的平台，也是差异化教学实施的有效保障。多元发展教学有别于学校组织的社团活动，它属于规范的教学活动，与常规教学是平行、并列的关系，二者都被纳入学校课程与教学质量评价体系。

双主线教学体系是对传统教学体系的一种发展。传统教学体系通常由两部分构成，一部分是国家课程的常规教学，另一部分是以培养兴趣为主的社团活动。而双主线教学体系则把社团活动中的一部分提升为更规范的教学活动，使活动课程化、专业化，使其承载更多、更重要的育人功能，使更多学生能进入高校，发展学生可能被忽视的个体优势智能，挖掘个体的多元潜能。

（二）如何实施双主线教学

1. 常规教学管理体系架构

常规教学管理体系架构如图 6-2 所示。

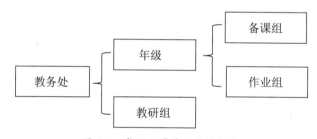

图 6-2　常规教学管理体系架构

2. 多元发展教学管理体系架构

多元发展教学工作主要由 13 个工作室承担，工作室直接由教务处管理，如图 6-3 所示。

（1）精英工作室

组织和指导少年班、精英班学生学习，学生群体为参加少年班、精英班的学生。

（2）数学工作室

组织和指导高中生参加数学奥林匹克竞赛、进行 MOOCAP 课程（即 MOOC 形式中国大学先修课）的学习等，学生群体为具有数学竞赛潜质和意愿的高中生。

（3）物理工作室

组织和指导高中生参加物理奥林匹克竞赛、MOOCAP 课程的学习等，学生群

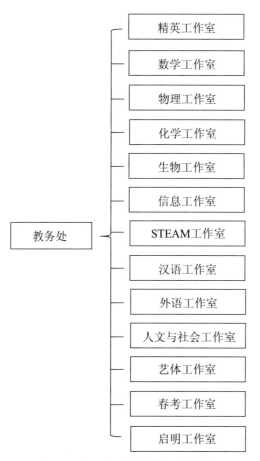

图 6-3　多元发展教学管理体系架构

体为具有物理奥赛潜质和意愿的高中生。

（4）化学工作室

组织和指导高中生参加化学奥林匹克竞赛、MOOCAP 课程学习等，学生群体为具有化学奥赛潜质和意愿的高中生。

（5）生物工作室

组织和指导高中生参加生物奥林匹克竞赛、MOOCAP 课程学习，学生群体为具有生物奥赛潜质和意愿的高中生。

（6）信息工作室

组织和指导高中生参加信息学奥林匹克竞赛，学生群体为具有信息学奥赛潜质和意愿的高中生。

（7）STEAM 工作室

组织和指导高中生参加全国青少年科技创新大赛、"明天小小科学家"奖励活动、全国中小学电脑制作活动、中国青少年机器人竞赛、国际科学与工程大赛、国际环境科研项目奥林匹克竞赛、全国青少年生物和环境科学实践活动等，学生群体为具有科技创新潜质和意愿的高中生。

（8）汉语工作室

组织和指导高中生参加新概念作文大赛、全国中小学生创新作文大赛、"语文报杯"全国中学生作文大赛、"北大培文杯"全国青少年创意写作大赛、"叶圣陶杯"全国中学生新作文大赛，学生群体为具有写作潜质和意愿的高中生。

（9）外语工作室

组织和指导高中生参加全国创新英语大赛、全国中学生英语能力竞赛、"21世纪杯"全国中小学生英语演讲比赛、"外研社杯"全国中小学生英语技能大赛、中央电视台"希望之星"英语风采大赛、各种外语资格考试等，学生群体为具有外语特长、潜质和意愿的高中生。

（10）人文与社会工作室

组织和指导高中生参加演讲与口才大赛、模拟联合国大会、青少年领导力大赛、批判性思维训练等，学生群体为具有领导力特长、潜质和意愿的高中生。

（11）艺体工作室

组织和指导各类特长生与专业生进行常规训练、参加重大赛事活动，学生群体为具有专业特长、潜质和意愿的高中生。

（12）春考工作室

组织和指导高中生参加春季高考工作，学生群体为参加春季高考的高中生。

（13）启明工作室

为存在弱势学科的高中生补课，帮其进行职业规划等，学生群体为需要帮助的高中生。

（三）双主线教学管理规范

1. 常规教学管理规范

在常规教学管理方面，我校制定了一系列规范——集体备课管理规范、个人备课管理规范、课堂教学管理规范、自习辅导管理规范、作业布置管理规范、作业批改管理规范——并在日常教学中严格落实，同时要求教师每周完成一篇有质量的教学反思。

2. 多元发展教学管理规范

第一，采用跨年级管理，由学部对各工作室进行垂直管理。

第二，采用跨年级项目负责制，各工作室负责人为项目责任人。

第三，学校定期对各工作室的工作情况进行过程性督导和评估，进行学生访谈，评估工作计划，开展阶段性工作总结与交流。

第四，学校依据各工作室的实际情况确定合理的目标和任务。

第五，学校设立项目奖金，给予成绩突出的工作室物质和精神奖励。

第六，工作室教师的工作量单独核算。

（四）项目负责人的职责与要求

双主线教学的项目负债人主要有以下职责：及时研究各种方针政策，准确把握政策脉搏，及时调整指导措施，确保指导工作的针对性和有效性；在各学部的支持和配合下，做好招生宣传，组建优质学生团队；制订翔实的教学计划和团队工作计划，制定个性化学生培养方案，设计差异化教育课程；充分利用信息技术手段和信息教育资源，吸纳校外优质智力资源，形成特色，打造高效能的、差异化的学习环境，以实现最优的教学效果；在家长、学生、学校间做好沟通与协调工作。

四、差异化群体教学的实施策略

——分类编班、分层施教、选课走班

为了把差异化教学落到实处，我们采取了分类编班、分层施教、选课走班的教学策略，下面以高中部为例进行解读。

（一）分类编班的特色教学

为了把差异化教育落到实处，我们在开学前进行分班时，根据学生的多元智能测试结果、家长和学生的意见以及学生的高考意向，组建文科班、理科班、艺术班、播音主持班、体育班等特色班和专业班，保证各班考试科目的上课时间，为夏季高考、春季高考、自主招生等做准备。

对于文科班和理科班，我们又根据学生的学业水平分出了三个类型的班级，教师因材施教，实行差异化、有针对性的教育教学。我们依照专业特点和学生专长，招募学生进入各工作室学习，进行培优教育和提升教育。工作室拥有以正高级教师、特级教师和省市骨干教师为主的教师培训团队，采取名师跨学部指导的方式，进行学科一贯制培养，同时注意吸纳校外的优质资源。对学习有困难的学生，教师根据其在学习中暴露的问题有针对性地进行辅导，分析学生的学习方式、身心状况、同伴关系、家庭环境和个性特点等，对学生进行个别化指导，逐步让学生掌握有效的学习方法，提高学习效率。学校安排各年级主任牵头负责，为有弱势学科学生成立启明工作室，学生什么学科薄弱就补习什么学科，实行一对一导师制，责任到教师，目标到学科，使每一名学生都能有较大发展。

（二）分层施教的差异教学

为了改变传统课堂对不同学生共同施教，改变有的学生"吃不饱"、有的学生听不懂的状况，我校实行分层施教。

1. 学习能力分层

在教学中，教师根据学生的学业基础、学习能力、学习态度的差异以及提高学习效率的要求，按课程标准提出的基本目标、中层目标、发展目标这三个层次的教学要求，将学生按 3∶5∶2 的比例分为三类：一是拔尖的学生，他们既能掌握教学内容，独立完成教师布置的参考题及提高题，也可主动帮助其他学生或解答其他学生的问题，与其他学生结成学习伙伴；二是成绩中等的学生，他们能掌握教学内容，独立完成练习，在教师的启发下能完成习题，积极进步；三是学习有困难的学生，他们能在教师和同学的帮助下掌握教学内容，完成练习及部分简单的习题。

2. 教学目标分层

教师在分层施教时，对不同的学生应有不同的要求。对拔尖的学生，教师要设计一些灵活性和难度较大的问题，要求学生能深刻理解基础知识，灵活运用知识，培养学生的创新能力，发展学生的个性特长。对成绩中等的学生，教师设计的问题应有些难度，要求学生能熟练掌握基本知识，灵活运用基本方法，发展理解能力和思维能力。对学习有困难的学生，教师应倾注更多的心力，给予指导，设计的问题应简单具体，坡度缓一点，鼓励他们掌握主要的知识，学习基本的方法，培养基本的能力。例如，在"直角三角形的习题课"中，基本教学目标为：学生能够看着图形正确叙述直角三角形的三个重要性质；学生能够直接应用直角三角形的三个重要性质解答计算题。较高教学目标为：学生能够熟练地解典型的直角三角形问题；学生掌握一些解决直角三角形问题的常用技巧，会添加辅助线和分析法。

3. 教学过程分层

教学过程分层是课堂教学中最难操作的部分，也是教师最能发挥创造性的部分。课堂教学应为低起点、缓坡度、多层次、立体化的弹性教学。为了鼓励全体学生参与课堂教学活动，使课堂充满生机，教师应让不同学生回答不同思维难度的问题，使每个学生都能参与课堂教学活动，以激活课堂。当学生独立回答问题有困难时，教师可给他们适当的引导。对成绩中等和学习有困难的学生，教师要深入了解他们存在的问题或困难，引导他们解答问题，激发他们主动学习的精神，让他们始终保持较强的求知欲。对于拔尖的学生，教师在教学中应注意启发他们总结规律、得出结论，举一反三，进行变式探求。

4. 教学方法分层

教师应把教学的重心放在成绩中等的学生上（分组时已将此类学生的比例放人），实行精讲精练，重视双基教学，注重课本上的例题和习题的处理，在掌握基础知识和基本技能上下功夫。对拔尖的学生，教师除了要求其掌握上述内容以外，还可以为其布置自学内容，多让其独立学习，注重培养其综合解决问题的能力。对学习有困难的学生，教师应要求其尽量掌握所讲内容，放低起点，多讲多练，使其弄懂基本概念，掌握必要的基础知识和技能，使其能学得了、跟得上。

5. 辅导分层

在教师辅导的基础上，可开展"一帮一"活动，由拔尖学生辅导其他学生，充分调动每个学生的学习积极性，使他们在辅导和被辅导的过程中都得到发展和提高。

6. 作业分层

对拔尖的学生，除了完成教材上习题外，教师应再给他们一些提高题和思考题；教师给成绩中等的学生布置作业时要遵循由浅入深的原则，除了课本上的所有习题外，还要补充拓展类习题；学习困难的学生要完成课本上的习题，并注意对同类型的习题进行反复训练，直至弄通弄懂。

需注意的是分层教学并不是教学目标分级，仅是教学坡度不同，最终都要达成制定的教学目标。

（三）选课走班的个性教学

从 2014 年建校起，潍坊（上海）新纪元学校各学部的多元选修课程就采用了选课走班的方法，以满足每位学生完成两个特长和两个爱好的选修的需求。具体做法是：以学部为单位，以多元选修校本课程为载体，学生自愿报名，组建选修课程班；原行政班建制不变，班级常规管理不变，学生按照课程计划和课程时间安排到各教学班学习选修课程。

山东新高考制度实施后，针对"3＋3"高考模式，我们学校参照多元选修校本课程的选课走班做法，推进高中新高考选课走班工作。行政教学班建立后，学生在行政班上语数外这 3 门科目的课程，学生在其余 6 科中自主选择 3 科，到重新组建的相应教学班中上课。

1. 思想上高度重视

学校成立了新高考选课走班工作组，认真研究国家、省、市教育部门下发的各种文件，按时收看省、市组织的新高考视频讲座，积极参加省、市组织的新高考会议和培训，并选派相关人员外出学习。

2. 条件上积极准备

学校启用了高中部综合楼，配置了充足的教室和实验室；控制行政班学生人数，各班不超过 42 人；提前做好师资准备，师生比按照规定标准的 1.5 倍进行储备。

3. 贴近学生，跟进服务

学校通过班会、家长会、家校群、家校联系单等对学生和家长进行新高考政策解读与指导。高一上学期我们通过多元选修课程进行选课走班的尝试，高一下学期组织学生进行模拟选课，并对选课数据进行统计与分析。《2020 年拟在山东招生普通高校专业（类）选考科目要求》颁布后，我们及时向家长进行了相关内容的推送，并利用班会和全体学生会为学生进行解读。我们将学生高一期中期末全科成绩按照高考可能选择的科目组合进行分析，从组合的分数评估选课意向的优势与劣势，并与学生和家长沟通交流，为学生选课做好学业成绩信息上的准备。

4. 引进技术，科学应对

一是进行智慧学情分析，对学生进行认知能力测试、学习适应性测试、多元智能测试、霍兰德职业兴趣测试、学科能力测试等，班主任和学生导师一起根据测试结果进行学情分析，指导学生制定个人发展规划。

二是利用"课程帮"软件进行选课智能评估，推荐选择科目。例如，推荐给 A 同学的选课科目是历史、政治和化学，备选科目为地理，我们不建议 A 同学用地理替代化学，因为化学科目能扩大录取专业面。根据推荐的 3 科，参考 2018 年全部高校专业的数据，我们发现选考科目包含历史、政治和化学的学校有 1340 个，可报专业有 1002 个，其中匹配程度较高的专业有汉语言文学、法学、英语、汉语国际教育、国际经济与贸易等。

三是利用霍兰德职业兴趣测试帮助学生规划职业生涯。例如，B 同学各类型得分为：现实型 9 分，企业型 9 分，传统型 8 分，社会型 7 分，研究型 6 分，艺术型 4 分。B 同学比较符合现实型 R 的特征，具体如下。

个性特点：愿意使用工具从事操作性工作，动手能力强，手脚灵活，动作协调，偏好于具体任务；不善言辞，做事保守，较为谦虚；缺乏社交能力，通常喜欢独立做事。

性格特点：谦逊、踏实稳重、诚实可靠、反应不敏捷。

职业建议：使用工具、机器，需要基本操作技能的工作；对物件、机器、工具、运动器材、植物、动物相关的职业有兴趣，并具备相应的能力，如技术性职业（计算机硬件人员、摄影师、制图员、机械装配工）和技能性职业（木工、厨师、技工、修理工）。

适合职业：木工，X 光技师，工程师，飞机机械师，野生动物专家，自动化技师，机械工（车工、钳工等），电工，火车司机，机械制图员，修理机器，电器师，实验室动物饲养员，动物管理员。

根据以上测试结果，我们给 B 同学的专业填报建议如下。

哲学：逻辑学。

教育学：教育技术学、体育教育、运动训练、社会体育、运动人体科学、民族传统体育、汽车维修工程教育、应用电子技术教育、装潢设计与工艺教育。

理学：理学类所有专业。

工学：工学类所有专业。

农学：农学类所有专业。

医学：医学影像学、医学检验、康复医学、口腔医学、针灸推拿学、法医学、护理学、药学。

五、差异化高效课堂的构建

（一）"345"高效课堂教学模式

学校以优化课堂教学为目标，形成并完善"345"高效课堂教学模式，即课堂教学要渗透差异化、信息化、批判性思维三元素，面向知识结构、能力结构、智力结构、情感结构四维目标，实施导、学、议、练、悟教学五环节。

差异化、信息化、批判性思维三元素和教学目标的制定在前文已有介绍。图 6-4 可具体说明导、学、议、练、悟五环节的做法。

（二）不同课型的差异化教学

导、学、议、练、悟教学五环节只是一个操作要领，不是一成不变的，教师可以根据需要对其进行取舍和调整。如试卷评析课的各环节为：导——成绩分析，提出问题；学——自纠错题，进行归因；议——典型题目解析，一题多解；练——变式训练，多解归一；悟——反思感悟，优化思维。其操作要领有以下几点。

第一，成绩分析。教师主要做三件事：对学生的得分情况进行统计，确定讲评重点；分类统计各类题目的解答情况，对选择题和填空题应统计出错题目及人数，对解答题应统计得分、计算各题的平均分，并记录典型错误及新颖解法，确定重点

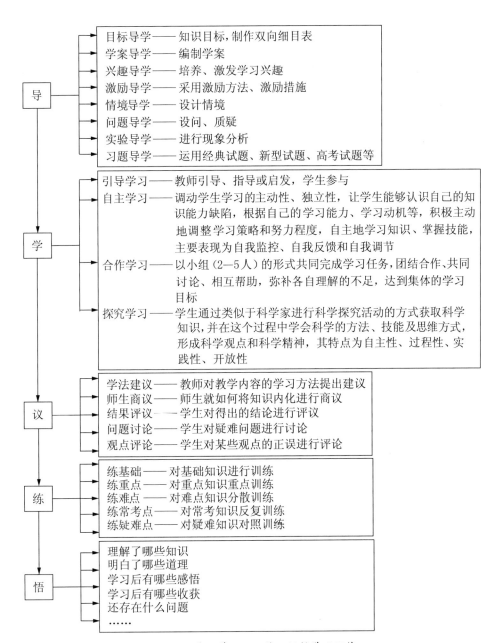

目标导学——知识目标,制作双向细目表
学案导学——编制学案
兴趣导学——培养、激发学习兴趣
激励导学——采用激励方法、激励措施
情境导学——设计情境
问题导学——设问、质疑
实验导学——进行现象分析
习题导学——运用经典试题、新型试题、高考试题等

引导学习——教师引导、指导或启发,学生参与
自主学习——调动学生学习的主动性、独立性,让学生能够认识自己的知识能力缺陷,根据自己的学习能力、学习动机等,积极主动地调整学习策略和努力程度,自主地学习知识、掌握技能,主要表现为自我监控、自我反馈和自我调节
合作学习——以小组(2—5人)的形式共同完成学习任务,团结合作、共同讨论、相互帮助,弥补各自理解的不足,达到集体的学习目标
探究学习——学生通过类似于科学家进行科学探究活动的方式获取科学知识,并在这个过程中学会科学的方法、技能及思维方式,形成科学观点和科学精神,其特点为自主性、过程性、实践性、开放性

学法建议——教师对教学内容的学习方法提出建议
师生商议——师生就如何将知识内化进行商议
结果评议——学生对得出的结论进行评议
问题讨论——学生对疑难问题进行讨论
观点评论——学生对某些观点的正误进行评论

练基础——对基础知识进行训练
练重点——对重点知识重点训练
练难点——对难点知识分散训练
练常考点——对常考知识反复训练
练疑难点——对疑难知识对照训练

理解了哪些知识
明白了哪些道理
学习后有哪些感悟
学习后有哪些收获
还存在什么问题
……

图 6-4　导、学、议、练、悟教学五环节

讲评题目；对出错较为集中的题目进行分析，找出错误根源，确定纠错方法。

第二，典型题目解析。教师应针对学生的典型错误重点分析出错原因，找到症结所在；在这一环节应让学生参与分析，以学生为主体，让他们分析做题时的最原始想法。

第三，解法点拨。教师应重点抓审题和规范解题，这时应尽量让学生多发言，以暴露其思维过程；做到错误由学生"改"，思路和解法由学生"议"，解题过程由学生"练"。

第四，一题多解。教师要将试卷中的新题型和一题多解介绍给学生，使学生的解题思路更开阔。

第五，变式训练。针对出错率较高的题目以及学生出现的典型错误，教师要进行同类或变式问题的再训练，让学生掌握解决这些问题的方法。

第六，反思感悟。没有反思，解题过程就得不到消化，解题效果就得不到巩固。总结的过程就是学生认知水平提高的过程。在"悟"的环节，教师要善于引导学生反思、回顾和总结，概括单元要点，归纳解题方法，并强调应注意的问题。反思总结后，教师要引导学生再次解题并进行二次批阅，对重点学生要当面批阅。

图 6-5 至图 6-11 展示了教师为理科教学所设计的不同课型的差异化教学流程。

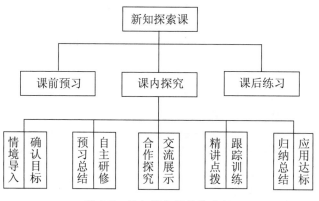

图 6-5　新知探索课教学流程

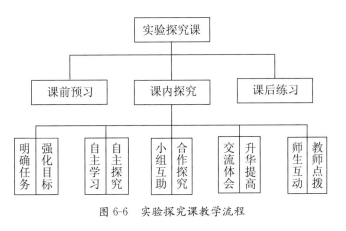

图 6-6　实验探究课教学流程

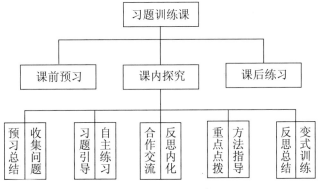

图 6-7　习题训练课教学流程

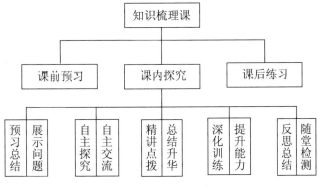

图 6-8　知识梳理课教学流程

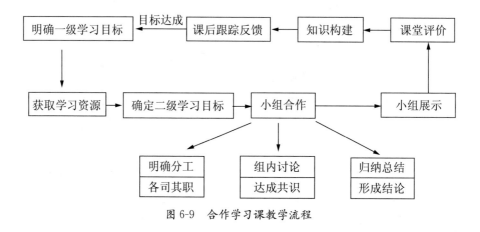

图 6-9　合作学习课教学流程

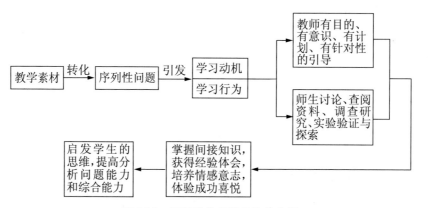

图 6-10　问题引导式课程教学流程

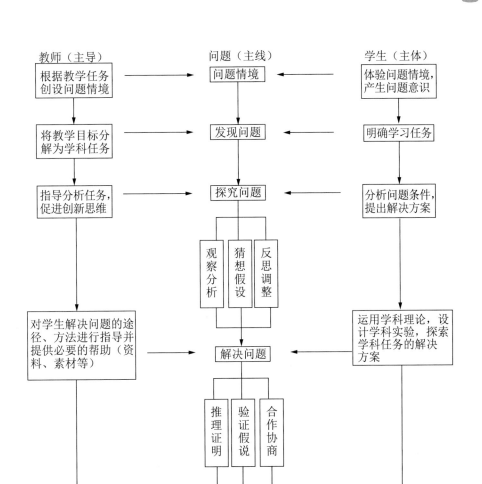

图 6-11　自主探究式课程教学流程

六、差异化群体教学的目标检测

——试题编制与评析

（一）试题编制

差异化目标导向的教学模式采用的是阶梯式课堂训练，训练题至少由六道题组成，选择题、填空题和解答题各两道，分为两个阶梯，从简单到复杂、从易到难地进行训练。试题由教师在备课时根据学生的实际情况自行编制。

编制试题的一般程序为确定测试目的—制订编题计划—编制试题—合成试卷。

1. 确定测试目的

教师编制测试题时首先明确为什么测试、要测试什么，即明确测试目的。只有明确了测试目的，我们才能知道测什么、怎么测，才能解决测试质量的优劣问题。在测试中，教学目标是确定测试目的的唯一依据。因此，要明确测试目的则首先要明确教学目标，再根据测试的性质界定试题的命制方向。

2. 制订编题计划

制订编题计划的过程通常就是编制测试的双向细目表的过程，确定测试所包含的内容、测试的目标以及每项内容和技能的难易程度。

3. 编制试题

编制试题是一项复杂的工作，它是实现测试目的的关键，测试题编写的好坏直接影响测试质量的高低，是测试的核心环节。根据不同标准可以将试题分为不同种类，最常见的是根据评分客观性将试题分为客观性试题和非客观性试题。

客观性试题的评分标准和评分过程都是客观的，可分为是非题、填空题、配对题、排列题、选择题、找错题等。

教师编写填空题时要叙述清楚，明确答案的范围，以防止模棱两可的答案，确保只有一个正确答案。编写选择题时要做到题干措辞准确，包含解题所需的全部条件且简洁明了，备选答案应简练且长短尽量一致，错误选项应具有迷惑性。填空题、选择题均可使用文字、公式、图表等多种形式。

客观性试题的优点是：有明确的标准答案，评分简单准确，便于计算机阅卷，节省时间；适合测试识记、理解、掌握等层次的认知目标；使学生在限定的时间内可完成足够的试题数量，保证对所测内容的覆盖率。

客观性试题的缺点是：客观性试题不易编制，教师要花费较多的时间和精力；不适宜测试学生的综合能力；难以排除学生在答题时随机猜测的情况。

非客观性试题包括应用题、探索题、论述题、证明题、作文题、分析题等。

非客观性试题的优点是：适合测试较高层次的认知目标，如组织材料的能力、分析演绎的能力、文字表达的能力、综合创造的能力等，这是客观性试题难以实现的；试题编制比较简单，教师不需准备很多选项，省时省力；可避免学生随机猜测以及简单背诵知识就能得高分的现象。

非客观性试题的缺点是：没有明确的答案，评分困难且不客观；题目数量少，对要测试的内容覆盖率小，不能保证内容效度；测试成绩易受应试者的卷面安排、书写质量等无关因素的影响。

应用题和探索题是较常见的两种非客观性试题。教师编写应用题的时候应注意：背景要公平；问题情境所包含的教学内容要自然地与所学内容发生有机联系，题型是学生所熟悉的；试题的表述要清晰易懂；问题的解决要求学生具备一定的分析问题、解决问题的能力。教师编写探索题时应注意：问题的解决不是仅按照某个固定的、明确的程序，使用某种技能就能完成的；思考问题的方向不是明确的，解决问题的路线不是清晰的，学生须经过一定的尝试过程；不同的学生往往有不同的表现和不同的成果。

根据考试的质量标准，试题的编制应注意保证一定的效度和信度；根据试题的质量标准，试题的编制应注意区分度和难度。

效度指考试对教学目标测量的有效性。正如用直尺测量长度是有效的，而测量温度是无效的，我们的试题要考查能达到测试目的的知识点。

信度指测量的可靠性，它决定了重复考试时分数能否保持稳定。正如用直尺测量长度是可靠的，而用皮筋测则是不可靠的，我们的试题要考查学生普遍掌握的知识点。

对于考试来说，如果试题没有偏离考查内容，试题的效度就较高；如果重复测试所取得的结果大致相同，没有很大的偶然性，试题的信度就较高。信度是效度的必要条件，信度高的测试，效度不一定高；但效度高的测试，信度一定比较高。实现高效度和高信度是不容易的。比如打靶，能击中靶子则说明这次打靶是有效的；

如果能重复击中靶子就说明打靶的水平是可信的；但若每次都打中，却没有一次打中靶心，说明信度高但效度不高；若每次都打到 8 环、9 环，则说明效度高且信度高；但要想每次都打到 9 环以上，则是十分不容易的。

试题的区分度是反映试题区分应试者能力水平高低的指标，又称鉴别力。试题区分度高，则可以使不同水平学生的分数差距拉开，使高水平者得高分，低水平者得低分；而区分度低的试题则不能有效反映出不同水平学生的差异。试题的区分度与学生的水平密切相关，只有当试题难度等于或略低于学生的实际能力时，其区分度才能充分显现出来。区分度可用以下公式计算。

$$D=（H-L）\div N$$

D 代表试某题的区分度指数，H 代表高分组（如总分处在总体前 27％的人）答对此题的人数，L 代表低分组（如总分处在总体后 27％的人）答对此题的人数，N 代表高分组和低分组的人数之和。

区分度指数越高，试题的区分度就越高。一般认为，试题的区分度指数高于 0.3 时，试题便可以被接受。

难度是指应试者解答试题的难易程度，又称通过率，它是衡量试题质量的一个重要指标，它和区分度共同影响试题的鉴别性。难度一般用以下公式计算。

$$P=R\div N$$

P 代表试题的难度指数，R 代表答对试题的人数（或该题的平均得分），N 代表考生人数（或该题总分）。

难度指数越高，试题越简单；难度指数越低，则试题越难。一般认为，试题的难度指数为 0.3—0.7 比较合适；难度系数低于 0.1 则说明该试题是无效的。

教师在编写试题时还应遵循以下原则：依据测试目的选择题型；题目取样要有代表性；各种题目类型要合理搭配。

4. 合成试卷

试题编好后，教师应对题目进行检查和组合，最后形成完整的试卷。

教师检查题目时，第一，要检查题目是否符合双向细目表的要求；第二，要检查题目叙述是否明确清晰，内容有无科学性错误；第三，要检查题目的难度是否恰当，题目的数量是否合适；第四，要检查题目的内容是否彼此独立，有没有交叉；第五，要检查题目是否适合所测对象。

组合试卷方法有四种，分别为按题目的类型组合、按题目内容组合、按难度递增排列、按难度分层次排列。

（二）试卷的评析

一次测试结束后对试卷的分析与讲评非常重要。在差异化教学中，我们特别重视试卷的分析与讲评。

我们要求教师从不同维度对考试做定量和定性分析，包括任课教师对自己所教班级所做的学科分析，备课组、教研组所做的学科分析，班级、年级组从管理角度所做的各学科对比分析，教务处对各学科、各班、各年级所做的分析，以及与对比校的对照分析。我们在这些分析的基础上查找原因，制定调整方案。

1. 考试质量分析评价

在测试结束后，我们会组织教师填写考试质量分析评价表（表 6-1），这张表主要用于对测试结果进行比较分析。

表 6-1　考试质量分析评价

项目	本班	本校	本区	本市	对比校	发展性比较
A 类人数						
B 类人数						
C 类人数						
D 类人数						
E 类人数						
及格人数						
平均分						
最高分						
最低分						
优秀率						
及格率						
低分率						

续表

项目	本班	本校	本区	本市	对比校	发展性比较
是否符合正态分布						
客观题得分率						
应用题得分率						
论述题得分率						
作文题得分率						
分析题得分率						
证明题得分率						
综合题得分率						

注：1. A、B、C、D、E类是将参加考试的全体学生按照分数从高到低排列，从高到低依次取总数的15％、20％、30％、20％、15％得到的。

2. 与本区、本市及对比较的比较是一种相对性比较。

3. 发展性比较是与上次考试的比较。

2. 试卷讲评课的常规模式

在成绩分析的基础上，教师根据不同科目类型进行试卷讲评。试卷讲评要体现差异化，一方面教师不能只是从头到尾地对答案，让学生在不理解的情况下改错；另一方面教师不能不顾学生的知识掌握情况，坚持从第一题讲到最后一题。我们让教师先进行分数统计，再由教研组长对试题进行信度、效度、难度、区分度的定性分析，找出提高教学效果和测试质量的办法；同时教师帮助学生自己分析问题、寻找原因，这样学生的收获会比较大。

我校组织教师研究制定了一个试卷讲评课常规模式。此模式改变了以往教师在不了解学生需求的情况下进行逐题讲解，或者仅站在自己的角度挑选典型题讲解的做法，充分调动学生的积极性和观察力，把课堂的主动权还给学生。试卷讲评课常规模式主要包括以下三个环节：阅读试卷，自查自纠；讨论质疑，精讲深化；变式练习，反馈矫正。各个环节的具体操作要求如表6-2所示。

表 6-2　试卷讲评课常规模式各环节操作要求

教学环节	学生学习行为	教师指导行为
阅读试卷，自查自纠	自主分析，改正错题 认真分析错因，填写导读提纲	在班级中巡视，关注学习困难的学生
讨论质疑，精讲深化	合作学习，互帮互助，解决部分问题，由组长汇总还需要教师讲评的题目 带着问题、有针对性地听讲，并在与教师和同学的交流讨论中领悟解题方法，将知识内化，形成能力	明确任务，组织到位，把学生分成若干小组，鼓励学生参与讨论，营造合作交流的氛围，及时进行评价 提炼方法，归纳解题思路 引导一题多解，拓宽、优化学生的解题思维
变式练习，反馈矫正	变式练习，矫正反馈，进一步巩固知识、领悟方法	试题变式训练，促进学生对知识点本质的掌握

差异化个体教学实践

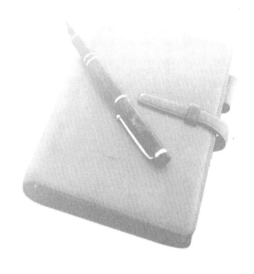

差异化教育，在个体发展方面可形象地表述为：是鸟儿，就让它翱翔天空；是鱼儿，就让它畅游海洋。学校根据学生个体的多元智能和学习行为倾向，提供针对个体发展的环境和条件，尽力让每个学生都成为最好的自己。

一、做好差异化个体教学的准备

（一）针对学生个体的差异化诊断及分析

自 2014 年潍坊（上海）新纪元学校就开始对初高中新生进行差异化诊断测试，包括认知能力测试（简称 IQ 测试）、学习适应性测试（简称 AAT 测试）、14 种人格因素测试（简称 14PF 测试）以及语文和数学的学业水平测试，采集数千组有效数据。这些数据成为我们进行差异化教育教学的依据和基础。我们对数据进行科学分析，根据分析结果制定学生个体的发展规划，以指导教育、教学工作，并实现了预期的效果。

根据多元智能理论，人是有智能差异的，学校教育教学工作不是为了消除差异，实际上也不可能消除差异。我们须在承认差异是一种客观现实的前提下，专业、科学地分析差异，把差异看作一种资源，一种多元发展的资源，探寻差异化教育教学的实施策略，努力使所有学生都得到最好的发展。

1. 学生学业不良类型分析

学生出现学习困难的原因有很多种，我校教师根据自身教育教学实践经验进行归纳总结，将学业不良学生分为了 12 个类型：基础薄弱型、方法不良型、动力不足型、状态波动型、粗心大意型、偏科拉分型、心理障碍型、习惯不良型、信心缺失型、思维障碍型、潜能沉睡型、知识碎片型。

2. 学生差异成因分析

根据学生入学时参加的差异化诊断测试，学校差异化教育研究中心通过数据分析，归纳出了 8 种造成学生差异的因素：智力水平、情感态度、学习目标、学习方式、学习风格、学习经历、知识储备、成长环境。

3. 应对学生差异因素的措施

在智力水平方面，教师应加强针对性训练，开发学生智力潜能。若学生常识差，则加强积累；若类同能力差，则加强对抽象概括能力的培养；若数学差，则加强对数学运算能力的培养；若辨异能力差，则培养观察、辨别能力；若排列能力差，则加强图形理解、逻辑推理能力训练。

在情感态度方面，教师应研究学生究竟对什么感兴趣，对什么不感兴趣，对哪些学习材料会表现出积极或消极、热情或冷漠的态度，引导、激发学生的学习兴趣；开展励志活动，培养意志力；改变教师的教学态度和方法；激活学生的最近发展区，培养自信心。

在学习目标方面，教师应确立目标、细化目标，将目标分解分级，逐级落实，逐步达标；监督执行，考核评价；修正目标，提升目标。

在学习方式方面，教师应鉴别学生学习方式上的个体差异，实施差异化教学，保护学生独特的学习方式；引导、训练和培养学生采用多种方式学习的能力。例如，若学生只习惯用看或听的方式学习，则加强其在记笔记方面的训练；若学生在学习上属依赖型，不喜欢动脑，则促使其积极思考；若学生审题不仔细，则教会其认真审题的方法；等等。

在学习风格上的差异方面，教师应了解学生学习风格的具体差异，辨别差异是认知的、情感的还是社会层面的；分析引起差异的具体原因，是由于社会环境、教学环境、情感因素、生理特征还是心理偏好；在教育教学中，逐步塑造学生良好的学习风格。

在学习经历方面，教师应了解学生学习经历的不同及其给学习带来的影响，如不同小学开设的英语课质量差别很大，导致七年级时学生接受英语知识的速度有很大差异；将及时补救和长期培养结合起来，如针对学生不同的学习经历开设各种特长班、辅导班；必要时教师还要进行心理疏导。

在知识储备方面，教师应补充学生所缺少的知识，从培养学习习惯、思维习惯入手，加强对学生记忆力的训练及阅读能力的训练，定期检查学生的知识掌握情况，拓宽、加深课堂教学。

在成长环境方面，教师应了解学生成长环境以及环境造成的正面或负面影响，并采取有针对性的举措转化负面影响，培养学生快乐、自信、阳光的心态。

根据智能结构的差异，我们对不同学生采取不同的培养方式。如对学习能力较强的学生，我们设立了名师工作室；对语言智能较强的学生，我们为其开展"演讲与口才"课程以及"新纪元访谈"电视节目、校园广播等活动；对数字逻辑智能较强的学生，我们为其开设奥数训练营、"数学开心辞典——趣味数学"等活动；对音乐节奏智能较强的学生，我们为其开设钢琴班、古筝班等特长班。

（二）全体初高中学生电子信息档案和考试成绩档案的建立

我们在初高中学生入学时的 IQ 测试、AAT 测试、14PF 测试以及语文和数学的学业水平测试结果的基础上建立了初高中学生电子信息档案，这为差异化教育教学研究提供了十分宝贵的原始数据，为差异化教育的科学分析奠定了基础。

从 2014 年 9 月起，潍坊（上海）新纪元学校差异化教育中心不断录入考试的原始分和标准分来建立全校学生历次考试成绩档案，并使用折线图直观呈现学生成绩的变化。通过标准分计算，我们不但可以找出学生成绩与学科标准之间的距离，也可以比较学生在群体中的位置，还可以看出某个学生在一个时段里的成绩变化。这反映了差异化评价的三个维度：标准性评价、相对性评价和发展性评价。

整个学生档案包含：信息表，诊断报告（IQ 测试、AAT 测试、14PF 测试、成长环境情况等），阶段成长计划书，特长培养申报表，导师结对表，学习成绩记录，考试成绩折线图，差异化作业、试卷，差异化教育评价手册，荣誉证书，优秀作品，等等。这些内容反映了每位学生成长的足迹，可以客观再现每位学生学习发展的历程。通过对这些资料的分析解读，我们可以清楚地看到每位学生发生的细微变化和发展曲线，看到学生在标准性评价、相对性评价和发展性评价中取得的不同结果，验证差异化教育的成果。

（三）差异化教育研究中心的成立

差异化教育是一个系统工程：首先要对学生进行差异化测评，形成差异化发展报告；然后建构差异化课程，编制差异化教材，实施差异化教育教学，设计差异化作业，进行差异化辅导，实行差异化考试，开展差异化评价。这些工作单靠教师个人的力量是无法完成的。因此我们成立了差异化教育研究中心，配合学校科研部、教学部和德育部开展工作，为一线教师提供差异化教育教学必要的研究信息和数据支持，并指导教师开展一系列子课题研究。

1. 差异化教育研究中心的工作线路

第一步：新生入学或中途转入时进行测评、建档，具体操作如图 7-1 所示。

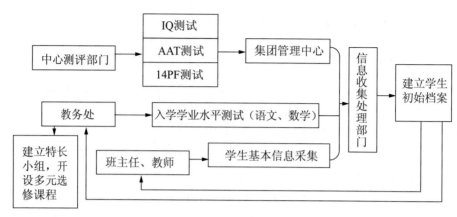

图 7-1　第一步工作

第二步：在学期中进行检测、分析、查漏补缺、追踪工作，具体操作如图 7-2 所示。

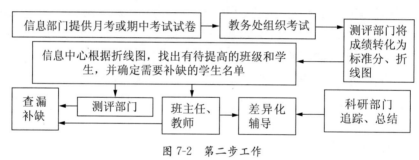

图 7-2　第二步工作

第三步：在学期末进行检测、分析、完善档案、汇总工作，具体操作如图 7-3 所示。

2. 制订个人发展计划

对差异化测试报告的分析使教师明确学生在各种智能上的差异和差异的成因。教师根据个体情况建立学生基础档案，指导学生制订个人发展计划，明确努力的方向。具体操作过程如下。

首先，根据差异化教育研究中心的测评数据建立学生电子信息档案。

其次，建立学生成绩档案，录入学生入学测试和各次考试的原始分和标准分，建立学生成绩档案，以了解、跟踪、反馈学生的发展变化，并及时调整教育教学

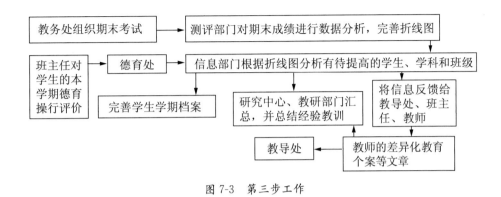

图 7-3　第三步工作

策略。

最后，制订学生个人发展计划，从学业水平、道德品质、身心素质、多元发展、能力培养五大方面，分学年制订学生个人发展计划，同时提出学校和学生个人为达成目标所必须采取的措施。

二、提升个体学习效能的工具

（一）思维导图

思维导图，又称心智地图，是表达发散性思维的图形思维工具，它简单又有效，是一种革命性的学习效能工具。

思维导图运用图文并重的技巧，把各级主题的关系用隶属与相关的层级图表现出来，在主题关键词与形状、颜色等图形特征之间建立记忆链接，充分运用左右脑的机能，利用记忆、阅读和思维的规律，协助人们在科学与艺术、逻辑与想象之间建立联系，使它们相互激活、平衡发展，是一种将放射性思维具体化的方法。

随着对思维导图的认识和掌握，人们逐渐将思维导图应用于生活和工作的各方面，包括学习、写作、沟通、演讲、管理和会议等。接下来我们从教师教学和学生学习两个层面介绍思维导图在差异化教学中的功能。

1. 教师教学层面

教师可以利用思维导图设计课堂教学，培养学生的创新思维和批判性思维，使知识的结构和逻辑清晰展现。教师不再需要对逐个知识点进行细讲细练，可以走到学生中，观察他们对知识的梳理情况，组织必要的交流，给予必要的点评，鼓励学生灵活掌握学科知识。这样一来，学生的课堂参与度明显提高，教师也可以从"满堂灌"中解放出来。

教师采用思维导图进行教学有以下优势。

第一，教师利用思维导图可以使原本枯燥无味的教学过程变得丰富多彩，激发学生的兴趣，教学内容更易为学生所接受。

第二，思维导图会把知识点以非常清晰和容易记忆的形式展现出来，会让学生在课堂教学活动中产生更多创新观点和行为，真正体现"乐教""乐学"。

第三，对于导、学、议、练、悟课堂教学五环节来说，思维导图产生的过程既是导的过程、学的过程，也是议的过程、练的过程，更是悟的过程，教师的教案也变得更加深刻且有弹性，更容易调整与完善。

2. 学生学习层面

传统的直线型笔记仅是对教师的教学内容进行机械的、不完全的复制，知识之间没有关联，重点不突出。而且很多学生忙于记录，没有时间思考、探索，久而久之，学生就会养成记忆知识而不思考知识的不良习惯，形成思维惰性。

学生若采用思维导图做笔记，则可以用简单的词语和醒目的标识明确重点，以顺应大脑思维的方式把知识点链接起来，并在记的同时加上自己的创意。这样一来，学生不仅能轻松地跟上教师的节奏，充分理解教学内容，而且其被解放的大脑还可以顺着教师的思路展开联想，快乐地思考、探寻。思维导图既可以激发学生的潜能和学习兴趣，又可以帮助学生系统地提高学习效率和成绩，其主要优势具体有以下几点。

第一，思维导图的建立有利于学生对其所学所思的问题进行全方位、系统的描述与分析，有助于学生对所考虑的问题进行深刻的、富有创造性的思考，从而找到解决问题的关键因素或关键环节。

第二，思维导图可以提高学生的思考能力，激发学生灵感。思维导图的形状激活了大脑的物理印迹处理和网络开发能力，使大脑处于警醒状态，使学生在记忆的时候更加有技巧、有方法、有效果，也增加了回忆的可能性。

第三，思维导图的应用使学生明白如何概括课本知识，并把所学的知识用简明的关键词和清晰的结构图呈现出来。运用思维导图后，学习由原来的没有头绪变得有序可循、清晰明了，零散的知识变得系统，薄弱知识得到强化，学生解决问题的能力得到进一步提升。

第四，因为思维导图是学生根据自己的理解灵活创作出的，所以思维导图能够充分体现个体的思维特点，具有个性化特征。对同一个主题，由于学生的兴趣爱好、知识结构、思维习惯和生活经历不同，他们制作的思维导图也有差异，这就呈现出学生的个性特点，体现出个体思维的多样性。

第五，思维导图的创作过程也可以是合作学习的过程。小组共同创作思维导图时，先由个人画出自己已知的材料，然后小组对个人的导图框架进行讨论，决定哪些较为重要，哪些要舍去，最后制成一个大家都认可的思维导图，这也是小组共同劳动和智慧的结晶。思维导图在学生的合作学习和研究性学习过程中具有较高的实用价值，可培养学生的合作精神和集体意识。

总之，思维导图不仅能够激发学生学习的积极性和自主性，提高学生接收和处理信息的能力以及对知识的整体把握的能力，还有利于开发学生的空间智能，是提升个体学习效能的极佳工具。

（二）注意力训练

1. 注意力水平测试

良好的、稳定的注意力可以使我们快捷感知某一事物，有选择地接收某些信息，并抑制其他知觉活动、排除其他干扰信息，把心理能量聚焦于所指向的事物，快速地接收和学习知识信息。同时，良好的注意力是大脑进行感知、记忆、思维等认知活动的基础，能提高我们工作与学习的效率。法国生物学家乔治·居维叶说："天才，首先是注意力。"

在学习过程中，一旦注意力无法集中，心灵的窗户就像关闭了一样，有用的知识信息很难进入。这种注意力障碍主要表现为无法将心理活动指向某一具体事物，或无法将全部精力集中到某一事物上来，无法抑制对无关事物的注意。造成这种情况的原因比较复杂，对学生来说主要是学习负担重、心理压力大造成的高度紧张和焦虑；另外，学生身体不适或睡眠不足，大脑得不到充分休息时，也可能出现注意力不稳定的情况。

为了对学生的注意力有科学、系统的了解，我们采用了下面的注意力水平测试。需注意的是，当观察到学生的行为已经超过 3 个月时，我们才认为学生确实有此问题。

注意力水平测试

经常无法将注意力集中于课业上，做作业时拖沓、粗心。

常常很难专注地做某件事情。

常常不注意听别人说话。

常常无法按指示完成作业或任务（排除对立行为和指示不清的情况）。

常常对规划工作及活动感到困难。

常常逃避或不愿意做较费精力和有挑战性的事。

常在课堂上或活动中丢失笔、橡皮、书籍等。

较容易受外在刺激的影响而分心。

常在日常活动中遗忘事物。

手或脚经常不安地动来动去或坐不住。

有咬指甲等频繁出现的不良习惯性动作。

常在需要安静的场合发出声音或破坏规则。

很难静下来玩或阅读。

经常处于活动状态。

在许多场合说话过多。

常在别人尚未陈述完问题时就抢说答案。

需要轮流时，常常表现出不耐烦。

常打断或干扰别人，如贸然介入别人的谈话和游戏。

针对以上问题，回答"是"计 1 分，回答"不是"不计分。

说明：如果总分为 4 分以下，则注意品质较高，注意稳定；如果总分为 4—10 分，则注意力的某些方面可能存在不足，应通过针对性训练提高注意品质；如果总分为 10 分及以上，则注意力水平可能已影响日常学习、生活，人际交往、学习效率和规则遵守等可能有较大困难，需要及时矫正。

2. 舒尔特方格注意力训练方法

如图 7-4 所示，舒尔特方格是画在一张方形卡片上的边长为 1 厘米的 25 个方格，格子内随机填写阿拉伯数字 1—25（共 25 个数字）。训练时，被训练者要用手指按照从小到大的顺序依次指出数字的位置，同时读出声。施训者在一旁记录被训练者指出并读出全部 25 个数字所用时间，所用时间越短，注意力水平就越高。

21	12	7	1	20
6	15	17	3	18
19	4	8	25	13
24	2	22	10	5
9	14	11	23	16

图 7-4　舒尔特方格示例

不同年龄段所用时间及相应的水平具体如下。

7—8 岁：时间范围是 30—50 秒，平均水平为 40—42 秒。

8—12 岁：能达到 26 秒以内者较为优秀，平均水平为 42 秒左右，50 秒及以上则暗示可能存在较为严重的注意力问题。

12—14 岁：能达到 16 秒以内者较为优秀，平均水平为 26 秒左右，36 秒及以上则暗示可能存在较为严重的注意力问题。

14 岁及以上：较好水平为 8 秒，平均水平为 25 秒左右。

练习的时间越长，看表所需的时间就会越短。随着练习的推进，被训练者不仅视觉能力提高，视域有效拓展，阅读速度加快，快速认读能力增强，而且视觉的稳定性、辨别力和定向搜索能力提高，实现快速浏览。

练习时，眼睛应距表 30—35 厘米，视点放在方格中心，在所有数字全部清晰入目的前提下，按顺序找全 25 个数字，注意不要因找一个数字而对其他数字视而不见。每做完一次练习，眼睛稍做休息，闭目或做眼保健操，不要太疲劳，练习初期不考虑记忆因素。

舒尔特方格是简单、有效且科学的注意力训练方法。寻找目标数字时，注意力是要高度集中的，对这个高度集中注意力的过程进行反复练习，大脑集中注意力的功能就会不断加强。

3. 其他注意力训练方法

集中注意力是一种能力，可以通过经常性训练来提高这种能力，增强注意力稳定性。

（1）目标训练

能在需要的时候集中注意力是成功者的重要品质。想获得这种品质就要有强烈的目标意识。

目标训练方法就是给自己设定一个提高注意力的目标，自我提醒：我从现在开始，不论做什么事情，一旦开始，就要排除干扰，全力以赴地完成自己确定的目标任务。设定的目标须具体，如"在1小时里心无旁骛地背诵一篇古文"。制定目标后，注意力会高度集中，排除一切干扰，从而有效地完成目标任务。

（2）感官并用

我们可以进行视觉、听觉的专注训练，把视觉、听觉全部集中于某一事物，真正做到全神贯注。可以训练自己在一定时间内凝视一个目标，或者在头脑中想象出一个目标，如一棵树；也可以训练自己在有多种嘈杂声音的环境中只集中聆听一种声音。

（3）排除干扰

嘈杂的地方十分考验人的注意力，我们可以有意选择在闹市读书看报，努力使自己对周围的一切不闻不问，训练自己排除环境干扰的能力。另外，我们还要善于排解自己内心的纷扰。在课堂上，有的学生虽然坐得很端正，但其内心思绪涌动，神游六合八荒，根本不知道老师在讲什么，像关闭了自己的感官系统一样，直到老师喊到他的名字时才回过神来。学生应学会在课堂上收回思绪，斩断胡思乱想，放下心理包袱，清除内心的干扰。

（4）放松训练

人的大脑和机器一样，也需要休息。只有每天保证1小时的体育锻炼、8小时的睡眠才能精力旺盛地进入深度学习。那种把时间安排到分钟，除了吃饭睡觉就是学习的做法是不可取的，也是低效率的。正确的方法是确定一个任务，高度集中注意力，积极完成任务，实现高效学习。完成任务后，应休息几分钟，做做眼保健操等，放松身心，调节左脑和右脑的活动，劳逸结合，这样才能使自己越来越专注。

（5）培养注意力的稳定性

稳定性是注意力的重要品质。我们可以在纸上画个圆，用双眼长时间地凝视这个圆，我们的视觉范围会逐渐变窄，从而达到注意稳定的目的。慢慢地，把视线从圆转移到我们要思考的书面问题上，这样便能集中注意力，投入专注的学习。

这些训练都可以随时开始。大多数学生经过训练，都能增强自己注意力，实现注意力的高度集中，从而专心致志地完成每项学习任务。

三、差异化个体教学的管理策略
——导师制

我校差异化教育的重要特色之一就是建立导师制，构建全员参与、全员育人的教育工作体系，所有学生均有导师。根据学生的智能特点和学科成绩状况，对较为突出的学生配备多对一的导师团；对学习有困难的学生，根据其困难情况，也配备多对一的导师团；中等水平的学生则每人至少有一位导师。

（一）成立实施导师制的领导小组

为保证导师制的有序运行，学校成立了实施导师制的领导小组，确保导师制工作的有效性。工作小组由我牵头，各学部部长任组长，学部各部门负责人和班主任具体落实导师制的工作。

（二）实施导师制的方法和步骤

1. 摸底调查

第一，充分了解各位导师的情况，包括个性特点、学术特长等。第二，调查学生情况并确定辅导的主要内容，包括学习、道德、行为、心理、体育、艺术等。第三，各班班主任提供学生名单并填写学生情况登记表，注明学生情况，如学习有困难的学生、存在偏科的学生、家庭环境特殊的学生等。

2. 分配办法

以班级为单位，班主任依据所掌握的学生综合情况及导师的特点特长，为学生分配导师，每学年分配一次。

（三）导师的主要职责和工作制度

1. 导师主要职责

为了对学生进行有效的思想引导、心理疏导、生活指导、学习辅导，导师的主要职责有以下五点。

第一，关注学生的思想品德和行为上的细节，帮助、指导学生形成良好的思想道德品质。

第二，关心学生的身心健康，对学生进行心理疏导和健康指导。

第三，关心学生的学业进步及个性特长发展，指导学生改进学习方法，提高学习能力和学习效率。

第四，指导学生合理安排课余生活，引导学生参加积极向上、活泼健康的文体活动和娱乐活动。

第五，经常与学生家长及其他科任教师沟通，全面了解学生成长过程中的各方面表现。

总之，导师要担起学科辅导员、德育指导员、在校"家长"和学生陪伴者的责任。

2. 导师制工作制度

一是档案制度。导师为每位学生建立档案，包括学生家庭的详细情况、学生道德品质、心理健康和学业跟踪；对学生每一周期的表现及每次考试后的成绩进行登记并对照分析，及时掌握学生学业成绩、行为习惯的变化；建立学生成长档案袋，记录学生成长过程中的闪光点和不足之处，对症下药，制定学生的改进和发展目标，并指导其达成目标。

二是家长联络制度。建立定期的家长接待日和不定期的家访及电话、微信沟通等联络制度，导师每周至少与学生家长联系一次，帮助和指导家长改进家庭教育方法。导师必须对学生本人及其家庭状况有清晰的了解，特别是家庭的结构（将单亲、重组家庭等作为关注重点），与家长密切联系，指导家庭教育，家校共同探索促进学生成长的教育方法。

三是谈心与汇报制度。导师坚持每月至少与学生进行一次一对一谈心，及时了解学生的思想和学习情况，帮助学生制订切实可行的学习计划，并要求学生每周向导师汇报一次生活学习情况；建立导师工作袋，记录师生活动的全过程。

　　四是小组活动制度。每个导师与其指导的所有学生组成一个小组，导师每月组织小组内与小组间的交流活动各一次。小组内交流活动具体为：导师定期与自己小组的学生进行集体交流，营造宽松的谈话氛围，学生可以将自己上一周期在学习、思想、心理等方面取得的进步或遇到的困难等讲出来，导师与其他小组成员均可表达自己的观点，形成师生之间、生生之间畅通的交流渠道。小组间交流活动具体为：导师之间进行交流，将不同组同类型的学生，如在同一方面（如学习、道德、行为、心理等）寻求指导的学生，组织起来进行交流，促进大学生之间的思想交流与观点碰撞，取得更好的教育效果。

　　五是导师培训制度。学校定期组织导师接受教育学、心理学等相关知识的培训，举办导师工作研讨及案例交流等活动，不断提高导师的育人能力及研究水平。

　　六是导师考核制度。学校根据下列四种情况，采取定性与定量、过程与结果相结合的方法对导师进行考核：一是每位导师的工作手册（导师工作袋）的记录情况，二是学生和家长对导师工作的评价，三是学生的实际表现（包括思想品德、行为习惯和学习情况等），四是班主任和学科教师的评价。

　　七是导师奖励制度。第一，对在考核中被评为优秀的导师，在评优、评先、晋升职称时，在其他条件相同的情况下优先考虑。第二，学部或学校每学期对导师进行考核，每学年评出"校级优秀导师"，并进行奖励。第三，学校或学部对优秀导师优先提供外出学习的机会，科任教师竞聘班主任岗位时必须满足"担任一年以上的合格导师"的条件。第四，学校或学部根据考核等级对导师进行奖惩，并记入教师业务档案。

（四）实施导师制的注意事项

1. 正确处理导师工作与教学的关系

　　实施导师制的目的是纠正长期以来教书与育人脱离的现象，通过导师制真正实现教书和育人的有机结合。因此，导师要关注学生的思想状况，指导学生学会学习，还要关心学生的生活，促进学生的身心健康发展。

2. 正确处理导师与班主任的关系

　　班级是学校的基本组织，班主任是班级的管理者，实施导师制是对班主任工作的有力补充，不是为了取消班主任岗位，也不是以导师取代班主任。班主任本身也是导师，是全班学生的导师。在加强班主任工作的同时，将导师对学生的个别教育与班主任对班级的全面管理有机结合，使两者相辅相成，发挥教育的整合效应。班主任主要承担对学生群体的管理工作，导师协助班主任，做好对学生个体的管理。班主任和导师及时了解并交流学生的表现情况，有针对性地做好学生管理工作，形成管理学生上的双层互补的有效机制。

3. 正确处理导师与家长的关系

家长的一言一行直接影响子女，导师应多与家长沟通，引导家长树立正确的人才观、教育观，掌握科学的教育方法。导师应尊重家长，谨慎选择与家长联络的方法，关注学生的身心发展情况，与家长共同承担教育责任，切实提高教育工作的针对性、主动性和实效性。

四、差异化特长教学

——助学生做最好的自己

潍坊（上海）新纪元学校高中部 2014 级学生入学后，学校对他们进行了差异化诊断测试，并根据多元智能测试结果和个人意愿组建差异化教学班级。2017 年高考后，学校对这些学生进行了录取学校、专业的跟踪调查，发现学生的专业和多元智能测试测出的优势智能高度相关。学校分类编班的差异化教育教学策略取得明显效果。由于篇幅有限，我们在此以一位学生的测试和录取结果为例进行说明。

多元智能测试结果显示 A 同学的优势智能是空间智能，对应的差异化方向为美术专业，最终 A 同学被复旦大学录取。A 同学的具体测试结果如下所示。

潍坊（上海）新纪元学校高一年级多元智能量表乙式（MIDAS2）个人测试报告

年级：高一年级

班级：×班

测试时间：2014 年 10 月 20 日

姓名：A

表7-1　A同学测试结果

结果	语言	数学逻辑	视觉空间	音乐节奏	身体运动	自我认知	人际交往	自然观察	存在
T分数	55	61	64	50	52	51	55	52	50
评价	较强	强	强	一般	一般	一般	轻强	一般	一般

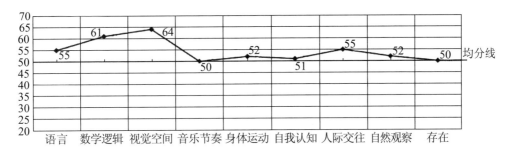

图7-5　A同学测试T分数

这里需要说明的是，潍坊（上海）新纪元学校 2014 年首次招收高一学生时，因为学校位于荒芜的盐碱滩，远离市区，再加上校舍建设的严重滞后造成 9 月中旬才开学，所以当年的招生十分困难。好不容易招来了 204 名学生，而学生的基础十分薄弱。教育主管部门根据学生情况，给我校定下的高考目标是 3 个学生考上本科。我们按照差异化办学理念实施教育教学，经过 3 年的不懈努力，到 2017 年高考时，我校参考学生 198 名，考取本科院校的有 108 名，其余学生大部分被专科院校录取，本科上线率达 55％。教育主管部门负责人感叹了好几次"没想到新纪元的学生考得这么好"。

五、差异化精英教育的实施路径

——道尔顿实验班

（一）创办道尔顿实验班的原因

经济社会的转型、科学技术特别是网络技术的进步、全球化的发展趋势等都对教育与人才提出了新要求。教育要面向现代化、面向世界、面向未来，这不是口号而是切实的需要，人类迈向未来教育、未来学校的步伐从没有像今天这样急切过。

面对这个快速发展变化的世界，面对这个教育面临深刻变革的时刻，我们的关注点必须面向孩子的未来。孩子在未来世界生存究竟要靠什么？我们今天的教育要使孩子拥有什么样视野、心态、能力与品格？

基于此，潍坊（上海）新纪元学校将工作重心放在培养学生的诚信品德、规则意识、理性思维、创新能力、国际视野、领袖气质、终身学习、信息素养等核心素养。培育具备这些核心素养的人才需要全新的教育模式，借鉴美国道尔顿实验班的教学模式是我校探索新教育模式的重要一步。

道尔顿制于 20 世纪初在马萨诸塞州道尔顿中学创立实行，其新颖且严格的教学体制受到广泛关注。道尔顿制的教育宗旨是提供高质量的教育，遵循的基本理念是自主与合作，提倡多元化，课程设置在教学大纲范围内充分考虑和满足学生个性化的兴趣、能力和需要。道尔顿学校鼓励每个学生发展独立思考的能力、创造能力和好奇心，承担对自己、学校及社会其他群体的责任。道尔顿学校教育目标：启发、培养每个孩子的主动性、自律性和批判性思维，促进学生的社会意识和集体价值观的发展。道尔顿学校的学生不仅在常规考试中成绩优秀，而且个性鲜明，思维活跃，与同学和老师的合作十分和谐。

道尔顿学校的大部分毕业生连续多年被哈佛、耶鲁等名校录取，美国《时代周刊》将道尔顿学校盛赞为"哈佛熔炉"，《今日美国》称其为"天才教育的殿堂"。道尔顿学校已成为全世界许多学校仿效的典范。

为更好地探索未来教育的路径，更好地培养精英人才，我们创新办学思路，借鉴道尔顿学校的成功经验，以激发孩子的内在潜能为目标，创建了道尔顿实验班。

（二）道尔顿实验班的运行模式

1. 设置培养目标

品德目标：我们的目标不是为了提高分数，而是为了开发学生的潜能，培养学生的多元能力，塑造学生专注投入、坚持不懈、承担责任的品质与执着精神。

智力目标：通过为学生设计个性化、有挑战性的 PBL（问题式学习或项目式学习）任务，为学生提供多样的学习路径与学习方式，激发学生的兴趣，培养学生的自主学习能力、严密逻辑思维能力，发展学生思维的敏捷性、深刻性、灵活性及批判性，使每个学生的智力都得到充分发展。

发展目标：未来的教育是让每个学生成为最好的自己，把每个学生的潜能充分挖掘出来，使每个学生的个性充分张扬，让每个学生真正把日常的教育教学当作享受，真正喜欢学习；我们的目标是培养有创造潜力、执着敬业、面向未来的卓越人才。

学业目标：小学——为我校一贯制初中提供优秀的道尔顿班生源，参加各级各类竞赛，获得较好的成绩；初中——为我校一贯制高中提供优秀的道尔顿班生源，参加五大学科竞赛、语文及作文类竞赛、英语竞赛和各类创新大赛等，获得较好成绩，符合条件的学生能获得中国科学技术大学少年班的选拔资格；高中——参加五大学科竞赛、语文及作文类竞赛、英语竞赛和各类创新大赛等，获得较好成绩，取得自主招生资格或优先录取资格，符合条件的学生能被中国科学技术大学等院校提前录取，学生的高考目标是考取双一流大学，有意申请国外名校的学生的托福成绩或雅思成绩等达到要求，成功被国外名校录取。

2. 建设导师团队

在道尔顿实验班中，由我担任成长导师，由特级教师担任学术导师，与具有先进教育理念的骨干教师共同组成导师团队。

3. 实施培养方案

培养方式方面，道尔顿实验班的培养方式参考了美国资优教育的培养模式，并对加速制、充实制、自主学习、导师制这四种方式进行融合性创新，参考适才教育范式、丰富教学模式、平行课程模式等理论，以学科课程为载体，设计"三轨道加速学习，线上、线下交互式深度学习"的培养方案。通过任务系统和反馈系统，教师为学生的自主学习提供支持、引导，使其构建与主题相关的完整知识体系，并激发其学习动机和学习热情，帮助学生掌握教学内容，培养学生深度学习和独立思考的能力。

另外，我们还采用了三轨道加速学习方式。第一加速轨道——个性化自主学习：加深学习的深度，加快学习的速度；教师为学生提供多种自主学习辅助工具，如学习任务单、导学案、学校网络资源、影像资料、录播课、直播课等，使学生依据自己的学习能力，通过个性化自主学习，不仅完成规定的学习内容，而且完成更多、更深的自选学习内容。第二加速轨道——师生、生生合作学习：学生通过合作学习，在学习深度、思维能力方面进行拓展；教师对学生的学习结果进行检测，根据检测结果进行反馈，实施差异化教学和辅导，解决学生存在的个别问题；教师以一章或一单元内容为单位，为学生设计个性化、有挑战性的目标任务，通过师生之间、生生之间的多元互动合作学习，培养学生思维能力的深刻性和灵活性；教师以专题形式进行题目精讲，在题目的类型、解题方法方面给予学生指导，培养学生思维能力的批判性和敏捷性。第三加速轨道——个性化多元发展：依据学习能力和个人特长，学生组成活动小组，每天有两课时的活动时间，进行 PBL 学习或活动，有专门的指导教师，学生的个性特长得到充分发展。

上述培养方式给班级学生提供了机会、资源和激励，把学生从简单重复的作业负担中解放出来，使他们的聪明才智得到更好发挥，让学生学习有挑战性的知识，为学生带来学习的三种新体验——激情享受、快乐投入、自我实现，使学校成为学生自觉学习、愉快成长的地方。

4. 坚实的物质保障

我们对物理空间（教室、活动室）进行高标准配置。教室面积为 80 平方米，教室地面上铺有地毯以减少噪声。教室的桌子能放下电脑、书籍，有足够的用于写作业的空间，并配有可以转动、移动的舒适椅子。教室前部区域为学习讨论区，后部区域分为休息区、活动区、辅导区、阅读多功能区。教室的黑板可供 6 组学生进行展示。

学生可获得的技术设备与支持包括：笔记本电脑、平板电脑、无线网络、触屏教学一体机、话筒、耳机、学校网络教学平台、校外网络教学资源等。

5. 设置两类课程

道尔顿实验班开设的课程参考了文纳特卡制的课程，将课程分为两大类：一类是国家规定的必修课程，另一类是学校的多元课程。

国家课程包括：语文、数学、英语、物理、化学、生物、历史、地理、政治、信息技术、通用技术、音乐、美术和体育。学校多元课程包括：生涯规划、PBL 活动、批判性思维、模拟联合国、小语种课程、SAT 课程、AP 课程、雅思课程、托福课程和各种创新实践课程等。

在道尔顿实验班中，早读时间安排有语文阅读或英语阅读；第一节至第六节课穿插安排教师精讲、自主学习、合作学习、达标检测，第五节和第六节课有时会安排个性辅导；第七节和第八节课为多元课程；晚自习时间则为定时检测和总结反思。

6. 两种学习模式

道尔顿实验班采用融合式学习模式和 PBL 学习模式。

融合式学习不是面对面教学和在线学习的简单叠加，而是融合多种教学设备、教学方法、学习方式、课程和学习资源的学习模式。学生需要将在线学习、教师指导学习、合作活动和探究学习有机结合起来，实现线上和线下学习相关联，学习内容和学习方式相关联，自主学习、合作学习和师生互动相关联，物理空间的转换与灵活自由组合相关联。

PBL 学习模式有两种——项目式学习（project-based learning）和问题式学习（problem-based learning），后面的内容中有对 PBL 学习模式的具体描述。

7. 自主学习的支持

教育部在启动未来学校研究与实验计划时曾指出，未来学校的核心特征是未来学习，未来学习最重要的是回归最基本的学习规律。未来学习有两项重要内容：第一，自主学习是未来学习的核心，有了自主学习才能有终身学习，创新能力才能不断提升；第二，须认可多样化学习方式，学习是一个广泛的概念，是针对不同年龄阶段设计的活动，现代技术的发展使学习方式有了更多可能性。

自主学习能力的提升需要实践中的训练。独立思考能力、质疑能力、对事物追根究底的能力、综合思考能力（即融会贯通能力）、跨界思考能力（即触类旁通能力）等，就像游泳、开车，都需要通过实践训练来获得提升。自主学习是一个复杂的过程，学生需要动机、认知与互动等方面的支持和激励。

学生在新知识技能面前是缺乏相关背景知识或学习经验的新手，他们需要明确的教学支架以掌握基本概念并做出决策，需要获得反馈。支持系统一方面能够帮助学生对新知识进行多方面加工、多角度认知与思考，另一方面也为新知识的学习提供适当的知识结构上的附着点，帮助学生将新学知识与已有知识经验联结起来，进而形成更为稳固的知识体系。

在互联网背景下，在系统规划的课程、学习环境和学习方式的基础上，道尔顿实验班的每个学生都可以根据个人目标，采用最适合自己的学习方式，在不同时空中进行个性化学习，以形成扎实的学科基础，建立自己独特的知识结构和能力结构。

六、差异化精英教育的学习模式

——PBL 学习模式

（一）什么是 PBL 学习模式

PBL 学习模式是以学科的概念和原理为中心，以制作并完成作品为目的，借助多种资源开展探究活动，在一定时间内解决一系列相互关联问题的新型探究性学习模式。

PBL 学习有两种呈现方式：项目式学习（project-based learning）和问题式学习（problem-based learning）。

项目式学习与现有学科学习的相关度较低，以来自生活实践的问题为导向，周期较长，成果通常为有形的产品。我校创新教育的无人机项目、航模项目、火箭项目、机器人项目等采用了这种模式。

问题式学习与现有学科学习的相关度较高，周期可长可短，成果通常为书面报告、作业或论文。翻转课堂、物理学习项目、未来教师项目等采用了这种学习模式。

项目式学习和问题式学习都有明确的任务或驱动性问题；都注重自主学习或合作学习；都以学生为中心，教师作为协助者进行指导并提供支持；都有时间和成果的要求，但也注重过程。

（二）PBL 学习模式的理论基础

皮亚杰的建构主义：学习者不是通过教师传授得到知识的，而是在一定的情境即社会文化背景下，借助他人（包括教师和学习伙伴）的帮助，利用必要的学习资源，通过意义建构的方式来获得知识的。

杜威实用主义"新三中心论"：以经验为中心，以儿童为中心，以活动为中心。

布鲁纳发现学习理论：教学过程就是教师引导学生发现的过程，学习依靠发现。

（三）为什么推行 PBL 学习模式

第一，推行 PBL 学习模式是培养我国学生核心素养的需要。

第二，推行 PBL 学习模式是进行学生综合素质评价的需要：在新高考政策中，学校要建立普通高中学生综合素质档案，其中的学生发展条目、思想品德条目中要有学生社团活动、研究性学习及创新成果、社会实践成果等信息，并要有证明材料，若学生将来参加自主招生，这些内容也是面试考核的内容之一。

第三，推行 PBL 学习模式是学生未来发展的需要：学生的未来发展需要足够的创新能力、适应能力、管理能力、交往能力、沟通能力、表达能力、决策能力、动手能力、团队合作能力等。

（四）如何推行项目式学习

1. 项目式学习的学习方式

自主学习：学生以任务为导向进行学习活动，借助多媒体、计算机、互联网等信息技术的支持，以达到扩展和加深对知识的理解与认识的目的，培养终身学习的意识和自主学习的能力。

小组学习：教师要充分调动学生之间的合作，使学生可以针对学习内容及疑难点进行交流讨论；学生通过组成合作学习小组相互帮助、相互学习、相互借鉴，形成互助合作精神。

师生互动学习：教师作为导师，以促进学生核心素养的提高为教学首要任务，成为学生学习的促进者、指导者和帮助者。

2. 任务清单、认知工具和信息资源

教师要依据项目制定任务清单，以方便学生有目的地开展各项活动。教师要为学生的探究学习提供支持，既包括物质上的支持，也包括支持学生认知的工具和信息资源，如图像软件和远程通信工具等。

3. 制定评价方案

评价方案包括过程性评价和结果评价，各占50%。过程性评价的内容为：每周交流及作业情况，占20%；每周报告、记录，占10%；对项目的反思、提出的修改方案，占10%；对实施过程的陈述，占10%。结果评价的内容为：最终项目产品、作品，学习结束时学生通过探究活动所学会的知识或技能等，占40%；最终陈述，占10%。

（五）如何推行问题式学习

无论是在学生阶段还是工作阶段，成功人士的一个基本特征就是在完成常规任务并达到规范要求的基础上追求更高目标。

学生在校学习期间，在完成必修课程的基础上，可以选择参加各种竞赛和自主招生。在时间有限的情况下，为了有效利用时间、高效进行高目标学习并取得更佳的效果，我们向学生推荐了问题式学习。

问题是用来组织和激发学习活动的。学生在学习活动和真实情境中遇到各种复杂的、非预测性的问题，这些问题的内容不是支离破碎的，而是完整的知识模块，强调知识的完整性和系统性。它们是值得学生进行深度探究且学生有能力探究的问题，其内容应该与学生个人的兴趣一致。

问题式学习与项目式学习的方式基本一致。

（六）PBL学习模式中的师生角色

教师角色为项目策划者、学科专家、学习教练、指导者。在学生讨论前，教师是组织者；在学生讨论时，教师是旁听者、记录者、鼓励者；在学生总结阶段，教师是点评者；在学生查资料时，教师是资源引导者。学生的角色则为学习者、合作者、研究者、实践者。

差异化教育评价

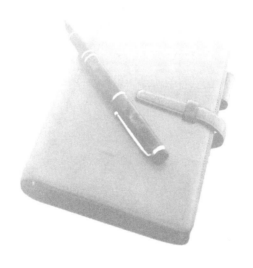

差异化教育评价是一项专业性工作，需要严格的评价标准；也是一项人文性工作，能激励学生更好地投入学习，帮助教师不断地反思和改进教学；还是教育教学的导向标，引领和塑造教师的教学行为。

一、认真研究新课改精神，建构学业质量三维评价体系

（一）学业质量三维评价体系建构的政策背景

从 2014 年起，教育部陆续出台了关于基础教育课程改革的几个指导性文件，这几个文件对新一轮基础教育课程改革做出了清晰的顶层设计。2014 年 3 月 30 日，《教育部关于全面深化课程改革落实立德树人根本任务的意见》发布；2014 年 9 月 3 号，《国务院关于深化考试招生制度改革的实施意见》发布；2016 年 9 月，《中国学生发展核心素养》研究成果在北京发布。

我们认真研读和梳理这几个文件，归纳出以下几个要点。

1. 发展中国特色社会主义教育事业的核心是立德树人

《教育部关于全面深化课程改革落实立德树人根本任务的意见》要求培养学生高尚的道德情操、扎实的科学文化素质、健康的身心、良好的审美情趣，强调要使学生具有中华文化底蕴、中国特色社会主义共同理想、国际视野。立德树人的方向性、民族性和时代性更加鲜明。

2. 深化课程改革是落实立德树人的有效切入点

课程是教育思想、教育目标和教育内容的主要载体，集中体现社会主义核心价值观，是学校教育教学活动的基本形式，在人才培养中发挥着关键作用。课程改革是人才培养体制改革的关键，牵动着学校教育与教学改革。多年的课程改革实践证明，抓住了课程改革，就抓住了育人工作的"牛鼻子"。只有进一步深化课程改革，扫清人才培养的体制机制障碍，才能真正有效落实立德树人。

3. 核心素养体系是立德树人理念与实践的桥梁

核心素养体系是立德树人的具体化，是联结宏观教育理念、培养目标与具体教育教学实践的桥梁。

《中国学生发展核心素养》以培养全面发展的人为核心，分为文化基础、自主发展、社会参与三个方面，是学生为了适应终身发展和社会发展所必需的品格和关键能力。它深入回答了"立什么德、树什么人"的这一教育根本问题。

学校教育教学应以18个核心素养基本要点的培养为目标，在教育教学过程中将其强化、细化和具体化，夯实学生的文化基础，鼓励学生追求崇高的人生价值，推进学生个体的自主发展，使其社会参与的范围更加广阔。立德树人的教育理念通过核心素养这一桥梁，转化为教育教学实践可用的、教育工作者容易理解的具体要求，从实践层面解答"立什么德、树什么人"的根本问题。

4. 学业质量评价是培养核心素养的有效途径之一

建构基于核心素养的学业质量评价体系，明确学生在不同学段、不同年级、不同学科应达到的标准，把学习的内容要求和质量要求结合起来，可以有力推动核心素养的培养进程。

国家政策文件在宏观层面做出了清晰的规划，然而，当各学校贯彻落实这些精神时，由于各自情况的千差万别，实际操作变得错综复杂。我们潍坊（上海）新纪元学校严格依据政策精神，密切结合学校的自身特点，建构了一个较为成熟的、新课程背景下的学业质量三维评价体系，包括标准性评价、相对性评价、发展性评价。

（二）学业质量三维评价体系的界定

长期以来，教育评价的甄别与选拔功能被反复强调，而改进与激励功能往往被忽视。人们注重学习的成绩，而忽视学生的全面发展和个体差异；关注评价结果，而忽视发展水平的变化趋势。对此，我们学校在"相信每一位学生，发展每一位学生，成就每一位学生"教育理想的指引下，确立"促进全体学生发展，促进学生全面发展，促进学生个体发展，促进学生健康发展"的评价观念，采用标准性评价、相对性评价和发展性评价，从思想品德、学业水平、身心健康、艺术素养、创新实践五个方面构建起学业质量三维评价体系。

1. 标准性评价

标准性评价是对学生的知识掌握程度和能力发展水平的基本评价，其基本功能是检验学生阶段性的学业成就是否达标。标准性评价不考虑个体在群体中的位置，只考虑个体是否实现了预定目标，引导教与学达到规定的最低标准。

2. 相对性评价

相对性评价是对个体在群体中位置的评价，为某一学生群体设定一个基准（群体可以是小组、班级或年级，还可以是某地区同一年级的所有学生），然后把该群体中的学生逐一与基准进行比较，以判断某一学生或者某个学生小群体在该群体中的相对位置。相对性评价注重的是学生之间的横向比较，在学生群体的整体水平中确定学生个体的位置，并以此作为差异化教学的依据。

3. 发展性评价

发展性评价以前测数据为质量评价的起点，关注学生的发展，力求通过评价促进学生的发展，是一种尊重个体差异、基于学生实际表现的评价方式。发展性评价可以使最近发展区显现出来，鼓励学生突破自己。通过学生某段时间内的学科成绩变化判断学生的进步程度，促进学生不断发展。发展性评价不涉及与群体成员进行横向比较，只拿学生的现在与以前进行对比，显现学生进步的幅度与变化的程度。

（三）学业质量三维评价体系的实践探索

潍坊（上海）新纪元学校使十二年一贯制课程规划、课程标准及学业质量评价充分结合，在实践中逐步完善，最终形成一个较为完善的学业质量三维评价体系，成为差异化教育持续健康发展的重要保障并发挥引领作用。例如，科技与思维板块的三维评价体系如表 8-1 所示。

表 8-1　科技与思维板块学业质量三维评价体系

课程类型		具体课程		标准性评价	相对性评价	发展性评价
		小学	初中	高中			
国家课程		数学、科学、信息技术	数学、物理、化学、生物、信息技术（高中增设通用技 术）		有	有	有
地方课程		无			无	无	无
校本课程	特色必修	批判性思维、STEAM 课程（航模、工业 4.0 与 3D 打印）、海洋课程、大英百科自然科学 100 讲			无	有	有
	多远选修	差异化学科拓展课程、MOOCAP 课程、机器人、无人机、数学探秘、科技创新、电脑动画、棋艺、校园吉尼斯			无	有	有

学分制是我们在差异化教育评价中进行的创新。每学年每生在多元选修课程中累计获得 20 个学分才为合格。就像快速使驶的车不容易停住一样，教师在教学时很可能一不小心就回到应试教育的老路上。我们以评价为杠杆，努力击碎应试教育的顽石，开辟多元发展的路径，给学生多元选择的空间，促使学生的天赋得到发展。因此，我们规定在多元选修校本课程方面，每学年每生以修满 20 个学分为合格；每生要选择两个特长和两个爱好，连同社会实践活动，每学期接受一次考核；一学年中没有完成 20 个学分则要补修。

二、构建"六个一"标准体系，夯实教育评价基础

为建设现代学校制度，创办优质民办学校，潍坊（上海）新纪元学校明确提出标准化、差异化、信息化、国际化的"四化"目标，而标准化则是"四化"中最基础的一方面，它起着规范和引领其他方面发展的重要作用。在教学管理方面，学校的标准化建设主要体现为建立学科质量标准，制定并完善"六个一"标准体系，即一部一标、一级一标、一科一标、一班一标、一师一标、一生一标，通过对这一标准体系的科学运作、精心组织、把握关键、有序实施，扩大学校影响力，提高学校竞争力，打造学校特色，提升学校科研水平，促进教师专业发展，搭建学生成长平台，培养多元发展人才。

（一）一部一标

潍坊（上海）新纪元学校学部建设标准采用的是层级目标的方式。

一级目标有 4 个：安全目标、发展目标、教育教学质量目标和效益目标。

二级目标对一级目标进行分解。安全目标下设底线清单，以确保安全责任事故的发生率为零。发展目标包含 5 个二级目标：学部发展定位目标、学部发展规模目标、教师发展目标、制度建设目标和品牌建设目标。教育教学质量目标也包含 5 个二级目标：学生品德行为目标、学生学业水平目标、学生身心健康目标、学生个性特长目标和学生创新实践目标。效益目标则包括经济效益目标和社会效益目标两个二级目标。

三级目标继续对二级目标进行分解，如二级目标的学生学业水平目标包含 4 个三级目标：标准性目标、相对性目标、发展性目标和毕业班升学目标。

（二）一级一标

年级建设标准与学部建设标准的目标层级划分方式基本相同，在此不再赘述。

（三）一科一标

学校各学科建设标准的一级目标有 6 个：教育教学安全目标、学科发展目标、学科教师发展目标、学科教学质量发展目标、学科教科研目标和学科教育教学满意度目标。

二级目标对一级目标进行分解。例如，学科教师发展目标包含 4 个二级目标——教师资质达标率目标、名优教师占比目标、教师基本功达标率目标和学生最喜爱的教师占比目标；学科教学质量发展目标包括 3 个二级目标——标准性目标、相对性目标、发展性目标；学科教科研目标包括 3 个二级目标——课题研究目标、课程开发目标和"四个一"教研活动目标；学科教育教学满意度目标包括两个二级目标——学生满意度目标和家长满意度目标。

三级目标继续对二级目标进行分解，如二级目标的教师基本功达标率目标被分解为 3 个三级目标：合格率目标、良好率目标、优秀率目标。

（四）一班一标

各班级建设标准的一级目标有 5 个：班级发展目标、班级管理目标、班级育人文化建设目标、班级特色创建目标和学生、家长满意度目标。

班级管理目标包括 3 个二级目标：安全目标、质量目标和发展目标。班级育人文化建设目标包括 4 个二级目标：精神文化目标、物质文化目标、制度文化目标和行为文化目标。学生、家长满意度包括两个二级目标：学生满意度目标和家长满意度目标。

三级目标继续对二级目标进行分解，如质量目标被分解为：学生品格行为达标率目标、学生身心健康达标率目标、学业水平达标率目标、"2＋2"达标率目标和创新实践活动参与率目标。

（五）一师一标

教师发展标准的一级目标有 5 个：教师个人发展目标、教师专业精神目标、教师专业发展目标、教学基本功目标、教育教学工作目标。

教师专业精神目标分为两个二级目标：教育教学理念目标和职业道德目标。教师专业发展目标分为 4 个二级目标：学科知识目标、教育知识目标、多元课程开发及实施目标、课题研究目标。教学基本功目标包括 8 个二级目标：课标教材解读目标、课堂教学达标目标、中高考试题研究目标、教育信息技术目标、差异化教育研究目标、班主任工作目标、专业特长发展和命题制作目标、评价能力目标。教育教学工作目标包含两个二级目标：教育教学安全目标和教育教学质量目标。

三级目标继续对二级目标进行分解，如教育教学质量目标下有 3 个三级目标：标准性目标、相对性目标、发展性目标。

（六）一生一标

学生发展标准的一级目标有 4 个：品德行为目标、学业水平目标、艺术特长目标、身心健康目标。

品德行为目标包含两个二级目标：思想品德目标和行为养成目标。学业水平目标包含 3 个二级目标：各科成绩目标、优势学科目标和困难学科目标。艺术特长目标包含两个二级目标：艺术特长目标和个人爱好目标。身心健康目标包含身体健康目标和心理健康成长目标两个三级目标。

三级目标继续对二级目标进行分解，各科成绩目标被分解为两个三级目标：发展性目标和追赶性目标。

三、制定学科建设实施规划，明确学科建设质量标准

我们要求所有学科均要制定品牌学科建设实施规划，这一规划包含八个方面的内容：学科教学思想、学科核心素养、学科育人目标、学科内容结构、学科课堂结

构、课外活动设计、学科亮点打造和学科质量评价。下面以小学部英语品牌学科建设实施规划为例，对这八方面的内容进行详细阐释。

（一）学科教学思想

义务教育阶段的英语课程具有工具性和人文性双重性质。

工具性指英语课程承担着培养学生基本英语素养的任务，即学生通过英语课程掌握基本的英语知识，发展基本的英语听说读写技能，锻炼用英语与他人交流的能力，为今后继续学习英语和用英语学习其他科学文化知识奠定基础。人文性指英语课程承担着提高学生综合人文素养的任务，即学生通过英语课程的学习能够扩大视野，丰富生活经历，形成跨文化意识，为终身学习打好基础。

（二）学科核心素养

英语学科核心素养包含四方面：语言能力、文化品质、思维品质、学习能力。

1. 语言能力

语言能力即语言运用能力，指在社会情境中借助语言以听、说、读、看、写等方式理解和表达意义的能力。语言能力是英语学科核心素养的重要组成部分，也是发展文化品质、思维品质和学习能力的基础。

2. 文化品质

文化品质不仅指了解一些文化现象和形成对文化现象的情感态度，还包括评价、解释文本所反映的文化传统和社会文化现象，形成自己的文化观念、文化态度、文化认同感和文化鉴赏能力。

3. 思维品质

思维品质是人的思维个性特征，反映一个人在思维的逻辑性、创新性、批判性等方面所表现出来的水平和特点。不同语言突出不同的思维品质，学习英语有助于学生提高思维的逻辑性和缜密性，可促进学生多元思维的发展。

4. 学习能力

学习能力指学生在英语学习过程中逐渐形成的主动学习、积极调试和自我提升的意识、品质及潜能，包括学习态度、兴趣、动机、习惯、意志、方法和策略等。

（三）学科育人目标

英语课程的长期目标是培养学生的综合语言运用能力，并通过英语学习促进学生的心智发展，提高学生的综合人文素养，使学生具有较为熟练的语言技能、比较丰富的语言知识、良好的英语交际能力及持久的学习积极性，使学生形成良好的学习习惯，增强学生学好英语的自信心。

英语课程目标从小学到高中共分为九级，完成小学阶段的英语学习后学生应达到国家《义务教育英语课程标准》中规定的二级目标。学生对英语学习应有持续的兴趣和爱好，能用简单的英语互致问候，交换有关个人、家庭和朋友的简单信息，并能就日常生活话题做简短叙述；能在图片的帮助下听懂、读懂并讲述简单的故事；能在教师的帮助下表演英语小故事或小话剧，演唱简单的英语歌曲和歌谣；能根据图片、词语或例句的提示写出简短的描述；在学习过程中乐于参与，乐于合作，乐于了解异国文化与习俗。

1. 语言技能目标

听：能在图片、图像、手势的帮助下听懂简单的话语或录音材料，能听懂简单的配图小故事，能听懂课堂活动中简单的提问，能听懂常用指令和要求并做出适当反应。

说：能在口头表达中做到发音清楚、语调合适，能就熟悉的个人和家庭情况进行简短对话，能运用一些最常用的日常用语（如问候、告别、致谢、道歉等），能就日常生活话题进行简短叙述，能在教师的帮助和图片的提示下描述或讲述简单的小故事。

读：能认读所学词语，能根据拼读的规律读出简单的单词，能读懂教材中简短的要求或指令，能读懂贺卡等表达的简单信息，能借助图片读懂简单的故事或小短文并养成按意群阅读的习惯，能正确朗读所学的故事或短文，小学毕业时阅读量达到 3 万词。

写：能基本正确地使用大小写字母和标点符号，能写出简单的问候语，能根据图片、词语或例句的提示写出 50 词左右的简短描述。

"玩演视听"：能按要求用简单的英语做游戏，能在教师的帮助下表演小故事或小话剧，能学唱简单的英语歌曲和歌谣约 30 首（含一级要求），能看懂程度相当的英语动画片和英语教学节目，毕业前视听总量不少于 60 小时（平均每周 20—25 分钟）。

2. 语言知识目标

语音：正确读出 26 个英文字母，了解简单的拼读规律，了解单词和句子的重音，了解英语语音的重音、连读、语调、节奏、停顿等。

词汇：知道单词是由字母构成的；知道要根据单词的音、义、形来学习词汇；学习有关二级目标话题的约 700 个单词和约 50 个习惯用语，并能初步运用约 500 个单词表达二级目标话题。

语法：了解名词的单复数形式；了解主要人称代词、形容词性物主代词；了解一般现在时、现在进行时、一般过去时、一般将来时等时态；了解表示时间、地点和位置的常用介词；了解和运用简单句的基本形式，包括问候、告别、感谢、邀请、致歉、介绍、喜好、建议、祝愿、请求等交际用语的基本表达形式。

3. 情感态度目标

能体会到英语学习的乐趣。

敢于开口，表达时不怕出错。

对各种英语学习活动有兴趣。

积极参与各种课堂学习活动。

在小组活动中能与其他同学积极配合、相互合作。

遇到困难时主动求助、勇于克服。

4. 学习策略目标

积极与他人合作，共同完成学习任务。

遇到问题时主动向老师或同学请教。

会制订简单的英语学习计划。

对所学内容能主动复习和归纳整理。

在词语与相应事物之间建立联系。

在学习中集中注意力。

在课堂交流中注意倾听、积极思考。

尝试阅读英语故事书及其他英语课外读物。

积极运用所学英语进行表达和交流。

注意观察生活中出现的简单英语。

5. 文化意识目标

知道英语中简单的称谓语、问候语和告别语。

对一般的赞扬、请求等做出适当的回应。

知道国际上重要的文娱和体育活动的英语表达。

知道英语国家中常见的饮料和食品的名称。

知道主要英语国家的首都和国旗。

了解世界上一些国家的重要标志物。

了解英语国家中重要的节假日。

了解一些日常交际中的中外文化差异。

（四）学科内容结构

小学英语知识可分为语音、词汇、语法、功能和话题五个方面。根据课标的要求，整个小学阶段的英语知识各方面的框架图如图 8-1 至图 8-5 所示。

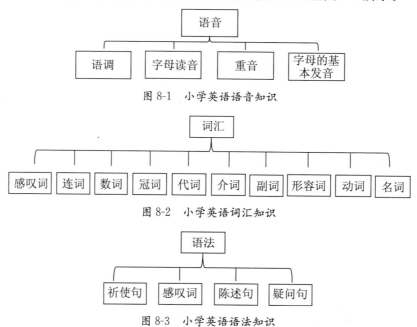

图 8-1　小学英语语音知识

图 8-2　小学英语词汇知识

图 8-3　小学英语语法知识

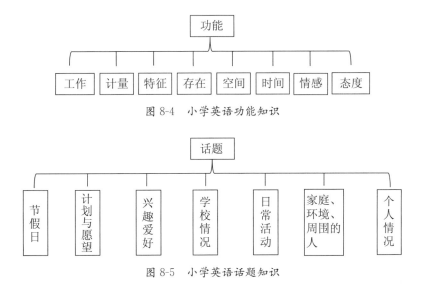

图 8-4　小学英语功能知识

图 8-5　小学英语话题知识

在此框架的基础上，图 8-6 所示的思维导图详细呈现了每一部分所要掌握的重点内容。

（五）学科课堂结构

小学英语的基本课型有听说课、自然拼读课、阅读课、翻转课堂四种。

1. 听说课课堂结构

听说课的环节有热身活动，激情导入；教师引导，初学单词；小组合作，强化巩固；初读课文，整体感知；小组展示，感情朗读；课堂小结，布置作业。

在听说课中教师可采用的策略有：在热身环节运用手指操和英文歌曲结合的方式调动学生的积极性；运用快闪游戏进行单词复习；充分利用视频、音频资源让学生练习语音语调；发挥小组合作的作用，完成课文的巩固；注重知识的拓展运用，可让学生把课文演一演，再由全体学生进行评价。

2. 自然拼读课课堂结构

一起唱《字母歌》。

学生学习字母发音，利用拼读台历练习发音。

学生分小组练习，然后拿着字母卡片到讲台上拼组单词并拼读出来。

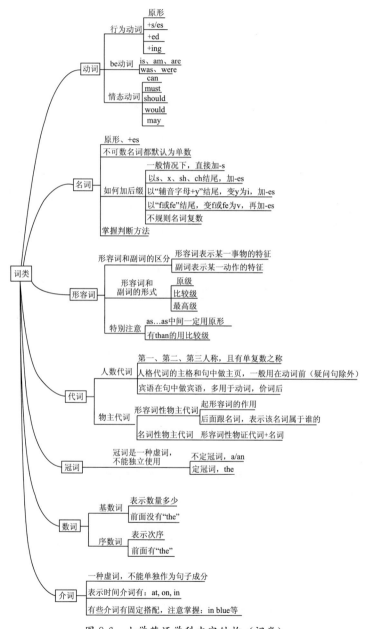

图 8-6　小学英语学科内容结构（词类）

观看相关动画或读字母故事书，巩固所学内容。

3. 阅读课课堂结构

读前活动：教师采用猜谜、游戏、歌谣、图片讨论、质疑、预测、音乐等方式导入话题，帮助学生建立起文本与以往经验、知识之间的联系；扫清语言障碍，引导学生迅速进入阅读状态，强调趣味性、针对性和新颖性，以学生为中心，变"灌"为"引"，调动学生的积极性，教师提问时要考虑学生的语言水平，让学生有话可说。

读中活动：学生自己阅读，最重要的是让学生在读的过程中找到和理解关键信息；阅读教学不能停留在文本上，教师要关注对文本内容的深入挖掘，通过追问、讨论来丰富文本的人文内涵；阅读文本要贴近学生的生活实际，既要有利于学生练习和巩固所学的语言知识，又要有利于发展学生的语言技能，培养学生的综合语言运用能力。

读后活动：读后检测环节重在发展学生的英语学习技能，教师可以让学生在图片和词语的提示下复述故事，结合自己的生活经验和情感做一些讨论和思考，设计书签并给他人介绍故事，并分小组故事接龙，表演短剧或木偶戏，或者讲述类似的个人经历。

4. 翻转课堂课堂结构

课前教师工作主要包括：制作能指导学生自学的"自学任务单"，明确学习的目标、学习的方法、需要做的准备、自学效果检测、评价方式和方法等内容；制作帮助学生自学的微视频，视频不仅能让学生跟读，还要把重要的语法知识点、短语等清楚地体现出来，且要符合这个年龄段学生自学的心理特点；对英语课代表、小组长进行培训指导，使他们的工作有效率、有方法，使翻转课堂形成闭环。

课前学生要做的工作有：准备好老师指定的各种学习物品；下载各种资料；根据下载的任务单、微视频等自主学习资料进行个性化自主学习；建群、加群通过网络反馈作业；自主地寻求解答问题的路径和方法；小组长将作业督促、联系、评价的情况反馈给老师，以供老师参考。

课堂教学中教师的工作包括：明确提出要解决的问题和要达成的目标；明确为实现总目标需要的分目标；提供差异化选择，在关键问题上让每个层次的学生都能体验成功；设计紧扣目标的习题，层层推进，为达成语用实践目标搭支架；引领学生，组织学生，让学生在练习中逐步深化学习；培养批判性思维，答案并不是唯一的；营造情境，对学生的情感、态度、价值观进行德育渗透；把控课堂的节奏，调整学生的学习专注度；检验学生学习探究的结果并评价；发现学生自学过程中出现的问题并纠正。

课堂教学中学生的工作包括：准备好老师指定的各种学习物品；在教师的组织引导下积极参与学习活动并互学互助；认真听课，认真完成习题，提出疑问，发出自己的声音；相互协调配合，服从小组的安排；明确课堂学习的目标；小组长及时做好评价记录。

（六）课外活动设计

英语课外活动是课内活动的延伸和拓展，能为学生使用英语提供更大的平台。活动有助于激发和提升学生学习英语的兴趣，增强语感，开阔视野，增长知识，发展智力，塑造品格。活动包括朗诵、唱歌、讲故事、演短剧，也可以创办英语角、英语墙报、校园或班级英语刊物，还可以举办英语演讲、英语演出、英语作品展示活动等，有机会时还可以参与有组织的国际学生交流活动。

（七）学科亮点打造

1. 面向全体学生，营造良好的语言学习环境

在教学中，教师应坚持以学生为中心，面向全体学生，关注个体差异，优化课堂教学，提高教学效率，为学生继续学习英语打好基础。

教师应精心备课，提高课堂效率和学生参与度，本着精讲多练的原则，减少教师讲解，增加学生练习，让学生成为课堂的主人。

在英语课堂上教师要尽量使用英语进行授课。小学高年级英语教师要全英语授课，低年级英语教师要循序渐进、有计划地对学生进行英语课堂用语训练，约经过一学期让学生适应英语课堂。同时学生在和教师、同学交流时也应尽量使用英语，学习说完整的英语句子。

创设英语氛围，教室及外墙的墙壁展示尽量用双语，教师教会学生读这些用语，让学生随处接触英语，将课堂延伸到课外，让学生的生活中充满英语。例如，要求学生在打招呼、打报告、领加餐、上厕所时使用英语。

2. 注重语言实践，培养学生语言运用能力

教师在设计教学活动时，要设计明确的交流目的、真实的交流意义和具体的操作要求；要为学生提供展示学习成果的机会，使学生能够通过实践内化语言知识，提升语言运用能力。在课堂活动中教师要多采取任务型教学法，让学生多进行场景表演。

教师应采用多种活动发展学生的口语水平，做好"每日英语十分钟"活动，并利用好课前五分钟进行每日英语对话，鼓励学生多说、大胆说。

开展有利于英语学科和其他学科建立联系的活动，促进学生的认知能力、思维能力、审美情趣、想象力和创造力等的综合发展，协助其他学科教师做好双语教学工作。

3. 加强学习方法指导，使学生逐步形成有效的学习策略

教师应结合学生母语学习的经验和认知发展的需求，针对英、汉两种语言的特点和异同，重点培养学生运用基本学习策略的能力。在低年级教学中，教师利用汉语拼音的相关知识进行英语自然拼读法教学，为以后的英语学习打好语音基础。

教师应根据学生的认知特点和学习风格，有计划、有步骤地指导学生发展具体的学习策略，培养自主学习能力；提倡学生有效利用多种教学资源进行自主学习，在小学阶段可以利用点读笔练习语音语调，利用"快乐园丁"软件进行语句语法练习。在小学高年级的英语教学中，教师要逐步培养学生自主预习的能力，在课堂中进行小组交流、合作探究，促进学生逐步形成有效学习的策略。

4. 培养跨文化意识，发展跨文化交际能力

培养学生的跨文化意识。教师结合教学内容，引导学生关注语言和语用的文化因素，了解中外文化的异同，逐步增强学生对英语文化的理解。例如，体验英语国家的节日，了解节日的来历和庆祝方式，如感恩节、圣诞节、复活节、母亲节、父亲节等；比较中西饮食文化，了解各种食物的制作及餐桌礼仪。

培养学生的跨文化交流能力。教师根据学生的语言水平、认知能力和生活经验，创设尽可能真实的跨文化交流情境，让学生在体验跨文化交流的过程中，逐步形成跨文化交流的能力。学生可以利用外教资源进行英语故事阅读，成立英语戏剧社，每学期排练一部根据英文名著经典片段改编的话剧，让学生在角色体验中加深对多元文化的理解。

5. 结合实际教学需要，创造性地使用教材

教师根据教学实际需要、学生现有水平、课时安排等，对教材内容进行适当的补充，对发音不准确的学生进行语音纠正训练，对基础薄弱的学生进行知识整合讲解，对能力强的学生进行适当知识延伸。

采用一主一辅及国际文化课程提高学生的英语水平，突出英语课程特色。主要课程使用国家教材，辅助课程使用阅读教材 *The Treasure Chest*，国际文化课程的教材为 *Next Move*。*The Treasure Chest* 课程从一年级开始开设，由中方英语教师执教，外教辅助；国家教材课程从一年级开始开设，由中方英语教师上课；*Next Move* 从一年级开始开设，由外教上课。

开展英语大阅读活动，提高学生综合运用英语的能力。各年级英语教师根据学生的不同英语水平选取适当的阅读书目，利用早读、多元选修课程或英语课的时间让学生进行英语阅读。小学英语阅读的可用书目有：《大山叔叔讲故事》系列、*Bright Readers* 系列、《攀登英语阅读系列：神奇字母组合》等，争取人手一套。课上课下阅读相结合，学生周末将故事书带回家和父母一起做亲子阅读。这些阅读书目是对课本的补充，能有效增强学生语感，加深学生对异域文化的理解，提高学习英语的能力。学校方面保证大阅读实施的措施有：购入足够的英语阅读书目；派英语教师外出学习，了解阅读课的教学方法；保证学生的阅读时间，除了课表上的英语阅读课外，还要增加晚自习的英语阅读时间；在每月的单项评价材料中明确对阅读量的要求，并要求学生制作阅读记录卡，保证读有所获；举行读书演讲比赛，促进阅读活动的开展。通过大阅读使学生在小学毕业前能够达到 3 万词的阅读量。学生通过对绘本故事的阅读来提高听说读写技能，保持对英语的持久兴趣，从而提高综合语言运用能力。

6. 教师不断提高专业水平，努力适应课程的要求

更新学科专业知识，提高语言素养。教师应掌握系统的英语语言基本知识，具备扎实的语言基本功和较好的语言运用能力，能阅读英语专业文献、表达观点和看法、用英语实施课堂教学。同时，教师还应具有较强的跨文化交流意识和能力，并随着社会和语言的发展不断更新语言知识，提高语言运用能力。

不断积累学科教学知识，提高教学实践能力。教师应掌握教育学和心理学知识，以及英语教学的理论知识、教学方法和教学技巧，能够因材施教，设计合理、连贯、

清晰的教学过程，选择并创造性地使用信息技术和多种教学方法，有效组织和实施课堂教学。

开展教学反思，促进自身专业发展。教师应通过不断反思，加深对教育教学过程和学生学习过程的认识，调整和改进自己的教学行为，提高教学效果。学校建立教学团队，健全教师合作学习、合作探究的机制，促使教师积极进行学科研讨，参加学校组织的各级培训，相互听课评课，努力成为不断进取、具有创新精神的英语教师。

（八）学科质量评价

评价是小学英语教学中的重要部分，采用科学、合理的评价方式和方法，对教学的过程和结果进行及时、有效的监控，从而对教学起到积极的导向作用。评价要尽可能做到评价主体多元化、评价形式多样化、评价内容多维化。小学英语学科评价采用形成性评价与终结性评价相结合的方式，既关注过程，又关注结果，使对学习过程和学习结果的评价达到和谐统一。

除了期中期末的终结性评价外，教师在教学中采用了一些形成性评价方案，主要包括小学英语听力形成性评价方案、小学英语口语形成性评价方案、小学英语"演玩视听"形成性评价方案，分别如表8-2、表8-3、表8-4所示。

表 8-2　小学英语听力形成性评价方案

评价活动	评价方法	评价标准
听听猜猜	听录音或听教师、同学说，按要求进行猜测，如猜出被描述的人或物、猜谜语	☆☆☆ 听 1—2 遍即能准确猜出答案 ☆☆ 听 2—3 遍即能准确猜出答案 ☆ 听 3 遍以上能根据提示猜出答案
听听做做	听录音或教师、同学说，按要求做出相应的反应，如做动作、做表情、完成拼图或贴画	☆☆☆ 能听懂并迅速做出正确反应，参与意识强，积极性高 ☆☆ 能根据所听材料做出正确反应，参与意识较强 ☆ 经过努力或得到帮助后能听懂材料，并做出正确反应

续表

评价活动	评价方法	评价标准
听听画画	根据听到的材料，按要求画出相应的内容。如画出人物、动物、植物、生活用品、路线等，根据指令涂正确的颜色	☆☆☆ 能正确理解所听材料并迅速按要求画出内容、涂色 ☆☆ 能正确理解所听材料，较好地完成要求 ☆ 认真聆听语言材料后，能在教师或同学的帮助下完成要求
听听写写	听录音或听教师、同学说，按要求完成相应的练习，如画钩或打叉，连线，写数字，给图或句子标号、排序、填入空缺单词，记录信息，完成表格	☆☆☆ 听1—2遍即能迅速、准确地完成全部内容 ☆☆ 听2—3遍后能在规定时间内比较准确地完成全部内容 ☆ 听2—3遍后能完成部分内容

注：1. ☆☆☆表示"好"，☆☆表示"较好"，☆表示"一般"。

2. 听力材料可以是录音材料，也可以是教师或学生的口述或指令。

3. 评价方法要符合学生的年龄特征和个性特点，具有多样性、激励性。

4. 可根据学生活动的实际情况，采用教师评价、学生自评、学生互评等方式。

表8-3 小学英语口语形成性评价方案

评价活动	评价方法	评价标准
模仿	听录音模仿	☆☆☆ 能准确模仿，语调自然，语音、重音和节奏正确 ☆☆ 能模仿，语调、重音基本正确 ☆ 能模仿，语调基本正确
朗读	朗读课文或难度相当的其他材料	☆☆☆ 语调自然，语音、节奏正确，情绪饱满，声音洪亮 ☆☆ 语调比较自然，语音、节奏基本正确，声音洪亮 ☆ 语调不够自然，朗读不够顺畅，有一些发音错误，但声音洪亮
回答问题	针对提问给出答案（可在师生间或生生间进行）	☆☆☆ 回答流利，内容合适，有个别语法错误，但不会造成误解 ☆☆ 回答比较流利，内容正确，虽有一些语法错误，但不会造成误解 ☆ 回答不够流利，语法错误较多，但内容基本正确

续表

评价活动	评价方法	评价标准
对话交流	围绕话题进行口头交流	☆☆☆ 能流利地完成2—3个来回的对话，能恰当运用日常用语，有个别语法错误，但不影响交际，能使用简单的交际策略（如重复、澄清、使用表情和手势），完成交际任务 ☆☆ 能比较流利地完成2—3个来回的对话，能基本正确地运用日常用语，有一些语法错误，但不影响交际 ☆ 能运用简单的日常用语，语法错误较多，但能基本完成交际任务
自主表达	讲故事，自我介绍，围绕话题或图片进行即兴表达	☆☆☆ 语言生动，语意连贯，内容丰富，有一定的想象力，有个别语法错误，但不影响意思表达 ☆☆ 语言比较生动，语意基本连贯，内容较丰富，有一些语法错误，但不影响意思表达 ☆ 语句单调，不够流利，语法错误较多，但基本达意

注：☆☆☆表示"好"，☆☆表示"较好"，☆表示"一般"。

表 8-4　小学英语"玩演视听"形成性评价方案

项目	内容	目的	评价标准	评价方式	注意事项
玩	游戏	激发学生学习英语的兴趣	☆☆☆积极参与，善于合作，应变能力强 ☆☆主动参与，能够合作，有一定的应变能力 ☆能参与，有一定的合作意识	小组评价、教师评价	游戏前应让学生明确规则及要求 玩游戏时，教师要有一定的调控能力，注意观察学生的情况，调动学生的积极性
演	诗歌	培养学生的语感和节奏感	☆☆☆语音、语调正确，节奏及韵律感强，熟练 ☆☆语音、语调较正确，节奏及韵律感较强，较熟练 ☆语音、语调基本正确，有一定的节奏及韵律感	学生自评、小组评价、教师评价	适时鼓励一部分学生在原有韵律的基础上变换词语
	歌曲	培养学生的兴趣及美感	☆☆☆语音、语调正确，吐字清晰，有感情，有乐感 ☆☆语音、语调较正确，吐字清晰，表情较好 ☆吐字基本清晰，有一定感情	学生自评、小组评价、教师评价	不应过分强调学生乐感的正确性 不应过分强调学生语音、语调的正确性

续表

项目	内容	目的	评价标准	评价方式	注意事项
视听	话题类表演	培养学生的语言运用能力和合作能力	☆☆☆能灵活运用材料，在虚拟的情境中进行真实的交流，语言流畅，有一定创造力和感染力 ☆☆能恰当地运用材料，在虚拟的情境中进行较真实的交流，语言较流畅 ☆能根据材料进行基本的交流	学生自评、小组评价、教师评价	要因人而异，客观地评价每位学生，帮助每位学生获得成功 不过分关注学生表演过程中所犯的语言性错误，放手让学生自由发挥
视听	观看英语动画片及英语教学节目	培养学生在特定环境中领悟、使用语言的能力，拓宽视野，获得乐趣和成就感	☆☆☆能简单复述所看内容 ☆☆能回答教师提出的问题 ☆能就教师提出的问题做出判断	学生自评、教师评价、家长评价	教师要注意引导学生养成良好的视听习惯，观看动画片时要注意倾听语言 家长在家与孩子共同观看电视节目，及时做出反馈，如记录观看的时间及认真的程度等

注：1. ☆☆☆表示"好"，☆☆表示"较好"，☆表示"一般"。

2. 评价中应尽量采用描述性的方式。

3. 小组评价指小组之间相互评价。

4. 学生自评指全班同学对表演者进行评价。

四、加强教学主阵地建设，明确课堂教学质量评价标准

课堂教学是中小学教学的基本组织形式，是实施新课程的基本途径，也是差异化教育的主阵地。课堂教学的质量不仅关系到课程改革的结果，而且在很大程度上决定着学校教育的水平，影响学生的发展。因此，建立适合新课程课堂教学的质量评价标准体系，根据学科特点制定各具特色的学科课堂教学评价标准，对提高课堂教学效果是十分必要的。

潍坊（上海）新纪元学校提出"345"高效课堂教学模式，要求教学要体现差异化、信息化和批判性思维三元素，达成知识结构、能力结构、智力结构和情感结构四维目标和贯彻导、学、议、练、悟教学五环节。在此基础上，我们明确规定了对于集体备课、教学目标叙写、教法设计、教学反思等课堂教学核心要素的评价要求和课堂教学质量评价标准。

（一）课堂教学核心要素的评价要求

1. 集体备课要落到实处

教学计划、课时教案、教学课件、学案等要经过教师集体的充分讨论，集思广益。集体备课要明确教学目标，深入研究学什么、怎么学以及考什么、怎么考，具体到每一道例题、每一道习题和每一道考题，以求精准教学。集体备课所形成的教案绝不是最终版，教师一定要根据班级、学生的差异进行二次备课，形成个性化教案。

2. 教学目标叙写要具体、准确、可量化、可测评

教学目标是教学活动的出发点和归宿，每节课让学生达到什么样的教学目标，这是老师在备课时首先要思考的。教学目标要依据课程标准、考试大纲、教材内容和课程类型等因素来确定，要体现对核心素养和关键能力的培养。

3. 要重视教法设计

教无定法，教师要根据学生的认知发展规律和差异化学情，灵活运用多种教学方法。教法设计要从导入环节入手，力求突出重点、突破难点、高效练习、达成目标。

4. 要展现教师的专业素养和施教能力

教师的教态要自然大方，要举止从容、仪表端庄，富有个人魅力；教学语言要准确、精练、生动、简洁，富有启发性；语调要抑扬顿挫，饱含激情，富有感染力和亲和力。教师要熟练运用网络信息技术和平板电脑，制作精美实用的课件。板书字迹应工整美观，板书设计要科学合理、条理清晰、富有美感。面对千变万化的教学过程，教师还要有教育智慧和因势利导的处理技巧。

5. 要真正落实学生的主体地位

教师在课堂上要相信学生，把时间还给学生。在导、学、议、练、悟教学五环节中，教师应充分调动学生在学、议、练、悟环节的积极性，依据差异化教学设计，由浅入深、由易到难、环环相扣地推进教学过程，让学生进行自主学习、合作学习和探究学习，培养学生的自主学习能力和探究能力，坚决杜绝"满堂灌"的现象。

6. 要落实差异化教学

从备课阶段起，对教学目标、教学内容、教学方法、教学要求等各环节教师都要充分考虑，针对不同层次的学生设计不同的教学方法；针对同一知识点要设计不同的问题，尤其在例题讲解、巩固练习等方面要做到有针对性。在面向全体学生时，教师应照顾个体差异，将因材施教的理念自然地融入导、学、议、练、悟教学五环节之中。

7. 要加强当堂训练和检测

教师在教学过程中要穿插达标练习，每节课至少留 5 分钟进行达标检测，检测要求学生限时独立完成，做到"当堂清"。

8. 要注重思维训练

教师要以知识学习和技能训练为载体，培养学生的逆向思维、发散思维、批判性思维、创新思维；要创设情景，引发问题，多问一些逆向性、发散性、质疑性、审辨性和开放性问题。

9. 要重视教学反思

每节课后，教师要反思自己本节课的成功之处和不足之处：教法上是否有创新，组织教学的方法是否得当，当堂训练是否充分，启发思考是否有效，教学目标是否达成，等等。教师还要记录在该堂课中学生的好思路、好方法等闪光点。

（二）课堂教学质量评价标准

我校课堂教学质量评价标准分成了四大方面，具体如表 8-5 所示。

表 8-5　课堂教学质量评价标准

项目		分值	评价内容	得分标准			
				优	良	中	差
教材处理	教学目标	5	教学目标全面	5	4	3	2
	重点、难点、关键点	2	重点、难点准确，关键点恰到好处	2	1.6	1.2	0.8
	教材分析处理	3	理解透彻，思路清晰，能正确分析、处理教材和知识点所处的位置及作用	3	2.4	1.8	1.2

续表

项目		分值	评价内容	得分标准			
				优	良	中	差
教学过程	导入艺术	5	注重引发学习兴趣和集中注意力，使学生尽快进入专注学习的状态	5	4	3	2
	过程设计	10	教学层次完整，设计科学，符合学生心理和认知规律	10	8	6	4
		10	教学调控得当，课堂始终处于教和学的动态平衡中	10	8	6	4
		5	重点突出，难点处理得当，关键点的处理恰到好处	5	4	3	2
教学思想体现及教学方法创新	教学目标的实现	3	各教学目标协同实现	3	2.4	1.8	1.2
		4	加强"双基"，培养智力和非智力心理品质	4	3.2	2.4	1.6
	学生主体意识	5	重视教会学生学习，遵循学生主体、教师主导的原则	5	4	3	2
		4	使全体学生积极主动地动手、动口、动脑，主动参与学习	4	3.2	2.4	1.6
	思维训练意识	5	重视专注力和批判性思维的培养，创新思维训练意识强，善于创设问题情境，激活学生思维	5	4	3	2
		4	注重引导自学，让学生自己体验概念的形成过程、结论的推导过程和解法的思考过程	4	3.2	2.4	1.6
	反馈矫正意识	5	教学反馈与矫正及时、充分，方法灵活多样，并根据反馈信息及时调整教学过程和方法	5	4	3	2

续表

项目		分值	评价内容	得分标准			
				优	良	中	差
教学思想体现及教学方法创新	情感意识	4	认知交流和情感交流并重，因材施教，使全体学生得到发展	4	3.2	2.4	1.6
		3	着重培养学生的学习兴趣、学习意志、学习习惯，开发非智力因素。	3	2.4	1.8	1.2
	创新意识	3	课堂教学具有民主和宽松的氛围，创新意识强	3	2.4	1.8	1.2
		3	学生勇于探索、勇于创新，敢于提出问题并解决新问题	3	2.4	1.8	1.2
		3	注重发展学生的个性，创新师生关系	3	2.4	1.8	1.2
	应用信息技术意识	3	善于选用学科数据库的资料	3	2.4	1.8	1.2
		4	能运用信息技术进行教学	4	3.2	2.4	1.6
	教学基本功	7	讲授正确，语言规范，板书工整，教态得体	7	5.6	4.2	2.8

五、重视教师的主导作用，明确教师评价标准

我校对教师的评价主要从教师专业精神、专业发展情况、教育教学实践能力、教育教学成果、满意度这五个维度来进行；重视学生和家长对教师的评价，以及对教育教学成果的标准性评价、发展性评价和相对性评价的总体考察。我们制定了教师评价标准，建立了常规听课评课制度和教师专业发展评价制度，促进课程教学质量和教师专业水平的不断提升。另外，我们还通过学生评教和家长评教等方式多角度地对教师进行评价。教师评价标准和学生评教表分别如表8-6、表8-7所示。

表 8-6　教师评价标准

一级标准	二级标准	自我评价	学科组评价	年级组评价	学部评价	合计
教师专业精神（15分）	教育教学理念					
	职业道德					
专业发展情况（30分）	课标、教材解读					
	课堂教学展示					
	中考/高考试题研究					
	信息技术运用					
	差异化教育研究					
	班主任工作					
	专业特长发展					
	评价能力					
教育教学实践能力（15分）	课程开发和实施					
	课题研究					
	课堂教学模式创新					
教育教学成果（30分）	标准性评价					
	发展性评价					
	相对性评价					
满意度（10分）	学生满意度					
	家长满意度					

表 8-7　学生评教

项目	情况		
	是	基本是	不是
任课教师是否工作认真负责，有很强的敬业精神，能严慈相济，既是良师又是益友？			
任课教师是否关心、尊重每一个学生，不歧视学生？			
任课教师是否做到言谈举止、穿着打扮大方、得体？			

续表

项目	情况		
	是	基本是	不是
任课教师是否认真上好每一节课，无迟到、早退、拖课现象？			
任课教师是否使用教具、课件和现代信息技术进行教学，课堂教学效率高？			
任课教师是否使用平板电脑进行课堂互动、课外阅读、复习材料推送？			
任课教师是否在上课过程中积极为学生提供讨论、质疑、探究、合作、交流的机会？			
任课教师是否经常深入学生、帮助学生、指导学生，并能根据不同学生的情况进行有效辅导？			
任课教师是否认真布置作业，及时批改并讲评作业情况？			
总体上您对任课教师是否满意？			

六、强化学生的主体地位，建设学生综合评估体系

对学生的综合素质进行评价是贯彻党的教育方针、全面落实立德树人要求的重要举措，是全面实施差异化教育、完善教学管理过程的重要环节。我校的学生综合评估体系遵循学生的身心发展规律和教育教学规律，突出重点，注重导向，将学生的品德发展、学业发展、身心发展、多元兴趣特长发展等方面作为评价的主要内容，以充分发挥评价的正确导向作用，促进差异化教育深入实施。

我校初高中学生差异化教育评价手册展示了我校对学生进行综合素质评价的具体办法，详见附录。

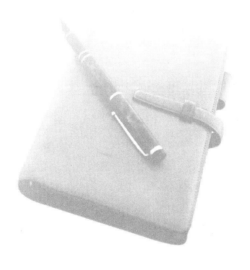

差异化教育效果

"

　　我校从小学到高中的每个学部都创办了道尔顿实验班，为学生提供选择、提供机会、提供支持舞台；以批判性思维为引领，以培育核心素养为目标，引导学生崇尚科学、崇尚真理，勇于创新实践、迎接挑战、发现探究、追求卓越；鼓励学生积极学习未来所需要的知识和技能，鼓励学生发展潜能，让优秀的学生更优秀。

一、希望之星更璀璨

（一）学生刘芳鸣的成长故事

我校学生刘芳鸣曾于高一和高二时在校报上发表了文章。这两篇文章展现了她在英语学科上的成长，集中体现了我校差异化教学的一些做法和取得的效果。在征得刘芳鸣同学的同意后，我将这两篇文章在下面进行展示。

我与新纪元的不解之缘

高一（2）班　刘芳鸣

我叫刘芳鸣，15岁，就读于潍坊（上海）新纪元学校高一（2）班。我从小就对英语有浓厚的兴趣，5岁起就参加各级各类的英语演讲比赛，也取得了一些小小的成绩。例如，我小学五年级时参加了中央电视台举办的"希望之星"英语风采大赛，获全国第二十三名；八年级暑假期间参加了"山东省青少年模拟联合国峰会"，获得最佳演讲奖；九年级时以潍坊市第一、山东省第二的成绩晋级"希望之星"全国赛，最后因为与中考时间冲突不得不遗憾地放弃了参赛机会。另外，受家庭的影响，我在4岁时就接触了英文读物，并逐渐能够流畅地诵读。从此，我心中有个愿望：我希望能有一个更大的平台，和更多的朋友一起研究西方文化，以实现自己做外交官的梦想。

中考临近，我对选择哪一所高中产生了一些纠结。潍坊一中原本是我的首选，那里可以说是潍坊学子最向往的高中了，也是高手云集、"学霸"争雄之地，我也相信自己凭实力能够考入潍坊一中，并可以找到"立足之地"。但是，我的英语特长会不会在书山题海中"泯然众人"了？我真的不甘心就这样放弃了自己的优势，于是家人带我参加了济南外国语学校的招生考试。就在等待、犹豫之时，周远生校长在听说我的英语特长后，邀请我去潍坊（上海）新纪元学校参观了解一下。抱着试试看的心态，我们一家来到了新纪元。一进校门，我就被具有欧式风格的建筑群吸引了，内心莫名地兴奋起来。接着，周校长和其他学校领导的详细介绍让我大为吃惊，甚至颠覆了我来之前听到的一些说法。我用自己的眼睛和耳朵对新纪元学校做出了评价：这里有尊重差异的先进教育理念，这里有在潍坊、全省甚至全国领先的师资队伍，这里有独家引进的 STEAM 课程，原来只在电视或杂志上看到的无人机和 3D 打印机在这里也早已经屡见不鲜。我真的被震撼了，从来没有见过一所学校会为一个或几个有兴趣、特长的学生投入如此巨大的人力、物力和财力，只为能给他们搭建一个实现梦想、绽放自我的舞台。这不正是我朝思暮想、苦苦寻找的学校吗？在当晚回家的路上我就在心里做出了最后的决定：我上高中就选新纪元！

暑假期间，我有幸参加了学校组织的夏令营活动，在这里我听到了学校特邀哈佛大学教授所做的精彩演讲，我更加坚定了选择新纪元的信念和决心。

9 月 1 日，开学了，我正式成为潍坊（上海）新纪元学校的高一新生。来到这里，我感受到了这里的领导、老师、同学对我的关注和关心。尤其是臧邦民老师，他既是我的班主任又是我的英语老师，无论在生活还是学习上都给予了我无微不至的关怀和指导；还要特别感谢学校的英语特级教师赵晓华老师，她了解到我的英语写作是薄弱环节后，给我布置了一份特别的作业——每天写一篇英语作文，而且无论多忙都会找时间给我批改讲评作文。我感受到了新纪元学校的老师对学生发自内心的爱与责任，我对自己英语水平的提高和全面发展更加自信了，而且我很快便适应了紧张的高中生活。

最近，新纪元高中部为了发展学生特长、展示学生风采、丰富学生生活，开展了学生组建社团的活动。播音主持、篮球、排球、美术、心理健康、文学天地、史海春秋等各具特色的社团纷纷以其独有的亮点吸引着同学们的目光。当我带着自豪向同学们宣传、推荐我的英语社团——"中西方经典研究"时，我知道我离梦想又近了一大步。而这一切都源于新纪元学校为我提供的机会，让梦想的阳光照进了现实，这让我怎能不心存感激？

在这短短的几个月里，我发现自己已经深深地爱上了这所远离市区却充满活力的学校。新纪元，一个尊重差异、发掘潜能的地方；新纪元，一个兼容并蓄、充满希望的地方；新纪元，一个超越自我、实现梦想的地方；新纪元，一个每天都有收获、每天都有惊喜的地方。我要和新纪元一起成长，跨入自己人生的新纪元。

展我风采，追我梦想

高二（2）班　刘芳鸣

一年半的时间对我来说仿佛是眨眼的瞬间，有时候我趴在桌子上休息，还能回想起刚踏入新纪元校门的自己，那时我是那么懵懂和无助，和现在的我判若两人。

英语，是我的最爱，也是我最擅长的科目。26个字母拼接组合，构成了戏剧、电影、哲学、历史，构成了这个世界的一部分。在新纪元学校学习的这段时间，在英语方面取得的成绩使我更加深入地了解这门语言，更加了解语言背后深藏的社会文化形态。

2017年是我人生中非常重要的一年，在这一年里我参加了我所了解到的所有中学生英语类竞赛并包揽了冠军，包括全国英语能力竞赛一等奖、中央电视台"希望之星"英语风采大赛全国总决赛特等奖、创新英语大赛全国一等奖。听力9分、阅读8.5分、口语8.0分、写作6.5分的雅思考试成绩使我获得了4所国际名校招生官的青睐，经过一番考虑，我最终选择了历史悠久的爱丁堡大学，现在正在新纪元老师（包括3名外教）的辅导下，准备着2018年3月在香港举行的SAT考试。

差异化教育理念犹如阳光照耀着每一个新纪元学生，学部的个性化培养使每一个学生都能够发挥自己的特长。也正得益于学校先进、开明的培养理念，我才能够充分发展自己的能力。英语是我的强项，但其他课程我也没有落下，在年级全体学生中我的综合成绩名列前茅，出色地完成了各门课程的学习。个性特长发展固然重要，可综合能力也必须提高。在将来的学习中，我要保持英语的优势和特长，弥补现有的不足，查漏补缺，力争每一门学科都能够达到我的最好水平，就像校训所说——做最好的自己。

除了日常学习外，在学部多元选修课程的基础上，我成立了自己的"中西方经典研究"社团，并负责模拟联合国社团的组织工作。通过组建社团、担任负责人，我深深体会到了作为一名领导者和决策者的不易。模拟联合国如同真正的政治博弈，能和如此优秀的同学们一起讨论是一件非常幸运的事，"芝兰之室"大抵便是如此吧。新纪元学校提供的发展方向如此多元，且在保证个性化发展的同时兼顾学生综合能力的提高，这是十分不易且十分珍贵的。

一花一世界，一叶一菩提。美好的高中生活弹指间已经过去了一半。高中部有219名老师，我有幸跟随其中的一些老师学习，也有一些老师的课程我至今没有机会参加，但我相信每一位老师都有着教育者的博大胸怀。我个人取得的成绩便是新纪元学校差异化教育理念和"常规教学、多元发展"双主线教学模式的有力证明。非常幸运，我获得了一个提高自己、展示自己的舞台，让我能够触及梦想、展现风采。我愿长怀一颗赤子之心，在追梦的道路上不断前行，新纪元学校如同一盏明灯照亮我前进的道路，为我未来的人生发展奠定坚实的基础。

有人可能会对差异化教育产生误解，认为差异化教育主要面向学习有困难的学生。其实，学生某一学科成绩不达标是差异，学生某一学科的能力超群也是差异，还有心理行为倾向上的差异，等等。对所有这些差异，我们都要尊重、都要关注，开发学生潜能，为学生提供发展机会。但从学校的实际状况来看，补差容易培优难，难就难在师资和机制上。我们学校利用强有力的师资力量组建导师团队，从小学到高中的每个学部都创办了道尔顿实验班，为学生提供选择、提供机会、提供支持舞台；以批判性思维为引领，以培育核心素养为目标，引导学生崇尚科学、崇尚真理，勇于创新实践、迎接挑战、发现探究、追求卓越，鼓励学生积极学习未来所需要的知识和技能，鼓励学生发展潜能，让优秀的学生更优秀。

如刘芳鸣同学自己所写的那样，学校提供发展平台，安排优秀教师对她进行超前指导，并做好跟进和反馈。

在2015年新高一开学前，我校组织了一次夏令营，初入校的学生和老师一起参与活动，让学生在互动过程中熟悉彼此，师生在活动中相互了解，使来自各地的学生很快融入学校集体生活。在结营典礼上，刘芳鸣同学参与了从节目彩排到表演的全过程，她还主动担任主持人。在高一军训闭幕式上，刘芳鸣同学代表高一全体学生发言。她表示军训锻炼让她懂得了集体荣誉的重要性，明白了同伴协作的意义，更懂得了坚强的意志和不屈不挠的精神的可贵。

2017年5月山东省创新教育节在我校举办，学校领导和导师团精心指导各个社团的活动，刘芳鸣也在辩论、话剧、模拟联合国等活动中提升了策划和辩论的能力。当哈佛大学教授到校访问时，学校特意安排她担任翻译，她出色的表现赢得了哈佛教授的称赞。刘芳鸣的爸爸说："刘芳鸣到新纪元学校后实现了华丽转身，各方面的能力快速增长。"

在"希望之星"英语风采大赛省级比赛时，学校安排专车、专业老师护送、陪伴参赛学生。比赛前，刘芳鸣同学出现身体不适，魏杰老师悉心照料，学部领导打电话慰问关心，刘芳鸣同学身体恢复后立即调整到最好状态，最终获得省级比赛第二名。在接下来的全国比赛中，学校组建了由分管校长、英语特级教师赵晓华及学校外教等人组成的导师团队，悉心打造参赛方案，使她在强手如林的全国赛场上发挥出惊人的潜力，最终在总决赛上一路领先，勇拔头筹。导师团队全程陪伴刘芳鸣同学，帮助她调整情绪、准备稿件、训练台风，最终赢得大奖。

图9-1　刘芳鸣获得"希望之星"英语风采大赛全国总决赛获得特等奖、全国创新英语大赛冠军

在新纪元，学生不再被局限于应试，而有各种各样施展自己才华、展示自己个性、发展自己潜能的机会，老师会为每个学生的成长制定最适合他们的发展规划。

（二）国标课程领域获奖情况

潍坊（上海）新纪元学校建校以来在优秀学生培养方面取得了丰硕成果，仅在国标课程领域就获得很多奖项，现择取部分获奖情况列举如下。

在2017年山东省高中数学竞赛中，我校获得一等奖11名，二等奖15名，三等奖15名。九年级学生13岁的李昌瀚在2017年度全国中学生数学联赛中荣获初中组二等奖。

在2016年山东省高中数学竞赛中，我校学生22人获奖。一等奖4名：游建盟、李铭泽、苏程程、赵文婧。二等奖9名：孙逊、陈嘉琦、边勇、路融堃、刘继振、魏树祥、巨易达、韩义明、方士弘。三等奖 9 名：李兆祥、胡艺凡、王宗亮、谭效东、王玉洁、吴明昊、张真瑜、韩金笑、郎凯鹏。

在 2015 年山东省高中数学竞赛中，我校高中部路融塑、李铭泽同学获一等奖；刘继振、游建盟同学获二等奖；潘淑娟、徐东同学获三等奖。

在 2017 年度全国高中应用物理竞赛中，赵珂钰、陈小雨、边勇、高子涵、姚嘉辉 5 名学生获得二等奖或三等奖。

在 2017 年第 16 届全国创新英语大赛上，学校高中部有 7 名同学取得优异成绩，刘芳鸣同学荣获冠军、全国一等奖和最佳人气奖；杨舒文同学获全国三等奖；于志铭同学获华北赛区一等奖；丁雪妍同学获华北赛区二等奖；戴春艳同学获华北赛区二等奖；张凯旋、尹思源同学获华北赛区三等奖。

在 2017 年第十二届全国中小学生创新作文大赛中，崔娇龙、李钰滢、刘浩洋、郭昕 4 名同学获得一等奖。在第十九届"语文报杯"全国中学生作文大赛中，杨闻天同学获得全国一等奖，张煊珲、赵锦滢获得省一等奖。

2016 年"希望之星"英语风采大赛山东赛区总决赛中，我校小学部获团体一等奖，六年级孟翔同学获个人一等奖，高中部李铭泽、赵文婧同学获二等奖，另有 14 名同学获得三等奖。

在 2016 年全国中学生英语能力竞赛中，我校 5 名同学获全国一等奖，17 名同学获全国二等奖，11 名同学获全国三等奖。

在 2015 年全国中学生英语能力竞赛中，高中部赵文婧、苏程程同学获全国一等奖，6 名同学获全国二等奖，9 名同学获全国三等奖。

二、STEAM 课程让创新的种子在学生心中萌发

在我们学校里，有一名高二学生仿照硕士毕业论文的样式写出了一篇论文——《多旋翼飞行器控制技术研究》，整整齐齐近百页，格式也较为规范。这名学生就是我们学校无人机小专家刘哲宁。

谁能想到，这个刘哲宁在升高中时差点没学上。他偏科非常严重，中考时物理满分，但历史、政治全部是 E，也就是全市考生中最差的 15%，成绩基本不及格，

总成绩根本不到高中录取分数线。

我们学校把刘哲宁录进来，当时我跟他说："咱们学校尊重学生差异，鼓励学生创新，玩无人机可以，但要玩出层次来，玩出水平来。"

学校专门为刘哲宁提供了 80 平方米的无人机工作室，及时开发出了无人机课程和教材，组建了导师团指导他学习，还聘请了郑维明博士作为学校的科技创新教育客座教授，针对无人机社团在技术层面的不足给予指导。

郑维明博士曾是西门子公司的高级工程师，曾参与我国第一艘航空母舰"辽宁号"的设计，也参与了我国大飞机、高铁的研发工作，是行业内知名度很高的一位专家。

刘哲宁在导师们的指点下，边学边做，很快就有了成效。在 2016 年第 31 届山东省青少年科技创新大赛中，他自行研发的基于超声波的多旋翼无人机自动避障系统，以创新性突出、科技含量高的特征赢得了评委的高度评价，获得了一等奖。他自主研发的滚动滤波算法使他成为全球首个将超声波实际应用于无人机自动避障的开发者。他研发自动避障系统可以使无人机可在 4 个方向上自动避障，飞行速度可达 16 米/秒，固定翼续航时间可达 5 小时以上，多旋翼续航时间可达 2 小时。

潍坊（上海）新纪元学校建校以来，从未来社会对人才的需求出发，深刻探讨教育对人的意义与价值，认识到教育是唤醒——唤醒学生的主体意识；教育是发现——发现学生优势智能和关键潜力；教育是引导——引导学生探寻知识架构和事物发展规律；教育是创新意识的激发——激发学生生成实践创新能力，教育者必须有强烈的创新意识和创新行动。

我们学校引进了 STEAM 课程，创建了国际创新教育中心，包括机器人工作室、3D 打印工作室、无人机工作室、航模工作室、火箭工作室等 14 个创新工作室。学校以培养学生的创新精神和创新能力为导向，以发掘学生的创新潜能、激起学生的主体意识、促进学生的个性发展为目标，鼓励学生探索新知识、新事物和新方法，掌握其中蕴含的基本规律和特征，并获得相应的创新能力，为其日后成为创造性人才奠定基础。

STEAM 课程的实施为学校更广泛地开展创新教育营造了良好的氛围，为学生开辟了科技创新、技术创新的新天地，使更多学生像刘哲宁同学一样热爱科技创新。继刘哲宁获奖后，我校一大批学生又相继在国家级和省级的航模、车模、机器人等大赛中获奖，学生的创新意识明显增强，创新创造像种子深深地植入了学生心田。

以下是我校学生在创新教育领域获得的部分奖项。

刘哲宁获得第三十一届、第三十二届山东省青少年科技创新大赛一等奖。冯泊然、李琦获得第三十二届山东省青少年科技创新大赛二等奖。

2014年以来，刘哲宁、张校瑜、刘鲁娜、孙志龙等同学共获得128个实用新型专利证书。

在2018世界机器人大赛总决赛——RoboCom全球锦标赛中，我校共获得4个冠军、6个亚军，夺得8枚金牌、4枚银牌、4枚铜牌共16枚奖牌，并获得最佳程序设计奖、最佳团队奖、最佳指导老师奖和最佳组织单位奖。

在2017全国青少年信息学奥林匹克竞赛中，我校宋昱军、马学豪获得全国一等奖，左一涛、胡顺然获全国二等奖；邱江坤获山东赛区一等奖，单佳波、聂成海获山东赛区二等奖，李佳俊获山东赛区三等奖。

在2017世界机器人大赛——RoboCom国际公开赛中，由我校高中部聂成海、单佳波、王辰昊、张校瑜组成的新纪元一队勇夺智造大挑战赛项冠军，由高中部方士弘、刘哲宁、孟令麒和初中部刘佳轩组成的新纪元二队获智造大挑战赛项亚军。

2017年我校学生刘哲宁、宋昱君、高辰纬、孟祥哲、张佳琳在亚太机器人世界杯SuperTeam联赛中与深圳队伍ZhuGuang Inventor联手获得冠军，并在Cospace物流项目赛事中获亚军。

在2017年首届山东省青少年创客大赛中，潍坊（上海）新纪元学校师生共获得67张荣誉证书。在攻城大比拼、资源保卫战、创客足球赛等7个比赛项目中共有7名同学获得一等奖，9名同学获得二等奖，17名同学获得三等奖，另外还获得11个优胜团队奖，学校被评为"优秀组织单位"。

在2017第三届全国青少年智能汽车竞赛山东赛区比赛中，安冠恺、孙铭轩两人获得二等奖，8人获得三等奖。

我校学生王杰宏在2017山东省青少年航空航天模型锦标赛中获得一等奖。

我校学生赵子琦获第九届山东省少年儿童发明奖银奖。

在2017年山东省大学生智能技术应用设计大赛中，我校6人获得一等奖，2人获得二等奖，4人获得三等奖，学校获优秀组织奖。

在2017年全国基础知识与创新能力大赛山东省复赛中，我校取得省一等奖的有

8 人，省二等奖 5 人，省三等奖 3 人。

在 2016 全国纸飞机嘉年华暨"放飞梦想"全国青少年纸飞机通讯赛总决赛中，我校初中部航模社团的秦浩玮、崔志博、孙学森三人在电动鸽目标赛中获全国一等奖；在电动纸飞机项目中刘峥、徐一丁两人获全国一等奖，王皓森获全国二等奖，李培川、王永航获全国三等奖；在悬浮纸飞机项目中刘峥、谭云浩获全国三等奖；在飞翼三角绕标项目中徐一丁、崔志博获全国三等奖。

三、璞石琢磨终成玉

2018 年 7 月 15 日，从潍坊市招生办传来消息：在今年海军飞行学员招录中，我们潍坊（上海）新纪元学校的路融塑同学被录取为中国人民解放军海军飞行学员，即将进入海军航空大学学习，这是潍坊市滨海区海军招飞史上零的突破。

海军招飞包括身体素质、心理品质、政治考核、高考成绩四方面的选拔，实行层层筛选淘汰、综合择优录取的制度。其中，就身体素质方面而言，外科、眼科、耳鼻喉科、内科、心电图、B 超……100 多个体检项目的检查都极其严格，只要有一项指标不合格便被淘汰。考生经过初选、复选、政审、高考成绩达标和录取前全面复查，最后全区仅路融塑一人被录取。

海军航空大学每年在全国招收数量有限的高三毕业生，要求身体条件优异、学习成绩优秀，其录取条件极为苛刻，名列国内最难考入的大学榜单，难度甚至超过了清华北大。

路融塑同学是潍坊（上海）新纪元学校 2018 届高三毕业生，当年他的入学成绩并不理想，中考成绩在潍坊市排在 2 万名以后，语文是他的严重弱科。他能成功考取海军航空大学，受益于学校的差异化教育，受益于老师的引导和激励。

学部老师针对其语文弱科制订了专门的复习计划，语文老师武静担任路融塑的导师，武老师每天抽出一节课的时间为其补习，专门编制学习材料，经常利用自己的休息时间为路融塑辅导，在师生共同努力下，最终路融塑在高考时的语文成绩相当理想。作为滨海区第一个飞行学员，路融塑实现了从一个存在弱科的学习困难学生到优秀学生的跨越，创造了差异化教育的奇迹。

学生李铭泽是 2014 级高一学生。当年他原本在一所重点高中就读，但被那种填鸭式教育压得喘不过气来，学习成绩迅速下滑，开明的家长果断选择放弃重点中学，转入我们潍坊（上海）新纪元学校。2017 年高考时，李铭泽以中南大学自主招生全国第二名的优异成绩被中南大学录取。

2018 年高考前，李铭泽给母校的老师和学弟学妹写了一封信，抒发了其三年高中学习生活的感想。

尊敬的老师、亲爱的学弟学妹：

在我看来，从没有一所学校像新纪元一样，真正做到让学生全面发展，把素质教育、特长培养落到实处；从没有一所学校像新纪元一样，将大量资金投入批判性思维培养、STEAM 课程等现代化教育实践；从没有一所学校像新纪元一样，使每一个在这里上学的学生都可以得到真正的锻炼和成长。我就是新纪元的一名学生。

一所学校的育人质量是由它的教育初衷决定的，一所学校的教育视野和教育理念是可以浸入学生骨子里的，也直接影响学生进入大学后的眼界——进入大学后的我对此深信不疑。

回首高中三年，这三年中我经历了很多很多，从一个懵懂青涩的孩子逐步走向成熟。我经常参加辩论赛、模联等各种活动，丰富的课余生活使我的领导力和组织能力渐渐增强。

我常常称新纪元的老师是"奶妈式"老师，也正是因为他们的辛勤付出，我们的成绩才能稳步上升。在老师的谆谆教导和培养下，我在数学奥林匹克竞赛、新概念作文大赛等竞赛中获得了很好的名次，这让我在激动的同时，对新纪元的老师们产生了更深的敬意。在课余时间，我努力培养各种爱好，从钢琴到书法，从阅读到写作，我甚至还创作了一部小说。如此丰富的课余生活让我得到了很多学习以外的东西，收获了很多经验和快乐。

我很庆幸自己当时从其他学校转入新纪元，脱离了那种灰暗压抑的高中生活，并在新纪元收获满满的快乐和回忆。在新纪元，虽然也有忙碌的课业，但更重要的是我学会了独立，得到了成长，认识了一群好朋友，经历了一段永生难忘的青春岁月。这所学校给予我的机会让我受益一生。

这是个素质教育蓬勃发展的时代。我曾见证了新纪元从一片黄沙到如今绿满枝丫，也将坚定并满怀希望地期盼它未来绿树成荫。一方水土一方人，一座学校一种希望，愿潍坊（上海）新纪元学校在海滨沃土上成长为参天大树。

此致

敬礼

学生：李铭泽

2018 年 6 月 1 日

四、让早慧少年绽放绚丽光彩

有一个孩子，到 2018 年暑假时还不足 14 岁（也就是大多数八年级学生的年龄），却在潍坊（上海）新纪元学校高一年级学习。他在初中阶段已开始学习高中课程，且各科成绩优异。他参加了 2017 年全国初中数学联赛，获得国家二等奖；参加了 2017 年山东省高中数学竞赛，获得了一等奖；在 2017 年潍坊市中考中，他在语文、数学、英语、政治、物理、化学、历史、地理等全部 12 个科目的考试中都取得了 A（在所有考生中排前 15％ 为 A），考入新纪元学校高中部，并在高中继续保持优秀水平。这位早慧少年名叫李昌瀚，新纪元学校的很多老师都为他的成长倾注了心血和汗水。在学校差异化教育研讨会上，授课教师们针对李昌瀚的教育和成长进行了发言，摘录如下。

嵇伟伟（李昌瀚的初中班主任、数学老师）

2016 年 9 月 1 日，一个个子不高、有点腼腆的小男孩来到我眼前。我一看他稚嫩的脸庞，就知道他还是一个处在充满童真童趣阶段的少年，经过与家长交流，才知道他只有 12 岁，名字叫李昌瀚。

李昌瀚同学有点顽皮，还没有摆脱孩子气，他和郝诗琳同桌，总偷偷地把郝诗琳的书、铅笔盒等藏起来，让郝诗琳去找，惹得郝诗琳找我，说不想和这个调皮的小男孩同桌了。我和她解释说，一个只有 12 岁的小男孩和你开个玩笑，不要计较太多。经过和李昌瀚的简单沟通，他们同桌之间后来相处得非常愉快。

李昌瀚的学习是专注的。他在课堂上喜欢独立思考问题，习惯一只手一边不停地卷着自己的几根头发，一边思考问题，数学难题他可以用高中的知识来解决。我在讲完一道数学题后喜欢问一下他的思路，他能条理清晰地讲给其他同学听，总能得到同学们的热烈掌声。

学校开设了道尔顿物理和数学实验班，安排特级老师上课，李昌瀚总积极参加。李昌瀚的发展离不开学校的支持，学校专门请高中部的特级教师程献伟老师给李昌瀚辅导物理，希望李昌瀚能走得更远。

李国春（初中部体育教师）

在我的印象中，最初接触李昌瀚是在第一次体育课点名的时候，当点到他时无人答到，我很生气，过了一会儿，一个个头不高、黑黑瘦瘦的小男孩轻轻地应了一声。同学们都说他是学霸，那时我才认识了这个小男孩。

时间久了，课上得多了，我也慢慢地了解了这个小男孩。李昌瀚初三那年仅仅是小学六年级学生的年龄，不能给他安排九年级学生的训练项目，每次我都单独给他安排训炼项目。他不太爱说话，安排什么就练习什么，从不找任何理由。

高伟（语文特级教师，李昌瀚的语文老师）

李昌瀚有 1.55 米左右高，大大的眼睛透着聪明与狡猾，每次见了老师都深深鞠躬并说"老师好"，像一个五六年级的学生。

"高老师好，昌瀚语文不好，麻烦您多操心。"在食堂吃饭时，昌瀚的妈妈总有意来到我身边，说这些话。

九年级的李昌瀚，语文成绩的确不好，最好成绩是个 C。经过一年的努力，中考成绩很好，考了 A。

我上课有个环节，即留出时间要学生提出问题，这时恰恰是夯实难点、解决易错点、激发思维最关键的时候。我认为能提出问题的学生是思维活跃的学生，而语文学科的重要素养是较好的思维能力。李昌瀚能不断追问一些问题，总能给课堂带来生机、活力和精彩。如上完《我的叔叔于勒》，他提出："不可同情于勒，他有了钱就糟蹋钱，最后流落海边，是自食其果。"再如，学完《天上的街市》，他问："老师，您总说作文要真实，郭沫若在诗歌中将联想和想象运用得非常成功，那么在写作中应怎样正确运用真实与联想、想象？"

对于较难的选择题，其他同学往往从一个方面得出答案，而李昌瀚总是从两三个方面进行思考、质疑、梳理，得出正确解答。阅读理解题的解答是他的长项，因为他分析问题、概括问题的能力较强，这类题目他往往得分高。

他的字不太好，没有力量。我要求他每周临摹 300 字左右的正楷字帖。作文是他的短板，虽然他的逻辑思维能力强，但想象力不足。他的作文立意新、不按套路，语言也比较凝练，但缺少张力，欠生动，所以我建议他多看一些高层次的读物。

李昌瀚上课总歪着小脑袋，带着小眼镜，听讲非常认真，很少开小差；稍稍游离课堂，老师一提醒，他便马上羞红了脸，又认真听讲了。他的自控力较强，很少受外界环境的影响，思考问题特别专心致志，心无旁骛。这是学习者最好的品质。

耿来娟（李昌瀚的高中班主任）

之前早就了解到李昌瀚是一个只有 13 岁的学生，而他却以全 A 的成绩考上了我们高中。开学之前我就琢磨，这个孩子会不会在我的班级呢？后来，等我拿到班级学生名单的时候，发现他真在我的班级！当时我心里就想：这个孩子我一定要好好培养。

随着一声清脆的"老师好"，加上一个深深的鞠躬，"小神童"来到了我的面前，正式开启了我们的师生生活。

报到之后就是安排座位、安排宿舍、发放学习和生活用品，学生们接着就进入了严肃紧张的军训生活，系列化、快节奏的高中生活并没有使这个"小可爱"手忙脚乱，相反，他处理得游刃有余，这使我这个班主任大大地松了一口气。

第一天的军训，骄阳似火，老天爷在考验所有孩子的耐受力。我担心李昌瀚因年龄小、身子骨弱而经受不住，经常和他说如果坚持不下来就和教官说一声，也嘱咐教官多关照一下。让人没想到的是，这个孩子从不言苦，7 天的军训没有一次喊累。

在我的地理课上，他总能跟上我的节奏认真听课，从他上课时的眼神中，我看到了他对知识的渴望。每讲完几个知识点，他都会接着提出一些相关的问题，他的思维很发散、很开阔，有时候提的问题也很尖锐，使得老师不得不认真思考来找到更好的解答方法，这就是我们平常所说的教学相长吧。

　　给这样的孩子上课其实是一种享受，是一种沉浸在学术讨论中的幸福，能在专业领域碰撞出火花。另外，李昌瀚还参加了许多竞赛项目，如物理、化学、英语等科目的，成绩很好。而且每次出去参加竞赛，除了给我们带来惊喜之外，他还能在短时间内把落下的课程补回来，从来不让老师操心。

　　最后，作为班主任，感谢学校领导对我的信任，让李昌瀚同学做我的学生，感谢老师和同学们对李昌瀚同学的所有帮助，感恩一切。我也怀着深深的祝福，祝福李昌瀚健康快乐、无忧无虑地成长，祝福孩子的明天会更加美好。

　　崔成鹏（李昌瀚的高中语文老师）

　　班主任老师说有一位小同学，中考成绩很好，学习刻苦，是个好苗子。

　　李昌瀚理科思维非常出色，但语文偏科严重。了解发现，昌瀚毕竟年纪尚小，读的书籍有限，过往大部分时间和精力都放在理科学习上，难免会出现学科发展不平衡。这一点他自己也有体会。

　　说他理智，是因为他能够看到自己的不足，及时补齐短板；即使对不感兴趣的学科，也会端正态度，认真对待。课上课下总能看见他在读书，有文学名著、教材详解等，这对其他同学来说也有榜样作用。

　　在十几年的教师生涯中，我也曾遇到多个这样的学生。正是他们的优秀，促使着我谨慎前行。更何况所有同学都很优秀呢？正是有了他们的存在，我时刻要考虑教学、教法、课堂、效率，唯恐失了教师的本分，误了学生的前程。也正是有像昌瀚这样优秀的学生，让我坚定了提升语文学习兴趣并非难事的信念。

　　弟子不必不如师，师不必贤于弟子。在不久的将来，他定会超越我，超越他的每一位老师。这是他眼睛里的理智告诉我的，我坚信这一天不会很远。

　　衣同福（李昌瀚的高中英语老师）

　　还没有见到李昌瀚本人，我就早已听说他的传闻了。高一新生报到后第一次给他上课，我才算真正见到了李昌瀚本人。他给人的印象是谦虚、低调，对人很有礼貌。例如，问老师问题时先举手示意，然后很温柔地问："老师，这个单词volunteer，除了名词用法，还有动词或形容词用法吗？"老师回答完毕后，他会说"谢谢老师"。

　　说到勤学好问，这表现为他对每一个有疑惑的地方都不会放过。有一次我讲评一份英语单元测试题，其中有一个阅读题需要根据文章原文做出合乎逻辑的推理，就这道题我们两个讨论了足足有20分钟。对于每一个问题李昌瀚都要问个水落石出才肯罢休，他总要理解每一个细节，有一种打破砂锅问到底的精神。

上次月考，作文阅卷老师只给了他12分，这对他的打击很大。他自认为内容写得很到位，为什么分数如此低呢？同学一般都在16分左右。他找到我分析试卷，我告诉他真正的原因在于卷面书写：字母排列不够整齐，大小写不清楚，有涂改，段落排列有些乱。我指出，如果他能够按照字帖认真练习，改进我指出的不足，肯定会有进步。李昌瀚回去之后，自己定了目标，每天练习15分钟的英语字母书写，坚持了半个月。最近的期中考试中，他的作文得了22分，书写认真清楚，字迹工整漂亮，被我投影做示范。在学校组织的书法比赛中，他也取得了优胜奖。

张变霞（李昌瀚的高中化学老师）

李昌瀚同学给我的印象可以用5个词概括：善思、质疑、严谨、礼貌、善良。尽管他年龄不大，但集优秀品质于一身。

在学习方面，不管在课上还是课后，他总追着老师问一些与课上内容相关或深度思考后的问题，前后知识联系应用，理解非常深刻到位。他的求知欲极强，哪怕只是个反应条件都要问得一清二楚，我想正是这样的学习习惯成就了他的优秀成绩。在品行方面，昌瀚是个非常善良、有礼貌的孩子，在楼道遇到老师的远远地就向老师鞠躬问好。有时候他在上课时看不清黑板，就走到老师前面，不坐椅子，而是悄悄蹲到讲桌下面，静静地听讲做笔记。我问他为什么这样做，他说他担心挡住同学们的视线，多善良的孩子啊！同学们也很爱护这个小弟弟，纷纷出谋献策，很圆满地解决了这个问题。为昌瀚和可爱的同学们点赞！能给这么一群充满智慧与爱心的孩子上课真是一种幸福。

田新春（李昌瀚的初中物理老师）

2016年8月底，学校安排我教九年级物理。走进教室，同学们很安静，都提前拿出了物理课本。我环视了一下整个教室，有一个空的位置。我用手指着空位，询问了一下旁边的一个女同学："那是谁？怎么没来？"那个女同学说："那是李昌瀚，他数学、物理课不来上，高中老师教他。"

第二个学期的4月，一模考试刚过，班主任嵇老师和我说李昌瀚要来班里上数学、物理课了。他确实该来上了，虽然他单独学习，学得比其他同学要快、要深，但有些知识的细节他掌握得不好，很难在中考中取得很好的成绩。

终于在教室里见到李昌瀚了。李昌瀚在班里听课很认真，做题很快，虽然不经常问问题，但问的问题都很有深度，他对问题的见解也很独特。没过多久，我们在班里组织了一次物理测验，结果出乎大家的意料，李昌瀚的成绩并不突出。我和班主任嵇老师交流了一下看法，觉得应该是因为他刚开始跟班学习，对一些习题还不太适应，过一段时间应该就没问题了。又过了一段时间，我们进行了第二次模拟考试，和我们预料的一样，这次李昌瀚的成绩已经是年级前几名了。

六月份的中考，李昌瀚不负众望，不仅物理，其他各科也都取得了A。

在近20年的教学生涯中，李昌瀚是我所教过的年龄最小的九年级学生，也是最优秀的学生。

黄娅丽（李昌瀚的初中历史老师）

初次在班里见到李昌瀚，感觉他年龄小，个子也小，骨架还未长开，尤其是坐在一群十四五岁的学生中显得格外小。他思考时总不自觉地做些小动作，比如用手指卷自己的头发、咬笔帽等，那时我就想，这完全是个小孩子嘛。

九年级上学期他要准备西安交大的少年班考试，有专门的高中老师教他数理化，所以很少在历史课上见到他，倒是时时都能听到他的成绩：数学竞赛获全国二等奖，物理竞赛又获奖了……直到九年级下学期，他的父母决定让他按部就班地参加中考，上新纪元的高中，我这才经常在班里看见他。同时我作为他的任课老师也多了一个任务，就是让这个数理化是高中水平但政史等文科是小学水平的偏才考个A。

刚接到这样的任务时，说实话，我是没多少信心的。因为这个孩子直接从小学六年级跳级到九年级，别人已学了三年的历史，而他几乎没学，想让他中考历史考A，就要在3个月的时间内让他学会别人3年所学的历史，而且我们也知道他对文科不感兴趣，所以这几乎是不可能完成的任务。但当时我们都忽略了一点：这个小孩子能在理科方面达到高中水平并不只是靠天赋，还有惊人的毅力和良好的学习习惯。

在教了他几节历史课之后，我发现他并不是对历史不感兴趣，只是不喜欢一个人看满是文字的枯燥的书。只要课堂气氛活跃，他很容易接受这门学科。每当我将学生熟悉的网络用语和段子改编一下，将其穿插在课堂中调动气氛时，他总笑得很开心，也愿意积极回答问题。后来他妈妈给我发微信，说李昌瀚回家告诉她自己很喜欢上历史课，也愿意学历史了。当时我觉得这就是对老师最大的肯定，不管他能不能考 A，所有的付出都值了。

有人说兴趣是最好的老师，这句话说的一点都没错，自从李昌瀚对历史感兴趣后，哪怕是枯燥的背诵他都能欣然接受，而且他自己也知道文科是他的短板，所以他比同班的学生更加努力，别人记一遍，他记 3 遍甚至 5 遍、10 遍，别人下课玩的时候，他就一个人抱着书默默背诵。后来我教他画思维导图，让他用逻辑思维去记历史，他自己也会举一反三，运用逻辑思维答题，所以他的试题答案比其他学生更有条理。

他的这种执着在当时也感染了班里的其他学生：一个 12 岁的小孩子都能如此认真，自己还有什么理由懈怠？还有什么理由不努力？这大概是李昌瀚自己也没想到的影响力。经过 3 个月的努力和拼搏，李昌瀚的历史等级从最开始的 C 上升到 B，最终中考如愿考到了 A。

中考之后他的母亲发微信感谢我对李昌瀚的教导，但我觉得，我更应该谢谢李昌瀚。我只是教会了他学习历史，而他让我懂得在这个世界上没有什么不可能，只要执着努力、辛勤付出，奇迹就在眼前的道理。

五、多元发展绘制精彩画卷

潍坊（上海）新纪元学校诊断分析学生的多元智能，尽心尽力发展学生的优势智能，为学生提供脱颖而出的契机与平台，让其在不同的层面、以不同的形式展现多姿多彩的优势智能，体验"天高任鸟飞，海阔凭鱼跃"的成长快乐和把梦想变为现实的美妙。

我们学校一名理科生王子豪，酷爱写小说，创作了一部 300 多万字的网络小说《泪殇》。2015 年，学校帮助王子豪建立了"莫铭创力文学工作室"，创办了《阅读悦心》《零域》两份文学杂志。他在 2016 年 3 月创办了校园社团"零创文化"，现已有校内成员 20 余人、校外成员 30 余人，也有北京大学、同济大学等名牌大学的学生加盟，成为他的作者，创作和出版活动开展得有声有色。

如果说刘哲宁与王子豪同学分别在无人机研发和小说创作领域中异军突起、绽放出耀眼的智慧光芒的话，那么路融堃、李铭泽、赵文婧等同学则在其他多元发展领域绽放出卓尔不群的精彩，实现了认识自己、开发潜能、追求卓越的跨越，校园展现出群星灿烂的喜人景象。下面是我校学生在多元发展方面的部分获奖情况。

在 2017 年全国优秀特长生艺术节全国总决赛中，我校学生陈芃妍、陈泽娅、杜文晨、王艺瑾获得金奖。

在 2017 年第八届"情感中国"青少年文化艺术盛典暨全国校园特长生艺术展演活动中，我校学生安美颖、王艺瑾获得山东选区金奖，刘先超获得山东选区银奖。

在第十一届国际未来商业领袖峰会上，我校高中部李晶晶、刘惜玉、王俊杰、肖富琳、李佳傲、宋芃含、时浩轩获得最佳团队奖、年度最佳产品经理、年度最佳投资经理、年度最佳销售经理等奖项。周善凯获得第十三届国际未来商业领袖峰会成就证明。

在第六届山东省校园学生才艺展示大赛中，我校学生安美颖、冯静怡、李欣然、王天骄、刘萌雨、张苗苗获得一等奖。

在"星光中国"第五届全国优秀特长生艺术节暨山东省首届青少年才艺大赛中，我校学生安美颖、王艺瑾、张浩迪获得金奖。

在 2016 全球青年模拟联合国大会上，我校高中部阚昕彤、赵文婧、崔娇龙等人获得最佳组织奖、最佳立场文件奖、最佳荣誉提名奖三项大奖。

在 2016 山东省艺术考级青少年书画比赛中，我校学生李昊宸、王国力获得一等奖。

在中华童星第 14 届全国青少年艺术人才选拔活动中，我校学生陈佳然、韩林芮、郎贤峰、李珈瑶获得一等奖。

在 2016 年第 23 届国际少儿书画大赛中，我校学生宋梓瑞获得银奖。

在 2016 年"青春风采"中国下一代艺术人才展示活动中，我校学生陈芃妍、杨博翔获得金奖。

六、差异化教育落地生根

　　潍坊（上海）新纪元学校自创办以来，差异化教育理念已融入师生的教与学行为，"做最好的自己"的校训深入人心。学生不仅在国标课程竞赛、创新创意大赛和各种特长大赛中频频获奖，也在高考中取得不俗的成绩，赢得家长和社会的广泛赞誉。2017年我校首届学生参加高考，有198名同学参加，本科上线108人，上线率为55％，而当年教育主管部门给我校下达的高考上线指标仅为3人；2018年我校有663人参加高考，本科上线406人，本科上线率为61％。当然，和老牌中学比，我们的上线率还是比较低的，但他们录取的学生是中考成绩为A的学生，我们录取的是中考成绩为C及以下的学生，在学生起点水平普遍较低的情况下，我们学校实现低进高出，把一大批原本无望考上大学的学生送进高校。

　　随着学校品牌影响力逐渐提升，学校吸引了更多市内外家长和社会贤达的关注，他们也非常乐意为学校教育教学出谋划策、出力出资。近几年来，学校共收到上千万元的社会捐助，如家长赵文捐赠了10万元的图书，家长王永发、徐德强捐赠了价值312万元的树苗，家长李天伟提供了40亩土地的20年使用权，专家郑维明博士捐赠了价值500万元的工业4.0软件。

　　特别值得一提的是，2017年5月13日，在我校举办山东省第三届创新教育节上，郑维明博士把自己因参与大型客机C919研制而获得的珍贵金牌赠予我们学校。郑维明博士说："感谢周校长对教育事业所做的工作，我对潍坊（上海）新纪元学校在不足3年的时间里取得的丰硕成果感到非常欣慰。今天，我代表科技工作者向周校长和新纪元学校赠送一份礼物，这份礼物非常有意义。2017年5月5日，中国自主研制的大型客机C919试飞成功，实现了我们14年的愿望。我们这些参与大飞机设计的科技工作者每人获赠一枚金牌，一共只有200枚。我把我的这一枚金牌捐赠给潍坊（上海）新纪元学校。"

（a）郑维明博士（左）向学校赠送金牌现场

（b）金牌的正面　　　　　　　　　　（c）金牌的背面

图 9-2　郑维明博士将金牌赠予学校

新纪元学校不仅是学生成长的摇篮，也是教师发展的殿堂。

学校以品牌教师培养为抓手，把教师培养摆在全局性、战略性的高度，不仅加强专业性和技术性的培训以更新教师的知识结构、培养研究型教师，而且从转变教师的教育教学观念出发，致力于改变教师的思维模式，引导教师用批判性思维来研究教育教学，鼓励教师面向未来、登高望远，探究未来的教育、未来的学校和未来的课堂，努力成为站在前沿的学术型教师。

从 2016 年起，我们相继举办了 5 次高端教育培训，邀请全球权威专家来校讲学，努力打造学校的学术高地，营造校园学术研究氛围，以先进的教育理念引领教师，以浓郁的学术氛围凝聚教师，并吸引一大批优秀教师来校任教。学校现有特级教师、正高级教师共 20 名，获得市级及以上教学能手等荣誉称号的优秀教师有 145 名，在读博士两名，拥有硕士及以上学位者 130 名。在校学生也由 2014 年的 418 名增加到 4489 名，增长了近 10 倍。5 次高端教育培训如下。

一是 2016 年 5 月 28 日我校承办的 2016 学校德育创新与班主任工作高峰论坛。

论坛由全国班主任成长研究会、山东省班主任专业发展联盟主办，有来自湖南、陕西、河北、浙江、江苏、广东、山西、山东等十几个省份的中小学校长、德育主任、骨干教师及基础教育研究专家等近千人参会，我校教师在分会场全程旁听专家讲座。

论坛上，华东师范大学终身教授、教育学部主任，中国教育学会副会长袁振国做了题为《教师专业化与教师发展》的主题报告；《山东教育》报副总编宋洪昌做了题为《重构教师的职业幸福》的主题报告；青岛大学批判性思维与创新教育研究所特聘研究员翟晋玉做了题为《阅读：建筑教师精神成长之塔》的主题报告；特级教师、全国十佳班主任、全国教育改革创新优秀教师郑立平做了题为《班主任的心灵透视与班主任的自我超越》的主题报告；我也做了题为《追寻理想的教育》的主题报告。论坛聚焦教育热点和难点，关注学校管理中的问题和矛盾，既有内涵深刻的主题报告，又有探讨问题的案例分享，促进了教师和班主任的专业化成长。

二是 2016 年 6 月 22 日我校举办的创新教育与批判性思维 STEAM 课程学术报告会。

会议邀请了哈佛大学著名教授侯曼·哈洛尼、北京国信世教信息技术研究院院长左罡、我国批判性思维研究专家谷振诣教授等国内外一流专家学者，与参会人员分享世界教育改革的最新理念以及学校开展 STEAM 创新教育课程实践的最新成果。

哈佛大学教授侯曼·哈洛尼分享了他在 STEAM 创新教育课程研究方面取得的成果，他针对小学数学主导模式的局限性，讨论了把数学教学融入 STEAM 的思考和做法。

北京国信世教信息技术研究院院长左罡就 STEAM 课程在我国发展的影响因素及趋势进行了分析，指出 STEAM 课程正在我国掀起一个学习研究热潮，尤其随着国家政策的鼓励、教育技术的发展、课程建设的完善、生涯规划教育的开展以及教育的国际化，我国的 STEAM 教育将呈现出美好的发展前景。

我在《关于新纪元学校 STEAM 等创新教育课程实施的报告》中讲道，潍坊（上海）新纪元学校一直都遵循差异化教育理念，积极推行创新教育，为有特长的学生特别是在科技创新方面表现突出的学生创造条件、给予支持，并努力推进深度学习的教学方式，来培养学生高水平的思维能力、创新能力、实践动手能力。学校通过引入青少年核心素养课程，促进了学生的创新实践能力、独立思考能力和自我规划能力的提升，从而为学校更广泛地开展面向未来的教育模式奠定了基础，为培养具有国际视野、人文情怀、科学精神和领袖气质的现代化人才探索出一条创新教育路径。

三是 2017 年 5 月 13 日在我校举办的山东省第三届创新教育节。

2017 年 5 月 13 日至 14 日，由山东创新教育研究院主办的山东省第三届创新教育节在我校举行。中国教育学会终身名誉会长、北京师范大学终身教授顾明远，北京语言大学教授、审辩式思维领域专家谢小庆等人出席了教育节开幕式，来自全国的教育专家、教育部门负责人、教研室主任、学校校长共 600 余人参会。

中国教育学会终身名誉会长、北京师范大学终身教授、博士生导师顾明远先生指出，我们处在一个创新时代，创新是时代发展的需要，创新思维引领社会发展。学校和教师要从注重知识传授的人才培养模式转变到注重学生思维发展的教育模式上来。

北京语言大学教授、博士生导师、审辩式思维领域专家谢小庆以《审辩式思维的培养与评价》为题做了演讲，他希望现代教师有审辩式思维能力，实现两个转变：一是教学从知识传授转变为能力发展；二是从以教师为主的课堂转变为以学生为主的课堂，使班级教学向差异化教学发展，从而唤醒学生的学习热情，激发学生的创造力。

四是 2017 年 8 月 1 日在我校召开的第二届全国基础教育批判性思维教育研讨会暨第二期全国基础教育批判性思维培训班。

2017 年 8 月 1 日，以"中小学批判性思维教育的拓展与深化"为研讨主题、以"运用批判性思维进行教育教学和学校管理"为培训主题的第二届全国基础教育批判性思维教育研讨会暨第二期全国基础教育批判性思维培训班在我校开幕。

本次研讨会由中国逻辑学会逻辑教育专业委员会、山东创新教育研究院与我校共同举办。加拿大麦克马斯特大学哲学博士、华中科技大学客座教授董毓，中国青年政治学院教授谷振诣，江南大学教授、语言学学科带头人吴格明，华东师范大学教授、博士生导师金瑜，四川师范大学教授林胜强，中国政法大学副教授朱素梅，青岛大学副教授宫振胜等专家，以及来自北京、上海、新疆、云南、江苏、四川、重庆、河南、河北、山东等地的基础教育领域的校长和骨干教师，共 500 余人参加了此次研讨会。

此次研讨会主题由基础教育阶段批判性思维培养的目标和方向、教学实践与研讨、如何在学科教学中发展学生的批判性思维能力、潍坊新纪元学校创新教育成果展示四部分组成。与会专家和老师围绕会议主题共同探讨批判性思维课堂实践以及在学科教学中培养批判性思维的策略和方法。

研讨会上，董毓教授以《基础教育中培育批判性思维的作用》为题做了演讲，吴格明教授以《我所理解的批判性思维》为题做了演讲。

五是 2018 年 8 月 20 日在我校举办的中国未来教育论坛暨美国提高学校管理效能的 21 种方法研修班。

为深刻解读和积极应对未来教育，中国教育报刊社人民教育家研究院、美国中洲国际教育研究院、上海新纪元教育集团共同举办了中国未来教育论坛暨美国提高学校管理效能的 21 种方法高级研修班。

研修班邀请了中国教育学会常务副会长、教育部考试中心原主任戴家干，美国中洲国际教育研究院高级总监克里斯汀·鲁洛，中国教育科学研究院未来学校实验室副主任曹培杰、中国教育报刊社原副社长张新洲等 12 位国内外知名专家，就未来教育、新课程建设、品牌特色打造、提高学校管理效能的方法和培养学生内动力等内容阐述自己的观点，提供可供选择的方案或方法。

建校以来，我们把核心素养和关键能力的培养作为教育教学活动的落脚点来充分激发学生的好奇心和探索热情，鼓励创新创造，不断丰富学生的选择和体验，使学生建构起对世界的认识和理解框架，给他们更多发展的可能性，使学生获得出色的个性发展，学校也因此赢得媒体和有关部门的关注。

2017 年学校被教育部等部门评为 2017 年青少年科学调查体验活动优秀活动示范学校；2017 年 12 月，学校被评为第 23 届全国青少年信息学奥林匹克联赛山东赛区优秀参赛学校；2017 年学校被潍坊市教育局评为教育教学改革领军学校、潍坊市科普教育基地、"互联网＋教育"示范学校等；2018 年 1 月，学校成为全国青少年机器人技术等级考试服务网点；2018 年学校的《差异化教育在中小学的探索与实践》获山东省基础教育教学成果二等奖。

自 2014 年建校以来，中央电视台、中国教育报、韩国 CBS 电视台、大众日报、新华网、央视网、中国网、凤凰网、中国教育智库网、搜狐网、新浪网、网易网、腾讯网等 30 多家媒体对学校的办学成果和创新特色进行了报道。我曾接受央视《影响力对话》栏目主持人路一鸣的采访；和时任山东省教育厅副厅长张志勇同志一起做客中国教育报刊社《两会 E 政录》栏目；曾接受韩国 CBS 电视台的专访；曾接受中央电视台记者石宁的采访；曾于 2018 年 4 月 2 日做客中国教育智库网《白丁会客厅》，就现代学校治理接受采访。

（a）接受央视《影响力对话》
栏目主持人路一鸣采访

（b）做客中国教育报刊社
《两会 E 政录》

（c）接受韩国 CBS 电视台的专访

（d）接受中央电视台记者石宁（左一）的采访

（e）做客中国教育智库网《白丁会客厅》

图 9-3　电视、网络等媒体的宣传报道与采访

　　自 2014 年建校以来，我校和美国、英国、加拿大、新西兰、韩国、日本、马来西亚 7 个国家的 22 所院校和教育机构开展了合作交流活动。

　　2014 年 6 月 25 日，学校与美国菲拉古特中学签订合作办学协议，我校获美国菲拉古特中学潍坊分校授权牌。

（a）我校与菲拉古特中学国际教育项目签约仪式

（b）菲拉古特中学潍坊分校授权牌

图 9-4　国际合作

　　2016 年 6 月 22 日，美国哈佛大学人文与科学学院教授侯曼·哈洛尼，美国加州橘郡教育发展署副主席、北美高等教育基础课程指导中心学术顾问路易斯·菲尔参观了我校的国际创新教育中心。

图 9-5　侯曼·哈洛尼和路易斯·菲尔一行

　　2018 年 2 月 9 日至 13 日，我校师生前往位于美国巴尔的摩市的约翰·霍普金斯大学参加模联比赛。

图 9-6　参赛师生全景

2017 年 9 月 20 日，我校和加拿大皮尔公立教育局就国际合作项目签约。

图 9-7　我校代表和加拿大皮尔公立教育局代表合影

2016 年 4 月 27 日，我校与加拿大宝迪学院签署合作办学协议。

图 9-8　签约仪式现场

2018 年 2 月，我校师生和家长赴加拿大考察学习。

图 9-9　考察团合影

2016 年 7 月，我校教师李桂珍等前往英国雷丁大学游学访问。

图 9-10　游学访问教师合影

英国奥克学院、伊丽莎白女王中学与我校结为姊妹学校。

图 9-11　与奥克学院的姊妹校证书

图 9-12　与伊丽莎白女王中学的姊妹校证书

2015 年 12 月 1 日，我校和韩国又松大学签署友好合作协议。

图 9-13　协议签署仪式现场

2017年6月22日，我校获韩国首尔科学技术大学授牌，我校成为该校中国优秀生源选拔基地。

图 9-14　授牌仪式合影

2016年，马来西亚热爱大自然社团访问我校。

图 9-15　访问团与我校师生合影

另外，自2014年9月建校至今，我校共接待来自北京、上海、江苏、浙江、广东、河北、广西、江西、贵州、湖北、四川、重庆、甘肃、陕西、香港、台湾以及山东省内的考察客人共6万余人。

古希腊神话中有个西西弗斯，他推着石头上山，石头一旦被推到山顶就立刻滚落下山，于是西西弗斯就一直推啊推，不断地向上推石头。

作为老师，我有些像西西弗斯。每年9月开学，我都会迎来一批新生，经过3年或6年的教育培养，学生迈向人生下一站。但我和西西弗斯不一样的是，他是悲剧人物，努力的结果是无望的，而我的职业是神圣、崇高的，是幸福、快乐的，我推举的不是石头，而是国家的未来、民族的希望，推举的是明天的太阳。

作为教师，都有"种桃、种李、种春风"的情怀，都希望学生成为最好的自己、成为最有才华的人，这是我们义不容辞的责任，也是潍坊（上海）新纪元学校永恒的追求，我们任重而道远。

附　录

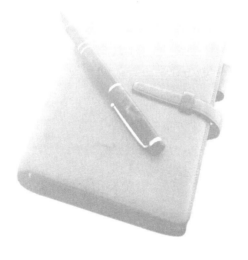

一、潍坊（上海）新纪元学校学生多元发展精彩视频（手机扫码观看）

（一）潍坊（上海）新纪元学校学生刘芳鸣在中央电视台"希望之星"英语大赛中的比赛视频

（二）潍坊（上海）新纪元学校学生模拟联合国辩论视频

（三）潍坊（上海）新纪元学校学生介绍机器人视频

（四）潍坊（上海）新纪元学校学生模拟法庭辩论视频

（五）潍坊（上海）新纪元学校 PBL 项目展示视频

（六）潍坊（上海）新纪元学校初中学生辩论赛视频

（七）潍坊（上海）新纪元学校学生英语话剧《三打白骨精》视频

（八）潍坊（上海）新纪元学校小学生辩论视频

（九）潍坊（上海）新纪元学校 3D 打印视频

（十）潍坊（上海）新纪元学校学生无人机制作演示视频

（十一）潍坊（上海）新纪元学校学生数学情景剧《最佳方案》视频

（十二）潍坊（上海）新纪元学校学生火箭制作介绍视频

（十三）潍坊（上海）新纪元学校学生航模制作和试飞介绍视频

（十四）潍坊（上海）新纪元学校学生车模制作介绍视频

（十五）潍坊（上海）新纪元学校学生电子创客介绍视频

（十六）潍坊（上海）新纪元学校学生创新创意课程介绍视频

（十七）潍坊（上海）新纪元学校学生自制的访谈节目视频

（十八）潍坊（上海）新纪元学校学生舞蹈《采薇》视频

二、潍坊（上海）新纪元学校多元选修校本课程编写要求

（一）基本要求

校本课程符合差异化教育理念，目标明确，充分体现基础教育课程改革、差异化教育理念和核心素养培育对课程研发的要求。

校本课程的构成要素齐全，做到课程目标、内容、课时、师资、计划、教案、实施过程和评价等落实到位。

校本课程具有可操作性。

（二）文本编写要求

封面：插入最能体现课程内容特点的图片。

目录：页码要与正文内容一致。

前言：根据课程内容简要介绍课程要素和课程特色。

排版要求：16 开大小，字体一般用楷体，字号一般用四号，表格内小四号，行距一般是固定值 23 磅，字体、字号和行距可根据内容和页面编排适当调整。

做到图文并茂，体现学科特点；特别是低年级，要形式多样，体现趣味性。

（三）报送材料要求

课程指导纲要 1 份，教案 1 份。

能反映实施效果的图片 10 张。

三、潍坊（上海）新纪元学校校本课程研发申报表

申报教师		现任学科		职称		任教学部	
课程形态		课程类型		课程名称			
总课时数		适用年级		申报时间			
课程目标							
课程内容概要							
课程 实施计划							
主要教学方式							
课程评价方式							
审议小组意见		组长　　　　　　年　　月　　日					
学校 意见		年　　月　　日					

四、潍坊（上海）新纪元学校多元校本课程展示方案

展示形式：分教研组展示。

展示地点：各组选定教室。

具体要求有以下四点。

1. 课程指导纲要

项目完整（指导思想、基本理念、课程基本内容、课程目标、课程组织形式、课程教学原则、课程评价等），充分体现基础教育课程改革和差异化教育对课程研发的要求，有较强的指导性。

2. 校本教材

构成要素齐全，封面、目录、前言、正文格式符合编写要求。

3. 教案

能根据学生的实际进行设计，容量适当，层次分明，有针对性。

4. 实证材料

能提供反映实施效果的图片、证书复印件或过程性材料。

具体分组负责人：各学科教研组组长。

备注：前三项可以直接播放 Word 文档进行展示；第四项既可以直接展示照片，也可以做成 PPT 演示。

五、潍坊（上海）新纪元学校多元校本课程展示评价表

教师	课程名称	评价具体指标及得分				总分 （100分）	备注
		课程指导纲要 （10分）	校本教材 （60分）	教案 （20分）	实证材料 （10分）		

六、潍坊（上海）新纪元学校多元课程学生满意度调查表

班级	姓名	参加多元课程名称	执教老师	满意程度
				□A 收获很大 □B 收获较大 □C 没收获
你还想参加哪些多元课程？				
你对参加多元课程有什么感受和建议？				

七、潍坊（上海）新纪元学校小学部
差异化多元课程实施方案

（一）指导思想

小学部围绕学校的办学理念和教育目标，制定了小学生培养目标，开设了一系列差异化多元课程，以创设生动活泼的育人环境，组织学生参加丰富多彩的文化、艺术、科技、体育等多元课程活动，扩大学生视野，激发学生的学习兴趣，发展学生的个性特长，促进学生身心健康、和谐发展，让每个孩子都成为最好的自己。

（二）统筹安排

为加强常规督促管理，避免差异化多元课程出现随意性和盲目性，我们坚持"六定"原则。

一定课程，在全面了解教师专长和学生兴趣的基础上，结合学校实际，开设差异化多元课程。

二定差异化多元课程教学目标，目标考核纳入期末评定。

三定课程时间，将差异化多元课程列入教学计划，安排每周二、周四各两课时的固定教学时间。

四定课程内容，教师要注重校本教材的研发，不断优化教学内容，在开学初制订教学计划，认真备课。

五定指导老师。

六定活动地点，我们确保各多元课程都有固定的教学地点。

根据学生年龄特点，结合我校场地和师资的具体情况，本学年我们共开设27门差异化多元课程。

（三）课程时间

每周二、周四下午第七、第八节课。

（四）具体措施

1. 宣传到位

做好各项活动的宣传发动工作。班主任要利用班会向学生宣传，利用家长会向家长宣传。差异化多元课程要本着学生自愿参加的原则，为实现每个学生"2+2"特长与爱好的学习提供保障。

2. 全力支持

每周差异化多元课程中，指导教师要先清点人数再上课，对没到的学生要弄清其去向并在活动记录上注明。

3. 精心辅导

差异化多元课程指导教师要在开学初拟订教学活动计划，超周备课，认真组织活动，做到活动主题明确，活动记录填写完整、清楚。这样一来，学生的活动就能有目的、有计划，同时也能避免教师在指导过程中的盲目性和随意性。各指导教师必须面向学生全员进行辅导，不允许学生放任自流地自由活动。下课铃未响时，学生不得提前脱离活动。

4. 关爱学生

教师要关心爱护学生，加强安全保护工作，做好活动场地、设施、器材的安全检查，防止意外事故发生。专用活动室的负责老师要做好活动室内物品保管、门窗关锁和使用后的清洁卫生工作。

5. 成果展示

加强对活动内容和形式的研究，定期（重大节日、每月、每学期）举行各种形式的展示评比活动，通过各种展示和评比活动，使每个学生都达到学部制定的"2＋2"培养目标。通过举办活动，教师不断创新教学内容和方法，使教学的水平得到进一步的提高。

6. 注重管理

开设和实施活动的过程被纳入学校教育教学的常规管理，教务处负责检查，既重结果管理，也重过程管理。

7. 加强考核

将参加活动（包括展评和比赛）的情况作为对指导教师的考核与评价的主要内容，各课程均要在学期结束时做好总结。

（五）课程程序

第一步：点名。

第二步：教师讲解本次的活动内容。

第三步：教师讲解活动要求。

第四步：开始活动。

第五步：本次活动总结。

八、潍坊（上海）新纪元学校漫画课程规划

（一）课程说明

漫画作为艺术造型训练中的一个分支，其艺术表现形式常采用夸张、比喻、象征、拟人、寓意等手法，直接或含蓄地表达作者对纷纭世事的理解及态度，是含有讽刺或幽默的一种浪漫主义绘画。它同其他绘画的主要区别在于其独特的构思方法和表现手法。它具有讽刺与幽默的艺术特点以及教育、审美等社会功能，可以提升

学生的造型能力和艺术修养。

(二) 学情分析

本学期参加漫画课程的学生有 28 人，分布在二、三、四、六年级。小学低中高学段的学生都有，他们的基础不同、水平不一，但他们整体上都是喜欢画画的，教师相信孩子们只要有兴趣就可以学好本学科的相关知识。

(三) 学习内容

了解漫画的创作用具、分类、起源、内容和表现手法等相关知识。

学习漫画的作画姿势、画法讲解、画法演练等。

学习初步简单的绘画技巧、单个造型与多个造型的组合演练等，了解各国漫画的不同表现形式。

(四) 学习目标

在造型表现方面，使学生体验不同的绘画工具，学习正确的使用方法，通过记忆、观察、临摹等形式，利用周边容易找到的材料，大胆、自由地表现所见所闻、所感所想，体验画画的乐趣。

观察与欣赏各国优秀的漫画作品，使学生可以用语言描述出作品的形色、内容、作者的绘画意图等，用简短的语言大胆表达自己的感受。

增强学生对美术活动的参与积极性，在绘画中增强学生热爱生活、亲近自然的意识。

利用学生各自的造型特点，因人而异地指导绘画，使其能独立完成漫画创作。

让每个学生都创作出自己的代表作品，收集并展示绘画作品。

(五) 教学计划

表附 8-1　漫画课程教学计划

课程时间	教学内容	教学重难点	应掌握的知识点
第一周	漫画常识基本认识	漫画的分类和起源	分类，起源
第二周	漫画常识基本认识	内容，表现方法	内容，表现方法
第三周	漫画常识基本认识	作画姿势、各国不同表现形式的漫画，画法讲解	作画姿势、各国不同表现形式的漫画，画法
第四周	A4 单幅临摹	漫画动物：彩铅涂色知识综合应用	漫画动物的常用色彩

课程时间	教学内容	教学重难点	应掌握的知识点
第五周	四格漫画	四格角色表情	四格漫画基础知识
第六周	A4 单幅临摹	漫画动物：漫画造型知识综合应用	漫画动物的比例
第七周	A4 单幅临摹	可爱精灵：彩铅涂色知识综合应用	可爱精灵的常用色彩
第八周	A4 单幅临摹	可爱精灵：漫画造型知识综合应用	可爱精灵的比例
第九周	A4 单幅临摹	"萌"系美少女：彩铅涂色知识综合应用	"萌"系美少女的常用色彩
第十周	四格漫画创作	"中奖"：彩铅涂色知识综合应用	置换、逆向等思维方法的练习
第十一周	四格漫画创作	铅笔盒	假借、逆向等思维方法的练习
第十二周	A4 单幅临摹	"酷"型美少年漫画：造型知识综合应用	"酷"型美少年的比例
第十三周	A4 单幅临摹	"酷"型美少年：彩铅涂色知识综合应用	"酷"型美少年的常用色彩
第十四周	A4 单幅临摹	美丽少女：漫画造型知识综合应用	美丽少女的比例
第十五周	A4 单幅临摹	美丽少女：彩铅涂色知识综合应用	美丽少女的常用色彩
第十六周	四格漫画创作	决斗	置换、逆向等思维方法的练习
第十七周	A4 单幅临摹	阳光少男少女：漫画造型知识综合应用	阳光少男少女的比例
第十八周	A4 单幅临摹	阳光少男少女：彩铅涂色知识综合应用	阳光少男少女的常用色彩
第十九周	8 开单幅创作	草稿构图、画面详略等处理	漫画知识综合应用
第二十周	8 开单幅创作	调整	漫画知识综合应用
第二十一周	8 开单幅创作	细节刻画	漫画知识综合应用
第二十二周	8 开单幅创作	配色	漫画知识综合应用

（六）措施方法

以趣促情：漫画教学中，教师不仅要利用好少儿漫画自身的趣味性优势，更要通过听、看、说、画、评、演等多种形式，使学生的兴趣转化成持久稳定的情感态度。面对同一幅画，不同的学生有不同的感受，学生争先恐后地发表自己的见解，便能在愉悦的环境中提高口语表达能力，发展创新思维。总之，让学生充分发表意见，仁者见仁，智者见智，鼓励评价中的争鸣，使学生的学习兴趣得以延续，情感态度得以升华。

师生合作，探索学法：达尔文认为最有价值的知识是关于方法的知识，漫画创作应"授之以渔"，即师生共同探索漫画的基本规则、基本语言、基本创作方法，打好漫画学习的基础；在漫画教学中，教师采用"探索学法，缩小目标，突出重点，多举实例"的教学思路。

挖掘作品内涵，提高审美意识和审美能力。

精心呵护，尝试创作。

鼓励求异，培养创新。

沟通联系，扩大战果。

九、潍坊（上海）新纪元学校绘本故事课程规划

（一）课程目标和原则

1. 目标

绘本阅读是低年级学生学习阅读过程中不可或缺的一个重要环节，它是实现流畅、独立的文字阅读的一个不可逾越的阶段。我们研发低年级绘本故事校本课程，旨在把绘本阅读作为开展低年级学生语文综合性学习的一种载体，借助绘本，在看、想、听、说、读、写、做、演的综合性游戏式活动中，提高低年级孩子听、说、读、写的综合能力，培养其对阅读的兴趣、对美的感受力、对周围世界的认识，培养其乐于观察、乐于动手、乐于合作、乐于探究、乐于学习语文的情感，发展学生的个性，让学生在"悦读"中健康快乐地成长。

2. 原则

（1）价值性原则：根据小学生身心发展的规律和认知特点，在整个教材中渗透对有关情感、态度、价值观的教育，重视儿童良好品德与习惯的养成。

（2）适应性原则：教材内容的选择与组织、活动的安排等应符合小学年级段学生的身心发展特点、学习特点和认识规律，适合学生的审美、阅读习惯和接受能力，有利于激发学生的学习兴趣；绘本以画为主，字少而画面丰富，以画传达故事情节，符合儿童早期阅读的特点和习惯。好的绘本的每张图都有丰富的内涵，图与图之间呈现出清晰的叙事关系，表达出绘本的整体意境，能预留给孩子想象的空间，带给孩子美的教育。

（3）丰富性原则：教材关注儿童的现实生活，内容上力求丰富，包括知识性的、情感性的、哲理性的内容，能涵盖儿童生活、成长的方方面面。

（4）系统性原则：须避免绘本选择上的随意性、盲目性，要求围绕主题形成一个阅读系列。

（二）课程标准的制定

1. 课程性质、基本理念、课程组织形式

（1）课程性质：以儿童为本位，充分考虑儿童的阅读兴趣；以审美为主，娱乐、认知、教育功能并重，关注儿童的心灵世界并着眼于儿童的精神成长；在教师引导下，学生在步入校园学习的初始阶段就爱上读书。

（2）基本理念：充分利用绘本符合儿童早期阅读特点和低年级儿童认知心理特点的优势，重在培养儿童的阅读兴趣和习惯，让儿童爱上读书；培养儿童读图和阅读简单文字的能力，让儿童积极地向纯文字阅读过渡；研究绘本阅读在儿童知识的积累、思维的激活、情感的丰富和人格的健全等方面的作用，不仅让儿童通过绘本阅读来喜爱阅读、学会阅读，而且让他们从阅读中感受到学习、创造和成长的快乐，让他们在绘本阅读中健康发展。

（3）课程组织形式：采用分组讨论、个人展示、模仿表演、知识问答等形式。

2. 课程目标

总体目标：提高低年级儿童听说读写的综合能力，培养其对阅读的兴趣、对美的感受力、丰富的想象力、对周围世界的认识能力，形成健全的人格。

（1）知识与技能：充分利用绘本符合儿童早期阅读特点和低年级儿童认知心理

特点的优势，重在培养儿童的阅读兴趣和习惯，让儿童爱上读书。培养儿童读图和阅读简单文字的能力，让儿童积极地向纯文字阅读过渡；儿童在阅读中不断积累知识、激活思维、丰富情感；在阅读绘本的过程中，帮助学生提升观察能力，丰富想象力，开阔眼界，升华境界，形成健全的人格；使课内阅读与课外阅读相互联动，保证阅读量的积累；培养学生个性化阅读的能力。

（2）情感态度与价值观：尊重学生阅读的主体性，让阅读走进儿童的心灵，让儿童享受阅读的快乐；儿童通过广博的绘本阅读、不仅喜爱阅读，学会阅读，而且从阅读中感受到学习、创造和成长的快乐，在绘本阅读中健康发展。

（3）过程与方法：儿童在看、想、听、说、读、写、做、演的综合性游戏式活动中，逐步提升听、说、读、写的综合能力，提升对周围世界的认识能力；从师生共读、亲子共读向独立阅读过渡，逐步成为一名真正的读者。

（三）教材编写

表附 9-1　小学一、二年级绘本教材内容安排

章	内容			
	一年级上册	一年级下册	二年级上册	二年级下册
第一章	上学啦 1. 一口袋的吻 2. 大卫上学去	开学了 1. 长大以后做什么 2. 蚯蚓的日记	感悟亲情 1. 爱心树 2. 会飞的抱抱 3. 隧道	感悟亲情 1. 妈妈心，妈妈树 2. 驴小弟变石头 3. 纸马
第二章	快乐一家 3. 我爸爸 4. 我妈妈	感受亲情 3. 我的爸爸叫焦尼 4. 爷爷一定有办法	珍视友谊 4. 我有友情要出租 5. 好友记 6. 小马小熊和暴风雪	珍视友谊 4. 小姑娘皮斯凯的第一位朋友 5. 獾的礼物 6. 两棵树
第三章	学会分享 5. 彩虹色的花 6. 五个小怪物	学会分享 5. 我是彩虹鱼 6. 一个长上天的大苹果	感受生命 7. 爷爷有没有穿西服 8. 外公	感受生命 7. 一片叶子落下来 8. 祝你生日快乐

续表

章	内容			
	一年级上册	一年级下册	二年级上册	二年级下册
第四章	学会友善与互助 7. 月亮的味道 8. 想吃苹果的鼠小弟	学会友善与互助 7. 石头汤 8. 小刺猬的麻烦	智慧非凡 9. 狼婆婆 10. 三只山羊嘎啦嘎啦 11. 非洲的大南瓜	智慧非凡 9. 约瑟夫有件旧外套 10.1 只小猪和 100 只狼 11. 三个强盗
第五章	学会感恩与知足 9. 猜猜我有多爱你 10. 逃家小兔	学会倾听与信任 9. 大熊有个小麻烦 10. 亲爱的小鱼	挑战自我 12. 床底下 13. 我的壁橱里有个噩梦 14. 生气汤 15. 小老鼠的漫长一夜	爱与责任 12. 花婆婆 13. 凯琦的包裹 14. 妈妈的红沙发 15. 小恩的秘密花园
第六章	相信自己 11. 我的名字叫克丽桑丝美美菊花 12. 你很特别	相信自己 11. 凯，能行! 12. 大脚丫跳芭蕾	哲学启蒙 16. 狼狼 17. 鳄鱼怕怕，牙医怕怕 18. 我幸运的一天	快乐成长 16. 犟龟 17. 和甘伯伯去游河 18. 点
第七章	科普知识 13. 池塘观察日记 14. 雨从哪里来	科普知识 13. 聪聪科学绘本之阳光是什么颜色 14. 聪聪科学绘本之熊熊燃烧的火	快乐成长 19. 鸭子骑车记 20. 第一次上街买东西 21. 宝儿	哲学启蒙 19. 失落的一角 20. 活了 100 万次的猫 21. 小蝙蝠德林

续表

章	内容			
	一年级上册	一年级下册	二年级上册	二年级下册
第八章	—	—	科普知识 22. 法布尔昆虫记	科普教育 23. 西顿动物记

（四）校本课程的实施

1. 课程设置及课时计划

低年级绘本故事校本课程被纳入学校课程管理，在一、二年级开设此课程，采用班级授课制，每周安排两节课，由专职教师上课。

2. 教学方式

在引导儿童阅读绘本时，教师不应急着说教，不断地提问、说明，犹如应试教育；而应把看书、思考的空间留给儿童，让他们有足够的时间来品味故事，让他们的体验和感受经过时间的沉淀，慢慢地转化为知识和智能。绘本阅读课的基本原则是自主、开放、互动、发展，与之相应的教学方式有以下几种。

（1）参与式。在阅读的过程中教师应尊重每个孩子的不同感受，并积极鼓励他们边读边猜想后面将要发生的事，鼓励他们参与故事编写，想出与作者不同的、有意思的情节，或者续编结尾；鼓励他们将自己想象成故事中的角色，例如，读《想吃苹果的鼠小弟》时教师可以让儿童将自己想象成那只可爱的鼠小弟，他们就会很自然地以"我"的身份进入故事、感受故事，思考"我"会怎么做。无论是课内阅读还是课外阅读，都应在课内交流分享，让儿童有一个展示的平台。在交流中，孩子们既可以体验成就感和分享的快乐，又可以强化阅读兴趣。

（2）开放式。一是教学地点开放，阅读绘本也讲究氛围和意境，教师可以根据需要在教室、阅览室、学校的花园或其他地方营造一种积极的阅读氛围，拉近书与孩子心灵之间的距离。二是教学人员开放，授课者不必是同一教师，可以由不同班级的教师轮流，或使家长、图书管理员等参与进来，演绎故事、诠释故事、分享故事。三是阅读内容开放，不必只读作家所写的绘本，也可以阅读学生自己的优秀作品，如同校同学的作品或同班同学的作品。

（3）互动式。一是小组同学互动，即互相交流图书，交流读后感，合作创作新书。二是师生间的课上课下、线上线下互动，师生互相鼓励、启发，教师根据学生的需要不断生成新的目标和新的方法，如从读教师准备的书到读学生准备的书，从读书到写书、画书，从编写统一的小书到编写丰富多彩的图画书，从写日记到写童话，等等。三是班级间的互动，班级间互相交流、鼓励，也可进行比赛。

（4）拓展式。结合阅读内容开展拓展延伸活动，可以讲故事、演故事、画故事、续编故事写前言，如读《狼大叔的红焖鸡》时可以让学生续编故事；读《超级顽固的牙》的可以让学生利用网络了解自己的牙齿；读《鳄鱼怕怕，牙医怕怕》时可以让学生演故事；读《可爱的鼠小弟》系列时可以让学生直接在绘本的留白处写写画画；读《蚯蚓的日记》时可以让学生学习写日记。

3. 考核评价

对校本课程的评价是由教导处从课程内容、教学过程、学习效果、学情调查四个方面进行的。

课程内容评价考察课程的教育性、趣味性、启发性、实践性、特色性、针对性、系统性、实效性。

对教学过程进行评价时，教导处进行课堂调研，分析课堂设计是否精心、教法是否得当、目标是否达成等。

对学习效果进行评价时，教导处根据学生课堂及课后延展活动的表现等进行综合评价。

学情调查则是由教导处通过问卷、座谈、个别了解等方式来进行的，分析该课程是否被学生认可，并与其他校本课程进行对比。

十、潍坊（上海）新纪元学校青少年领导力课程规划

（一）课程解读

培养青少年的领导力的目的不是简单应对如今学校中的知识性问题，而是让学生学会适应变革的社会，实现差异化发展。学生通过领导力的提高挖掘自身潜能，

获得独立、自信、善于规划、善于统筹等特质。

（二）学习目标

本课程是为中学生设计的旨在提高学生个人基本素质和领导特质的课程。完成本课程的学生应达成如下学习目标。

能楚地认识到自己的强项和弱项。

能够科学地进行时间管理和任务管理。

能以适当的方式与人沟通并理解自己在团队中的作用。

敢于创新，面对挫折能够反思和进取。

拥有基本的演讲与谈判能力。

（三）目标解读

身处变革的时代，诸多挑战与机遇降临到大家面前，无论我们从事何种工作，都应该具备某些领导力。领导力意味着我们总能从宏观和大局出发分析问题，在从事具体工作时坚持自己的既定目标和使命；领导力也意味着我们可以跳出一人一事的局限，用整体的、均衡的思维应对更加复杂、多变的世界；领导力还意味着我们可以在关心自我需求的同时，对他人的需求予以更多关照，并试图在不断的沟通中寻求一种更加平等、更加坦诚也更加有效的解决方案。

领导力是一种自我定位，是一种思维判断，是一种对事物发展的前瞻把握。领导力的第一步就是自我认知，认识自己是为了做更好的自己，不是为了避短，因为短是避不了的，认识自己就如木桶原理中把木桶向长板方向倾斜一样，虽然短板依然存在但可以装更多的水。

认识自我是为了自我管理，自我管理的关键是时间管理和任务管理。时间管理就是提高时间利用率，学会做规划，规划时间并计算时间成本，小到一节课的规划表、一小时的规划表，大到一个学期、一个学年乃至一个学段的规划表。任务管理的要素为：清楚地认识自己的任务，方向正确；提前开始，不要拖延；提前预设好解决问题的步骤；制定严格的时间表，包括排列任务的先后顺序及完成时间的要求。

有效的沟通能力是领导力的重要体现，所以教师要引导学生学会倾听、正确交流等沟通技巧。有团队才会有领导力的实施，所以教师要引导学生认识什么是团队，优秀的团队具有哪些特质，自己在团队中有何作用，如何带好一个团队，等等。

勇于创新即学生在完成任务的过程中可以运用便捷有效的方法，在遵守规则的前提下发挥自己的创造力，遇到困难和失败时能够反思，反思后能有激情地重新开始。

演讲和谈判能力是领导力的重要元素，将这部分内容放在课程的最后是为了遵循学生的心理发展特点。

（四）课程设置

本课程为必修课，共设八章内容，30 个课时。本课程采用面授和户外活动相结合的方式，学生参加一系列的活动、讨论和游戏，在体验中掌握和体悟领导力的基本技能和要义，从而提高个人素养。

（五）教学计划

表附 10-1　青少年领导力课程教学计划

课时数	章节	具体教学内容	教学形式
1	第一章 关于领导力	什么是领导力，领导者与管理者的区别	分组讨论领导力的 10 个话题，配对练习
4	第二章 领导力的培养从自我管理开始	第一节 正确认识自己 关于自信 如何培养自信	分组讨论、展示分享 自我测评 时间管理在实际学习中的强化应用
		第二节 正确认识个人表现因素 正确认识个人喜好与解决问题的有效办法之间的区别	
		第三节 成功的自我管理 SWOT 分析法	
		第四节 时间管理 正确认识自己的权利和义务	

续表

课时数	章节	具体教学内容	教学形式
2	第三章 成功地解决问题与任务管理	第一节 压力下的作业完成 解决问题的基本方法 第二节 OPAL 策略 制定 SMART 目标	小组合作探究与分享 动手制作具体任务管理表等
5	第四章 社交能力培养	第一节 学生社交能力评估 正确地了解别人 第二节 建立信任 优秀团队特征 第三节 团队合作 第四节 正确认识有"主见"和如何与难相处的人打交道 第五节 关于谈判 协商谈判	小组合作探究与分享 体验式游戏：沉船及盲人编制图形
6	第五章 创新能力的培养	第一节 创新案例分享 第二节 创新案例体验 第三节 创新方法 1 第四节 创新方法 2 第五节 创新方法 3 第六节 创新和变化、风险	小组合作探究与分享 游戏：雷区与盲目行走

续表

课时数	章节	具体教学内容	教学形式
5	第六章 反思与挫折管理	第一节 你遇到过的挫折	小组合作探究 个人分享
		第二节 你应对挫折的办法	
		第三节 个人不自信的行为及原因	
		第四节 反思的含义 反思的方法及对反思方法的自我评估	
		第五节 学生运用反思法的任务展示	
5	第七章 激励与演讲能力	第一节 演讲的类型与构成	学生个人分享，自己制作 PPT 并进行情境演讲
		第二节 需要考虑的因素及如何使演讲更流畅	
		第三节 名人经典演讲视频	
		第四节 学生模拟情境演讲1	
		第五节 学生模拟情境演讲2	
2	第八章 走近领袖	第一节 了解伟人毛泽东及其领袖品质	分享故事及心得
		第二节 学生所了解的其他领袖及其领袖品质	

十一、潍坊（上海）新纪元学校人文素养课程规划

（一）课程介绍

1. 批判性思维课程

（1）提高在面对相信什么或做什么问题时做出合理决定的思维能力。

（2）养成理智的怀疑和反思态度。

（3）形成清晰性、相关性、一致性、正当性和预见性等良好思维品质。

2. 阅读与写作课程

阅读与写作在人际交往及个人素养提升方面有着无可替代的作用，应使学生在学习语文的过程中体会阅读与写作的快乐。

3. 演讲与辩论课程

以语言为突破口，挖掘学生的表达、思维、交际等潜能，培养学生的勇气、自信、团队精神和合作精神。

4. 市场营销课程

探讨如何从了解市场、营销、销售、售后四个维度，制定企业产品推广、促进用户使用、提高用户认知的方案，以协助企业提升产品竞争力。

（二）课程安排与教学内容

1. 课程安排

表附 11-1　人文素养课程安排

课程	课时/节	时间	地点
批判性思维	10	周三	报告厅
阅读与写作	8	周三	报告厅
演讲与辩论（双语）	6	周三	报告厅
市场运营	10	周三	报告厅

2. 教学内容

表附 11-2　人文素养教学内容

课时	内容			
	批判性思维	阅读与写作	演讲与辩论（双语）	市场运营
第 1 节	什么是批判性思维，培养批判性思维的意义，批判性思维的品质和技能	阅读与写作的关系	课程性质、任务和教学目标	什么是市场，如何发现市场
第 2 节	独立思考，摆脱盲动	用阅读指导写作	语言交际的基本常识	如何分析、评估、定位市场
第 3 节	观察力和注意力的培养	用写作指导阅读	音准训练、朗读训练	消费者购买行为分析
第 4 节	批判性思维阅读	批判性阅读	谈资训练	目标市场确定与竞争分析
第 5 节	观点与看法	批判性写作	演讲训练	产品策略和新产品开发
第 6 节	结论与理由	用此"心"读彼"心"	演讲比赛模拟	价格与渠道策略
第 7 节	假设、推理、论证	用此"心"写彼"心"	—	中间商与物流管理
第 8 节	写作分析，立场文件	"心""心"相依	—	客户关系管理
第 9 节	论辩	—	—	产品定位分析
第 10 节	表达与交流	—	—	品牌管理

（三）与白主招生相关的赛事简介

1. 模联

全称为模拟联合国（Model United Nations，MUN），是对联合国大会和其他多边机构的仿真学术模拟，通过陈述来阐述观点，为"国家利益"进行辩论、磋商、游说，是为青年人组织的公民教育活动。

2. 商赛

全称为商业模拟挑战赛，以 A-circle 国际青年商业挑战赛为例，它是以房地产市场为背景，模拟真实的商业环境，参赛选手分组成立公司，扮演企业管理层，自行分工并制定企业理念的赛事活动。

十二、潍坊（上海）新纪元学校
工业 4.0 与 3D 打印课程规划

工业 4.0 与 3D 打印课程是我校创新教育校本系列课程的一部分，此课程规划包括以下六个部分：培养目标、教学目标、课时安排、课程内容、教学成果、教学评价。

（一）培养目标

激发学生的创新精神和自主探索精神，培养学生的创新能力、动手操作能力、跨学科综合运用知识能力，拓展学生的创新思维和想象空间。

（二）教学目标

了解工业发展史、工业 4.0 以及数字化设计的含义和社会价值。

了解 3D 打印机的概念、工作原理、优势、应用领域和基本操作方法。

掌握三维建模软件（以 UG NX 8.0 为例）的设计思路和设计方法，以及常用工具的使用方法。

发挥个人想象和创意，设计 3D 模型并打印个性创意三维物体，如个性笔筒、个性名牌等。

（三）课时安排

开课对象：七年级、八年级、高一、高二的实验班，共 8 个班级。

课时安排：每周 1 节课，一学期共计 16 节课。

（四）课程内容

第 1 课时：工业 4.0、数字化建模与 3D 打印的概念、原理与意义，圆柱和球体的制作。

第 2 课时：个性笔筒的制作——拉伸和文字工具的使用。

第 3 课时：个性名牌的制作——多边形工具的进阶使用。

第 4 课时：五星红旗的制作（1）——制作旗面和辅助定位线。

第 5 课时：五星红旗的制作（2）——五角星的制作。

第 6 课时：创意组合的制作——实体的组合。

第 7 课时：别墅的制作（1）——屋架与墙体。

第 8 课时：别墅的制作（2）——屋顶与门窗。

第 9 课时：3D 打印机的组成结构与组装。

第 10 课时：导弹模型设计（1）——弹体。

第 11 课时：导弹模型设计（2）——弹翼。

第 12 课时：空间曲线的设计——函数曲线。

第 13 课时：空间曲面的设计——规则函数曲面。

第 14 课时：个性灯罩和灯座的设计。

第 15 课时：飞机模型设计（1）。

第 16 课时：飞机模型设计（2）。

（五）教学成果

通过 3D 打印课程的学习，大部分同学掌握了数字化建模设计的基本方法，并能设计和打印个性化的作品。

（六）教学评价

本课程严格依照学校标准化评价体系，对教学设计、教学过程、教学效果、课堂表现等进行评价。

十三、潍坊（上海）新纪元学校初中批判性思维课程规划

（一）课程内容

批判性思维教学旨在培养学生思维的清晰性、相关性、 致性、正当性和预见性等习惯和品质。

批判性思维课程是基础性、工具性课程，学生在学习过程中掌握论证分析、论证重构、论证评估的基本理论和方法，提高独立自主地发现问题、分析问题、解决问题的思维素质与能力。

（二）课程目标

本课程力求带给学生一个全新的思考世界，注重对学生思维方向的引导，为未

来的深度思考做准备。

1. 知识目标

（1）明白批判性思维的内涵，了解批判性思维技能的益处。

（2）明白拓展批判性思维的障碍。

（3）了解思考技巧包括：比较、序列、分类、跟随指令、精读、寻找相似之处。

（4）识别论辩中的关键元素，如作者的立场、结论等。

（5）知道论辩和反对的区别和非论辩的类型，如总结、解释和描述。

（6）区分论辩和其他信息，判断论辩是否清晰、连贯，识别论辩内部是否逻辑连贯。

（7）了解联合理由和独立理由，识别过渡结论及其作用。

（8）知道什么是假设、潜在假设和隐藏假设。

2. 能力目标

（1）理解论辩中可能包含的问题，找出论辩中的缺陷。

（2）熟练运用必要条件和充分条件。

（3）厘清证据研究的一些概念，如真实性、有效性、通用性、可靠性。

（4）理解如何将批判性思维技能应用于写作，进行批判分析型写作拓展训练。

（5）理解批判反思的含义及其对学习和工作的挑战与益处。

（6）能够自主选取批判反思的方式、方法。

（7）能够将理论应用于实践，并识别出好的和差的批判反思。

（三）教学安排

1. 七年级上学期

表附 13-1　七年级上学期批判性思维课程教学安排

时间	主题	课程类型	内容	教与学方式	考查、评价方式
第 1—2 周	认识批判性思维	基础型	批判性思维的内涵；批判性思维技能的益处；与批判性思维有关的个人素质；拓展批判性思维的障碍；学生批判性思维能力的评估与优先拓展项	自主阅读，探究文本 教师讲解，小组合作 头脑风暴，科学评估	纸笔测试（心理测量）观察评价
第 3—4 周					

续表

时间	主题	课程类型	内容	教与学方式	考查、评价方式
第5—6周	你擅长思考吗	基础型	评估思考技巧：比较、序列、分类、跟随指令、精读、寻找相似之处	情境教学 体验活动 跨学科融合与示例研究	纸笔测试（心理测量）观察评价
第7—8周		基础型	训练：集中注意力、分类、精读	情境教学 体验活动 跨学科融合与示例研究	项目评价 观察评价
第9—10周	他们说的是什么：识别辩论	基础型	论辩中关键元素的识别：作者的立场、结论等组成部分	自主阅读，探究文本 教师讲解，小组合作 头脑风暴，项目评估	项目评价 观察评价
第11—12周		基础型	识别论辩的特征	辩论视频研讨 体验活动，模拟辩论	项目评价 观察评价
第13—14周		基础型	复习、准备论辩	复习，模仿，研究示例	项目评价 观察评价
第15—16周		延展型	辩论的技巧，开展辩论会	辩论会现场直播	项目评价 观察评价
期末	—	—	—	—	纸笔测试 综合评价
寒假	—	延展型	在真实的社会生活中，运用批判性思考，收集典型事例、案例，集结成册	选取典型事例，批判性地展示出来，如排练小品《新"服不服"》	项目评价 观察评价

2. 七年级下学期

表附 13-2　七年级下学期批判性思维课程教学安排

时间	主题	课程类型	整合内容	教与学方式	考查、评价方式
第1—2周	这是一个论辩吗：论辩与非论辩	基础型	论辩和反对的区别；非论辩的类型，如总结、解释和描述	自主阅读，探究文本 教师讲解，小组合作 头脑风暴，科学评估	纸笔测试（心理测量） 观察评价
第3—4周		基础型	区分论辩和其他信息	自主阅读，探究文本 教师讲解，小组合作 头脑风暴，科学评估	项目评价 观察评价
第5—6周	他们说得怎么样：清晰、连贯和结构	基础型	判断论辩是否清晰、连贯；识别论辩内部是否逻辑连贯	情境教学 体验活动 跨学科融合与示例研究	纸笔测试（心理测量） 观察评价
第7—8周		基础型	了解联合理由和独立理由；识别过渡结论及其作用	情境教学 体验活动 跨学科融合与示例研究	项目评价 观察评价
第9—10周	读出言外之意：找出潜在假设和隐式论辩	基础型	理解什么是假设、潜在假设和隐藏假设	自主阅读，探究文本 教师讲解，小组合作 头脑风暴，项目评估	项目评价 观察评价
第11—12周		基础型	了解隐式论辩的含义，并识别这种论辩；理解外延和内涵	辩论视频研讨 体验活动，模拟辩论	项目评价 观察评价

续表

时间	主题	课程类型	内容	教与学方式	考查、评价方式
第13—14周	读出言外之意：找出潜在假设和隐式论辩	基础型	复习、准备论辩	复习，模仿，研究示例	项目评价 观察评价
第15—16周		延展型	辩论的技巧，开展辩论会	辩论会现场直播	项目评价 观察评价
期末	—	—	—	—	纸笔测试 综合评价

3. 八年级上学期

表附 13-3　八年级上学期批判性思维课程教学安排

时间	主题	课程类型	内容	教与学方式	考查、评价方式
第1—2周	这个论辩算数吗：找出论辩中的缺陷	基础型	明确论辩中可能包含的一系列问题，找出论辩中的缺陷，如假定因果联系和虚假相关	自主阅读，探究文本 教师讲解，小组合作 头脑风暴，科学评估	纸笔测试（心理测量） 观察评价
第3—4周		基础型	理解必要条件和充分条件	自主阅读，探究文本 教师讲解，小组合作 头脑风暴，科学评估	项目评价 观察评价
第5—6周		基础型	识别虚假类比、偏离方向、共谋和排除在外	情境教学 体验活动 跨学科融合与示例研究	纸笔测试（心理测量） 观察评价
第7—8周		基础型	了解缺陷辩论的其他类型	情境教学 体验活动 跨学科融合与示例研究	项目评价 观察评价

续表

时间	主题	课程类型	内容	教与学方式	考查、评价方式
第9—10周	证据在哪里：证据信息源的寻找和评估	基础型	区分一次文献和二次文献、寻找证据进行文献检索	自主阅读、探究文本 教师讲解、小组合作 头脑风暴、项目评估	项目评价 观察评价
第11—12周		基础型	了解证据研究的一些概念，如真实性、有效性、通用性、可靠性	辩论视频研究 体验活动	项目评价 观察评价
第13—14周		基础型	了解证据研究的一些概念，如相关性、概率和控制变量	自主阅读，探究文本 教师讲解，小组合作 头脑风暴，项目评估	项目评价 观察评价
第15—16周		基础型	辨认研究项目中评估样本的方法	头脑风暴，项目评估	项目评价 观察评价
期末	—	—	—	—	纸笔测试 综合评价

4. 八年级下学期

表附 13-4 八年级下学期批判性思维课程教学安排

时间	主题	课程类型	内容	教与学方式	考查、评价方式
第1—2周	批判阅读与做笔记：对材料进行批判性选择、解读与记录	基础型	发展有选择地阅读的策略；明确理论和论辩的关系及分类	自主阅读，探究文本 教师讲解，小组合作 头脑风暴，科学评估	纸笔测试（心理测量） 观察评价

续表

时间	主题	课程类型	内容	教与学方式	考查、评价方式
第3—4周	批判阅读与做笔记：对源材料进行批判选择、解读与记录	基础型	检查对文章的解读是否准确；发展有所选择地、批判性地做笔记的策略	自主阅读，探究文本教师讲解，小组合作头脑风暴，科学评估	项目评价观察评价
第5—6周	批判分析型写作：在写作中运用批判性思维	基础型	明确批判分析型写作的特点；辨认辩论走向的语言结构	情境教学体验活动跨学科融合与示例研究	纸笔测试（心理测量）观察评价
第7—8周		基础型	在文章间进行比较，辨认批判型写作的特点	情境教学体验活动跨学科融合与示例研究	项目评价观察评价
第9—10周		基础型	理解批判性思维技能如何被应用于写作	自主阅读，探究文本教师讲解，小组合作头脑风暴，项目评估	项目评价观察评价
第11—12周		延展型	批判分析型写作拓展训练	进行主题写作	项目评价观察评价
第13—14周	批判反思	基础型	理解批判反思的含义及其对学习和工作的挑战与益处；明白如何选取批判反思的方式、方法	自主阅读，探究文本教师讲解，小组合作头脑风暴，项目评估	项目评价观察评价
第15—16周		基础型	形成自己的批判反思模型，理解一次反思和二次反思的关系；知道如何将理论应用于实践，并识别好的和差的批判反思。	头脑风暴，项目评估	项目评价观察评价
期末	—	—	—	—	纸笔测试综合评价

（四）课程评价

批判性思维课程的达标分为基础达标、特色达标和综合达标三个层次。基础达标考查的是学生的课堂表现和小组表现，特色达标考查学生的辩论、演讲等，综合达标则对学生的纸笔测验、论文、研究报告等做出评价。

十四、潍坊（上海）新纪元学校七年级学生学习适应性量表（增订版）测试结果团体报告

（一）学习适应性量表（增订版）简介

学习适应性直接决定着学生的学习质量。通过对学生学习适应性的评价，我们能够清楚地判断出学生潜力的发挥状况，比较客观地诊断出学生学习的实际状态，并根据每个人的具体情况，针对学生出现的不适应现象予以正确指导，使其扬长避短，达到充分挖掘学习潜力的目的。

此量表是自陈量表，由学习方法、学习习惯、学习态度、学习环境和身心适应五个分量表组成，每个分量表各有 12 题，共有 60 个检测题。

（二）测试基本情况

时间：2014 年 10 月 20 日。

地点：潍坊（上海）新纪元学校。

人数：共测试七年级学生 148 人，其中男生 87 人，女生 61 人。详见表附 14-1。

测验方式：计算机团体测试。

表附 14-1　参加测试人数　　　　　　　　　　单位：人

班级	性别		总人数
	男	女	
1 班	23	15	38
2 班	22	16	38
3 班	20	15	35
4 班	22	15	37
全体	87	61	148

（三）结果分析

以班级为单位对 148 名学生的测试结果进行分析，将学生分为优秀差五个等级，详细结果见表附 14-2 至表附 14-6。

表附 14-2　各班学生学习方法分量表测试结果　　　　单位：人

班级	等级				
	优秀	良好	中等	较差	差
1 班	5	3	29	1	0
2 班	11	5	21	0	1
3 班	3	5	26	1	
4 班	5	1	26	1	4
全体	24	14	102	3	5

表附 14-3　各班学生学习习惯分量表测试结果　　　　单位：人

班级	等级				
	优秀	良好	中等	较差	差
1 班	0	3	29	5	1
2 班	3	6	20	2	7
3 班	0	1	27	6	1
4 班	1	3	13	6	14
全体	4	13	89	19	23

表附 14-4　各班学生学习态度分量表测试结果　　　　单位：人

班级	等级				
	优秀	良好	中等	较差	差
1 班	8	10	20	0	0
2 班	10	9	14	5	0
3 班	6	10	19	0	0
4 班	8	3	17	9	0
全体	32	32	70	14	0

表附 14-5　各班学生学习环境分量表测试结果　　　　　单位：人

班级	等级				
	优秀	良好	中等	较差	差
1 班	4	2	27	5	0
2 班	10	4	12	6	6
3 班	4	3	21	7	0
4 班	3	3	14	8	9
全体	21	12	74	26	15

表附 14-6　各班学生身心适应分量表测试结果　　　　　单位：人

班级	等级				
	优秀	良好	中等	较差	差
1 班	1	3	31	3	0
2 班	4	6	21	3	4
3 班	1	2	29	3	0
4 班	2	2	16	12	5
全体	8	13	97	21	9

（四）测验分数与等级换算

表附 14-7　测验分数与等级换算

测试分数	等级
65 及以上	优秀
60—65	良好
40—60	中等
36—40	较差
36 以下	差

十五、多维度少年儿童团体智力测验
测试结果团体报告

（一）量表简介

多维度少年儿童团体智力测验（GITC）由语言量表和非语言量表两大部分构成，两部分共包含 10 个分测验。语言量表包含常识、类同、算术、理解和词汇五个分测验；非语言量表包含辨异、排列、空间、译码和拼配五个分测验。每一分测验中都有难易程度不同的测试题。GITC 通过汇合尽可能多样的测验来探查学生的认知能力（智力）水平。

（二）测试基本情况

时间：2015 年 9 月 5 日至 15 日

地点：潍坊（上海）新纪元学校

人数：高一年级学生共 624 人，其中男生 307 人、女生 317 人。详见表附 15-1。

方式：计算机团体测试。

表附 15-1　测试人数分布　　　　　　　　单位：人

班级	性别		总计
	男	女	
1班	31	24	55
2班	25	33	58
3班	27	16	43
4班	27	23	50
5班	13	27	40
6班	34	16	50
7班	19	22	41

续表

班级	性别		总计
	男	女	
8 班	19	25	44
9 班	16	28	44
10 班	18	24	42
11 班	20	16	36
12 班	25	28	53
13 班	17	15	32
14 班	16	20	36

（三）测试结果团体报告

1. 全量表测试结果总体分析

测试所得原始分数与常模表进行比较，将原始分数转换成标准分数，此标准分数为 IQ 分数，其平均数为 100，标准偏差被用来表示测试总体或个人的分数在群体中的相对位置。IQ 分数与智力水平类别的转换按表附 15-2 进行。

表附 15-2　IQ 分数与智力水平类别的转换

IQ 分数	智力水平类别	理论分布百分比/%
高于或等于 130	极优秀	2.2
120—130	优秀	6.7
110—120	中上（聪明）	16.1
90—110	中等（一般）	50.0
80—90	中下	16.1
70—80	较差	6.7
低于 70	差（智力缺陷）	2.2

（1）全体学生全量表 IQ 分数分布和常模的比较

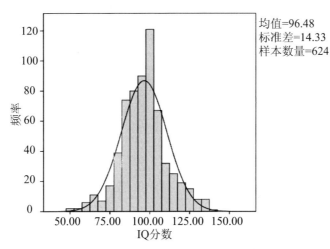

图附 15-1　全体学生全量表 IQ 分数分布和常模的比较

图附 15-1 展现了全量表测试得到的 IQ 分数的分布，即全体学生（624 人）认知能力（智力）的分布情况。全量表 IQ 分数的均值为 96.48 分。与常模组的平均水平（100）基本持平，且符合正态分布；标准差为 14.33，表明学生之间存在较明显差异。

（2）全体学生全量表智力类别分布

表附 15-3 和表附 15-4 分别展现了男女生和各班级学生的智力类别分布情况。

表附 15-3　男女生智力类别分布情况　　　　　单位：人

性别	智力类别						
	极优秀	优秀	中上（聪明）	中等（一般）	中下	较差	差（智力缺陷）
男	8	24	30	158	57	15	15
女	3	9	25	188	66	18	8
总计	11	33	55	346	123	33	23

表附 15-4 各班智力类别分布情况 单位：人

班级	智力类别						
	极优秀	优秀	中上（聪明）	中等（一般）	中下	较差	差（智力缺陷）
1班	0	5	7	28	13	1	1
2班	1	2	2	35	11	4	3
3班	0	0	0	11	19	6	7
4班	1	4	3	29	8	3	2
5班	0	0	2	26	7	5	0
6班	1	1	2	32	8	5	1
7班	1	1	1	19	15	1	3
8班	1	5	11	24	2	1	0
9班	1	3	4	30	5	0	1
10班	1	4	9	25	2	1	0
11班	3	4	8	21	0	0	0
12班	1	3	4	35	10	0	0
13班	0	0	0	18	10	4	0
14班	0	1	2	13	13	2	5

由表附 15-5 可知，本次测试全体学生的全量表 IQ 分数的实际分布情况和理论分布情况无较大差异。团体测试结果符合正态分布。

表附 15-5 全体学生 IQ 分数实际分布情况和理论分布情况

IQ 分数	等级	理论占比/％	理论人数/人	实际人数/人
130 及以上	极优秀	2.2	14	11
120—130	优秀	6.7	42	33
110—120	中上（聪明）	16.1	100	55
90—110	中等（一般）	50.0	312	346
80—90	中下	16.1	100	123
70—80	较差	6.7	42	33
70 以下	差（智力缺陷）	2.2	14	23

2. 语言量表和非语言量表测试结果分析

采用与全量表相同的方式，将语言量表和非语言量表的原始得分转换成 IQ 分数。对全体被试的语言量表和非语言量表的 IQ 分数进行分析，相应的智力类别分布详见表附 15-6 和表附 15-7。

表附 15-6　男女生语言量表智力类别分布情况　　　　　　　　单位：人

性别	智力类别						
	极优秀	优秀	中上（聪明）	中等（一般）	中下	较差	差（智力缺陷）
男	2	9	39	162	59	23	13
女	1	4	27	195	57	26	7

表附 15-7　男女生非语言量表智力类别分布情况　　　　　　　　单位：人

性别	智力类别						
	极优秀	优秀	中上（聪明）	中等（一般）	中下	较差	差（智力缺陷）
男	11	8	53	153	39	22	21
女	1	9	23	190	56	26	12

3. 全量表和两部分量表的样本均值和常模均值的比较

由表附 15-8 可知，全体学生全量表 IQ 分数的均值处于中等（一般）水平（$90 \leqslant IQ \leqslant 110$）；语言量表、非语言量表的 IQ 分数均值也处于中等（一般）水平。

表附 15-8　全量表和两个分量表样本均值与常模均值的比较

样本/常模	语言分量表 IQ 分数	非语言分量表 IQ 分数	全量表 IQ 分数
样本均值	95.22	96.19	96.41
常模均值	100	100	100

4. 各分测验样本均值与常模均值的比较

从各分测验测试结果的情况可以看出全体被试的优势和不足。于是我们将全体学生的 10 个分测验的原始分数转换为 IQ 分数，求出平均值并和常模均值进行了比较。

由表附 15-9 可知，全体被试在语言量表的 5 个分测验都处于中等（一般）水平。

表附 15-9　语言量表中 5 个分测验样本均值与常模均值的比较

样本/常模	IQ 分数				
	常识	类同	算术	理解	词汇
样本均值	97.4	89.5	96.6	95.9	90.9
常模均值	100	100	100	100	100

由表附 15-10 可知，非语言量表的各分测验的 IQ 分数均值中，译码分测验最高，样本均值为 114.8，接近中上水平；排列、空间和拼配为中等（一般）水平；辨异为中下水平。

表附 15-10　非语言量表中 5 个分测验样本均值与常模均值的比较

样本/常模	IQ 分数				
	辨异	排列	空间	译码	拼配
样本均值	89.9	99.2	93.7	114.8	93.4
常模均值	100	100	100	100	100

十六、潍坊（上海）新纪元学校四年级语文学科单元教学双向细目表

知识领域	学习内容	掌握水平（评价学到什么、程度）		
		识记	理解	应用
字词	1. 词语盘点默写 2. 多音字：折腾，枝折花落，不折不扣；堵塞，边塞；扫帚，打扫 3. 反义词：踌躇不前（勇往直前、奋勇向前）；若无其事（草木皆兵）；轻而易举（寸步难行） 4. 近义词：颓丧（沮丧、颓废）；争先恐后（你追我赶）；悲叹（悲伤）；媲美（比美）；侵蚀（腐蚀、侵害）；频繁（经常）	✓	✓	✓

知识领域	学习内容	掌握水平（评价学到什么、程度）		
		识记	理解	应用
句子标点	1. 第9课：课后3 2. 第10课：第二段的反问句变成陈述句；引号的作用 3. 第11课：课后3；第二段的设问句 4. 第12课："打扫森林"第四段的设问句；"人类的老师"第2段的设问句；积累运用农谚		√	√
阅读	1. 第9课：联系上下文理解"愚不可及的蠢事"；联系上下文说出"自然之道"指什么，说出自己所知道的"自然之道" 2. 第10课：设计一句保护母亲河的宣传语 3. 第11课：第3段，填关联词语并讲体会；讲解从动物身上得到启示；设计一个小发明 4. 第12课：讲讲大自然的启示 5. 说明文用词特别准确，从本单元课文中找出这样的词语，并说出它们准确地写出了什么		√	
写作	1. 写一篇大自然的启示 2. 有条理地写出自己发现的问题、解决问题的过程、得出的结论以及从中得到的启示 3. 准确地表达自己的意思			√

十七、潍坊（上海）新纪元学校
九年级数学双向细目表

章节	知识点	基础题		中档题		较难题		综合题	
		题号	分值	题号	分值	题号	分值	题号	分值
证明（二）	等腰三角形	—	—	—	—	—	—	(6)(8)	2
	等边三角形	—	—	—	—	—	—	(6)	1
	直角三角形	(16)	5	—	—	—	—	(8)(14)	2
	互逆命题	(9)	3	—	—	—	—	—	—
	线段的垂直平分线	—	—	—	—	—	—	(6)	1
	角平分线	—	—	—	—	—	—	—	—

续表

章节	知识点	基础题		中档题		较难题		综合题	
		题号	分值	题号	分值	题号	分值	题号	分值
一元二次方程	一元二次方程的概念	(1)	3	—	—	—	—	—	—
	一元二次方程的解	(10)	3	—	—	—	—	—	—
	解一元二次方程	(15)	4	(15)	4	—	—	—	—
	一元二次方程应用题	(7)	3	(18)	5	—	—	—	—
证明（三）	平行四边形	(22)	2	(19)	7	—	—	—	—
	矩形	(22)	2	—	—	—	—	—	—
	菱形	—	—	(22)	6	—	—	(14)	1
	正方形	—	—	—	—	—	—	(14)	1
	等腰梯形	—	—	—	—	—	—	(8)	1
	三角形的中位线	(3)	3	—	—	—	—	—	—
	综合计算和证明	—	—	—	—	—	—	—	—
视图与投影	几何体的三视图	(2)	3	—	—	—	—	—	—
	平行投影	(11)	3	—	—	—	—	—	—
	中心投影	(17)	4	—	—	—	—	—	—
	视线与盲区	(17)	2	—	—	—	—	—	—
反比例函数	反比例函数的概念	(21)	2	—	—	—	—	—	—
	反比例函数的图像性质	(13)	3	(21)	2	—	—	—	—
	反比例函数的实际应用	—	—	—	—	—	—	—	—
	反比例函数与一次函数	(4)	3	—	—	—	—	—	—
	反比例函数与矩形、三角形的面积	—	—	(21)	2	(21)	4	—	—
频率与概率	树状图或列表求概率	(5)	3	—	—	—	—	—	—
	模拟实验求可能事件的概率	(12)	3	—	—	—	—	—	—
	应用题	(20)	5	(20)	2	—	—	—	—

十八、潍坊（上海）新纪元学校物理
高考知识点双向细目表（节选）

知识领域	具体知识内容	能力等级	具体细化能力要求			说明	近5年高考试卷所含题目数							
			识记	理解	应用		1	2	3	4	5	6	7	8
质点的直线运动	参考系、质点	I	✓				✓							
	位移、速度和加速度	II	✓				✓	✓			✓		✓	✓
	匀变速直线运动及其公式、图像	II	✓				✓	✓		✓		✓		✓
相互作用与牛顿运动规律	滑动摩擦力、动摩擦因数、静摩擦力	I		✓				✓						
	形变、弹性、胡克定律	I	✓											✓
	矢量和标量	I			✓			✓						
	力的合成和分解	II	✓					✓						
	共点力的平衡	II	✓						✓		✓		✓	✓
	牛顿运动定律、牛顿定律的应用	II	✓					✓	✓	✓		✓		
	超重和失重	I			✓			✓						
抛体运动与圆周运动	运动的合成和分解	II			✓	斜抛运动只做定性要求			✓					
	抛体运动	II	✓						✓		✓			✓
	匀速圆周运动、角速度、线速度、向心加速度	I	✓						✓					
	匀速圆周运动的向心力	II			✓					✓	✓	✓	✓	✓
	离心现象	I	✓						✓					

十九、潍坊（上海）新纪元学校九年级
模拟考试语文试题双向细目表

题号		考点	分值	各能力层级的分值					各难度水平的分值		
				识记	理解	表达应用	分析综合	鉴赏评价	容易	中等	较难
1		字音	3	3					3		
2		字形	3	3					3		
3		词语运用	3		3					3	
4		病句修改	4			4				4	
5		材料探究	4			2	2			4	
6		文学常识	3	3					3		
7	（1）	信息提取	3				3		3		
	（2）	拟写标语	4			4			4		
	（3）	拟写开场白	3			3			3		
8		古诗文默写	10	10					10		
9		文言实词解释	4		4				4		
10		文言句子翻译	4		4					4	
11		文意理解	3				3			3	
12		课外延伸	4			4			4		
13		内容概括	4		4					4	
14		重点词含义	4		4						4
15		重点句赏析	4					4			4
16		人物形象归纳	4				4			4	
17		课外延伸	4			4			4		
18		标题理解	4				4				4

续表

题号	考点	分值	各能力层级的分值					各难度水平的分值		
			识记	理解	表达应用	分析综合	鉴赏评价	容易	中等	较难
19	内容理解	4				4			4	
20	对比写作手法	4				4			4	
21	哲理句含义	4				4				4
22	课外延伸	4				4		4		
23	作文	55			55				55	

二十、潍坊（上海）新纪元学校数学工作室双主线教学实施方案

（一）数学工作室项目解读

数学工作室的主要工作是组织和指导学生参加中学生奥林匹克数学竞赛和MOOCAP课程学习。

（二）数学工作室项目的价值和意义

数学竞赛是一项传统的智力竞赛，它对于激发青少年学习数学的兴趣、扩展知识视野、培养数学思维能力、选拔数学人才都有重要的意义。

1. 发现人才

在数学竞赛中我们可以发现一批思维敏捷、数学逻辑智能超群的学生，从而加以重点培养。

2. 激发学习兴趣

教科书上的数学是"大众数学"，是作为社会公民必须要掌握的知识。对一些擅长理性思维、数学逻辑智能较好的学生来说，他们的学习空间更大，教科书上的内容远远不够。如果他们在知识、能力上得不到应有的拓展，其数学潜能无法得到开发，他们则可能会在简单、平易的数学学习中丧失对数学的兴趣和热情。

数学竞赛为他们提供了一个展示数学才能的平台，可以进一步激发他们学习数学的兴趣。

3. 促进教师钻研业务

数学竞赛的题目大多比较新颖、有创意、思考性强，不少问题远远超过了教科书的要求。教师要想辅导学生参加竞赛，就必须要有较好的数学素养和教学方法，在解题能力和表达能力方面也有较高的水平，这就促使教师自觉钻研业务，不断地更新知识，这对教师的专业成长大有裨益。

（三）工作室的运作途径和方法

1. 打好基础

要参加竞赛，首先要把教科书中的一些基本概念搞清楚。基础不扎实则难以取得好成绩。历届数学竞赛中出现的一些情况值得我们注意：有些学生综合题、难题解得很好，而基础性的选择题、填空题却常常出现失误，这说明教师辅导学生时不能只关注难题，还要注意对基本概念、基本运算能力的培养。

2. 发挥集体的优势

一个选手的获奖往往不是一个教师的功劳。教师在指导学生时要有"人梯精神"，数学组的教师要团结一致、以老带新，大家互帮互助、群策群力，没有年级界限，没有班级界限，没有分内分外，只有合力，因为大家想的都是如何培养数学英才。

3. 选拔合适的学生

数学竞赛不同于中考、高考，要选择在数学方面较优秀的学生参加竞赛，要找准苗子重点辅导，提高辅导质量。

4. 适当补充数学知识

解决数学竞赛中的问题所要用到的数学知识中，有一些在教科书里是没有的，需要教师补充。具体有以下几方面。

（1）初等数学中的几个基本原理，如抽屉原理、容斥原理、最小数原理、乘法原理、加法原理等。

（2）简单的数论问题，如乘除问题、同余问题、正整数的质因数分解、奇数偶数问题、质数有关问题等。

（3）简单的覆盖问题和一笔画问题。

（4）基本的空间图形知识。

（5）平面几何知识。

5. 重视常用的数学思想与方法

许多竞赛试题看起来奇妙独特，但若究其根本，运用一些常见的数学思想与方法，则往往能"化神奇为平常，化复杂为简单"，使题目得以顺利解决，如枚举法、待定系数法、换元法、方程思想、变换思想、数形结合思想、分类思想等。

6. 培养独立思考能力和创新能力

竞赛经常会出现一些非常规问题和有新意的问题，如果教师平时辅导竞赛时仅让学生模仿和机械训练，学生则无法解决这些"新题"。教师应在辅导过程中引导学生独立思考一些"新题"（"陈题"对于未见过它们的学生来说也是"新题"），帮助学生学会探索、尝试、分析，找到解决问题的思路和方法，提高思维的独立性、创造性、批判性和灵活性。

二十一、潍坊（上海）新纪元学校精英工作室双主线教学实施方案

高中阶段是学生个性形成、自主发展的关键时期，高中教育对提高国民素质和培养创新人才具有特殊意义。创新人才培养离不开教育，应引导学生在中学时为日后在科学领域的深入学习做准备，这样才能使学生对科学保持浓厚的兴趣，逐步积累科研知识与技能，不断提升科学素养。为此，我校高中部成立精英教育工作室，以下为精英工作室双主线教学实施方案。

（一）项目的价值和意义

1. 有助于学校特色和品牌的形成

学校"尊重差异，提供选择，开发潜能，多元发展"的教育理念意味着为每个学生提供适合的教育，符合国家"培养拔尖创新人才"精神，蕴含着让所有学生都得到符合其潜能、满足其兴趣的差异化教育，从而实现教育公平的意义。精英工作室项目以科学、创新的培养方式，将学校的理念转化为行动，从而促使学校特色和品牌的形成，不断扩大学校的影响力和知名度。

2. 满足学生发展自身潜能和成才的需要

学生对发展自身潜能和成才有强烈的需要,但常苦于无法找到能满足其需要的学校。现有教育政策多关注经济困难学生、经济落后地区的教育、学习困难学生等"补缺"的方面,相较而言,对有潜能成为拔尖创新人才的优秀学生的关注较少。许多拔尖学生不得不重复学习、练习已经熟练掌握的知识,将过多时间和精力花费在缺乏挑战性的任务上,这样一来,学生难免会产生厌倦情绪,丧失学习兴趣。精英工作室将目光锁定在拔尖学生身上,最大限度地挖掘他们的潜能,以此满足学生对发展自身潜能和成才的需要。

(二)工作目标

精英工作室旨在培养卓越学生,不仅使学生获得较高的学业成绩,而且开发其潜能,培养其创新创造能力,使其形成坚持不懈、积极进取的品性。具体工作目标如下。

第一,对学科拔尖的学生,深化其对学科专业知识的学习,协助其参加各级各类国标课程竞赛并争取获奖。

第二,鼓励超长发展,培养卓越学生,争取在 2020 年前有学生考入中国科学技术大学少年班。

第三,激发学生的创新意识,提高学生的创造才能,组织学生参加全国和省级各类创新大赛并争取获得一、二等奖项。

第四,对有创造天赋的学生,鼓励其在特色项目上申请国家专利。

第五,积极推进品牌学科建设,形成品牌学科建设效应,争取在全省范围内产生积极影响。

(三)实施的途径和方法

组织精英工作室的全体学生在开学前的假期里进行自主学习,完成下一学期新课内容的学习。为达成深度学习的目标,学校为学生提供多种自主学习支持,包括我校特级教师的导学案、在线交互式深度学习软件、交互式解题软件、影像资料、直播课等。

学生在校的学习侧重于知识的广度以及思维的深刻性和灵活性。教师为学生设计个性化、有挑战性的目标任务,在题目类型、解题方法等方面给予学生指导,设计分层的综合性测试卷,培养学生的综合思维能力,训练其解题技巧,让学生的能力和智力都有显著提升。

学生在高二上学期完成高中全部教材内容的学习和特色课程的导入训练，在高二下学期开始接受第一轮复习提高训练和特长指导，进入高三则接受各科竞赛辅导和创新创造训练，为参加各种竞赛做好准备。教师建设好学科课程和特色课程的培训资料库，包括选拔测试卷、教学设计、教学内容、习题及评估等材料，用一到两年的时间建立健全优秀学生的培训资料，并持续更新；同时对新纪元教育集团的丰富教育资源进行整合和梳理，建立学科网上教育资源库，并与北京道远教育科技公司、山东奥林匹克集训队沟通，准备好教材及各种教学资源。

（四）教师团队和学生团队的组建

1. 教师团队的组建

优秀学生的培养需要优秀的教师团队。学校成立以特级教师和优秀骨干教师为主的指导团队，指导团队跨年级进行指导，并邀请新纪元教育集团的奥赛导师团队定期进校授课和指导。

2. 学生团队的组建

有意向参加精英工作室的高二学生需参加选拔考试，其差异化测试的结果被纳入参考范围；对高一学生的选拔则是依据其入学成绩和差异化测试结果。

二十二、潍坊（上海）新纪元学校九年级差异化学习实施方案

（一）实施目的

为进一步贯彻落实学校尊重差异的办学理念，使差异化教育开花结果，让学生、家长、社会对学校的满意度更高，九年级在广泛征求师生意见和建议的基础上，决定在每天下午第七、第八节课实施差异化学习。

（二）实施策略

1. 学生分组

根据本学期考试成绩的情况，每个学科的学生被划分为四大组：A＋组（40人）、准A组（80人）、C组（217人）、D组（40人）。学生的分组工作由备课组长负责，并打印出名单。

2. 教师分工

备课组长负责教师的分工，教师明确自己所负责学生大组的特征，精心制定差异化学习内容。

3. 学习安排

每大组的学生又被分为两个小组。对 A＋组的学生，备课组为其选择拔高性学习资料，学生自主学习。对准 A 组的学生，由负责的学科教师选择合适的学习资料，有针对性地指导学生学习。对 C 组的学生，由负责的学科教师进行辅导，打牢学科基础。对 D 组的学生，由年级主任负责，教师进行以鼓励性教学为主的基础性学习指导，确保学生学科成绩过关，不让学生自我放弃。

4. 时间与科目安排

表附 22-1　差异化学习时间与科目安排

周一	周二	周三	周四	周五
数学	语文	物理	英语	物理
英语		英语	数学	化学

5. 教学地点安排

表附 22-2　差异化学习教学地点安排

A组	准A组	C组	D组
荣誉教室	实验1班、2班	原教室	奇迹教室

（三）评价

1. 学生评价

根据每节课的课时内容，定期组织不同组的学生进行测试，责任到教师。如果某生期末考试数学成绩是 A（5分），而前 4 次等级分的平均分为 4.75，则表明该生在期末数学考试中是有明显进步的；但如果该生期末数学考试成绩是 B（4分），表明该生退步了。

2. 教师评价

根据教师的差异化备课情况、辅导情况、工作态度、敬业精神、学生进步情况等对教师进行评价，并作为教师考评的一部分。例如，某生某科以往 4 次考试等级分的平均分为 4.5，经过差异化学习后，该生在中考中该科成绩为 A，那么，除对该生科任教师在考评中进行加分外，也对差异化辅导的科任教师加 0.5 分。

二十三、潍坊（上海）新纪元学校"345"高效课堂教学模式教案示例：《威尼斯的小艇》

课题	26. 威尼斯的小艇	所需课时	1 课时	主备教师	马老师
教学资源	教师上传教学资源；学生平板电脑充好电，做好课前学习单。				
教学目标	1. 能说出威尼斯小艇的特点以及小艇与人的密切关系，有感情地朗读课文。 2. 认识并练习用"人与物结合写风情"的方法写有关家乡独特风情的片段。 3. 能发现问题，独立或合作解决问题，并发表自己的见解。				
教学重点	1. 能说出威尼斯小艇的特点以及小艇与人的密切关系，有感情地朗读课文。 2. 认识并练习用"人与物结合写风情"的方法写有关家乡独特风情的片段。				
教学难点	认识并练习用"人与物结合写风情"的方法写有关家乡独特风情的片段。				

教学过程设计	备注
一、谈话引入 1. 复习回顾第 8 单元和第 25 课 单元主题：异域风情。第 25 课："景理结合写风情"的方法。 2. 依据查阅的材料简单介绍威尼斯，以"威尼斯是世界上唯一没有车的城市"引出"威尼斯的小艇"。板书课题，并板书"主要交通工具"。 二、交流预习，明确重点 1. 小组内交流自己的预习收获和疑难问题。 2. 集体交流课文的主要内容和组内解决不了的疑难问题。 通过交流让学生对课文有整体感知，结合学生的回答及时梳理问题，板书重点问题。 （如果学生提出的疑难问题正好是这一节课的重点所在，就顺势而为；如果	在导学案的基础上直奔重点，导入新课。

学生没有提出也不要紧，因为前边已经把主要内容板书出来了，可以这样说："小艇是什么样子的？它和人们有着怎样的关系呢？我们一起来学习。"）

三、重点探究

（一）了解小艇的样子

1. 威尼斯的小艇是什么样子的？请找到有关句子，读一读。

2. 比较阅读，体会小艇的特点。

出示句子，对比，提问：书中的原句好在哪里？

原句：威尼斯的小艇有二三十英尺长，又窄又深，有点像独木舟；船头和船艄向上翘起，像挂在天边的新月，行动轻快灵活，仿佛田沟里的水蛇。

改句：威尼斯的小艇有二三十英尺长，又窄又深；船头和船艄向上翘起，行动轻快灵活。

通过比较，让学生体会作者通过形象的比喻写出了小艇的形状和行动的特点。

3. 看图理解。

4. 想象着画面读课文，感受威尼斯小艇的特点。

5. 同桌之间相互背诵。

（三）了解小艇和人的密切关系

1. 同桌交流，再次整理课前预习的成果，说说小艇在人们生活中的作用。

2. 集体交流。

商人夹了大包的货物，匆匆地走下小艇，沿河做生意。

青年妇女在小艇里高声谈笑。

许多孩子由保姆伴着，坐着小艇到郊外呼吸新鲜的空气。

庄严的老人带了全家，夹着圣经，坐着小艇去教堂做祷告。

半夜，戏院散场了，一大群人拥出来，走上了各自雇好的小艇。

3. 拓展想象：还有哪些人？他们坐着小艇去干什么？

预设：学生坐着小艇去上学，工人、警察、老师……

4. 由船夫的驾驶技术特别好出发，进一步了解小艇与人的关系。

（1）教师扮导游，创设情境，邀请"游客"上小艇，配乐解说威尼斯的几处代表性景点。

（2）夸船夫的驾驶技术：我们能这么惬意地欣赏威尼斯的旖旎风光，多亏了谁的工作呀？让我们夸夸船夫，学生没有提出也不要紧，因为前边已经把主要内容板书出来了，可以这样说："小艇是什么样子的？它和人们有着怎样的关系呢？我们一起来学习。"）

表达我们的赞叹与感谢吧。

①学生自由说。教师鼓励学生用"操纵自如"等词语。

学生在老师的引导和点拨下，通过自主、合作、探究的学习方式，了解小艇的样子以及小艇与人密切的关系，学习运用"人与物结合写风情"的方法写家乡独特风情的片段，实现语言的建构和运用、思维的培养和提升。

②学生朗读第四段。

小结：船夫的驾驶技术这么好，正是因为威尼斯人都离不开小艇（人与物结合）。

5. 由威尼斯夜景进一步了解小艇与人的关系，感受威尼斯的风情（人与物结合）。

（1）配乐播放夜景图片。

（2）朗读最后一段。

四、总结人与物结合的方法

1. 快速浏览课文，思考：作者是怎样写威尼斯小艇的？

小艇的样子、小艇与人的关系（日常生活、白天、夜晚、船夫）。

悟表达方法。

2. 小结：在威尼斯，河道为街，小艇为车；白天，当小艇一出动，威尼斯就喧闹起来，充满生机活力；夜晚，当小艇一停靠岸边，威尼斯就沉寂、安静下来；作者就是运用了这种人与物结合的方法，使我们知道了威尼斯小艇的特点，感受到了威尼斯特有的异域风情。

对重点进行练习。

五、学以致用

写一段话，介绍家乡最有特点的某处景或某个物，学习运用人与物结合的方法。

1. 预设：潍坊的风筝、潍坊的萝卜……

2. 以风筝为例指导：风筝的样子、种类、放风筝、潍坊国际风筝会……

3. 学生动手写作。

4. 展示、点评。

六、作业设计

1. 必读：课本第 155 页的《威尼斯之夜》——威尼斯梦境般的绮丽夜景。

2. 选读以下几篇。

（1）《主题 7》中的《雨中威尼斯》：威尼斯头顶雨水、脚踏海水的独特风景。

（2）《主题 7》中的《东方小威尼斯》：苏州同里小镇"小桥、流水、人家"的江南水乡美景。

教学反思：

一、三次修改，确定目标

课讲完了，回首备课和授课的过程，感觉自己又经历了一次磨炼，又打磨了一次目标导向的教学，感受最深的是学习目标的定位。

在充分理解教材和本班学生情况的基础上，我设定的学习目标为以下两点。

第一，了解威尼斯小艇的特点以及小艇与人的密切关系，感受威尼斯的独特风情。

第二，领会并学习运用"人与物结合写风景"的方法，写家乡的某处景或某个物。

教研组磨课时，老师们给我指出：学习目标的表述不明确；第二个目标中"写家乡的某处景或某个物"是任务不是目标；应该有体现思维能力培养的目标。

我仔细琢磨，将目标修改如下。

第一，了解威尼斯小艇的特点和小艇与人的密切关系，感受威尼斯的独特风情。

第二，学习"人与物结合写风景"的方法，练习写一个片段。

第三，提高概括信息、发现问题、发表自己见解的能力。

我又请教了市教科院的专家，他们给出的建议是：目标一定要能被检测；第三个目标太大；在最后的课堂练笔环节至少要有 3 个学生的展示和评价；要让学生多进行创造性说、写和听。

带着这些建议，我又仔细研读了课标和教材，第三稿学习目标如下。

第一，能说出威尼斯小艇的特点以及小艇与人的密切关系，有感情地朗读课文。

第二，认识并练习用"人与物结合写风情"的方法写家乡独特风情的片段。

第三，能发现问题、独立或合作解决问题，并且发表自己的见解。

第三稿的学习目标将"了解""感受""领会"这些模糊的词语改成了"说出""读出""写出"这些显性指标，更有利于师生检测。第三个有关思维能力培养的目标也更明晰。有了明晰的目标，教学活动的设计便有了方向，从整节课来看，这三个目标都得到了很好的实现，教学效果不错。由此我懂得了，表述的教学目标一般要包含四要素：行为主体（学生）、行为动词、行为条件和表现程度，以真正保证每个学生都能在自己原有的水平和能力基础上得到发展。

二、注重学生的思维训练

在导入环节，我让学生根据课前查阅的资料就威尼斯这座城市进行交流，以实现资源共享，提高学生的积极性，为学生的个性化发展开拓思维空间。交流预习环节将学生的自学与同学之间的合作学习结合起来，既关注学生的需求，也充分激发学生的主动意识。交流之后，教师引导学生自己提出问题，这是一种有效的思维训练方法。教师对问题加以整理，使教学更具针对性，使问题更有探究价值。在重点探究环节，通过比较阅读，学生进行积极的思考，通过改句和原句的比较，学生能很好地了解小艇窄、长、灵活的特点，比较阅读是促使学生进行积极思考的一种有效方式。通过拓展想象"还有哪些人""坐着小艇去干什么"这些问题，学生能够体会小艇与人们日常生活的密切关系，同时训练发散思维。训练学生的发散思维并不是任其"发散"，而是有放有收，如在语言表达训练环节，在学生充分发表见解的基础上，教师以学生最熟悉的潍坊风筝为例，及时给予指导、点拨、提示、纠正，避免学生的思维散乱，使语言表达规范有序。

二十四、潍坊（上海）新纪元学校学生
年度个人发展计划

（一）基本信息

姓名		性别		出生年月日		照片
班级		民族		户口所在地		
家庭住址				联系电话		
特长爱好	1. 音乐 □　2. 舞蹈 □　3. 乐器 □　4. 表演 □　5. 美术 □ 6. 书法 □　7. 棋类 □　8. 计算机 □　9. 球类 □　10. 田径 □ 11. 外语 □　12. 写作 □　13. 阅读 □　14. 手工 □　15. 摄影 □ 16. 生物 □　17. 模型 □　18. 其他 □					
获奖情况	小学（初中）获奖情况（奖项名称、时间、级别）					
入学测试	学科成绩：语文_____　数学_____　英语_____ 认知测试：_____ 多元智能：强或较强项为_____ 适应性测试：学习方法_____学习习惯_____学习态度_____ 学习环境_____身心适应_____学习适应_____					
备注						

（二）目标

1. 学科学习

学科	合格	班级优秀	全校优秀（年级前30％）	达成情况
语文				
数学				
英语				

续表

学科	合格	班级优秀	全校优秀（年级前 30%）	达成情况
科学				
物理				
思品				
历史				
地理				
生物				
信息				
体育				
音乐				
美术				

2. 思想品德

方面	合格	班级优秀	全校优秀	达成情况
行为规范				
参加社会实践				
参加学校活动				

3. 多元发展

项目	班（年级）优秀	获校级奖	获区县以上奖	达成情况

4. 身心素质

方面	达标（合格）	良好	优秀	达成情况
身体素质				
心理素质				

（三）实施

达标措施要点
班主任的建议
班主任： 　　　年　月　日
家长寄语
家长： 　　　年　月　日

二十五、潍坊（上海）新纪元学校学生个人发展计划达成情况

（一）自我发展目标达成情况

1. 学科学习

学科		上学期 期中成绩	上学期 期末成绩	上学期 总评成绩	下学期 期中成绩	下学期 期末成绩	下学期 总评成绩
语文	计划						
	实际						
数学	计划						
	实际						
英语	计划						
	实际						
科学	计划						
	实际						
思品	计划						
	实际						
历史	计划						
	实际						
地理	计划						
	实际						
物理	计划						
	实际						
信息	计划						
	实际						
音乐	计划						
	实际						
美术	计划						
	实际						
体育	计划						
	实际						

2. 思想品德

内容		第一学期	第二学期	奖惩
行为规范	计划			
	实际			
参加社会实践	计划			
	实际			
参加学校活动	计划			
	实际			
德育综合考核	计划			
	实际			

3. 个性特长

多元发展课程		第一学期成绩/等级	第二学期成绩/等级	参赛、获奖情况
课程一	计划			
	实际			
课程二	计划			
	实际			

4. 身心素质

内容		第一学期成绩/等级	第二学期成绩/等级	备注
身体素质	计划			
	实际			
心理素质	计划			
	实际			

二十六、潍坊（上海）新纪元学校学生
学年行动计划完成情况汇总

第一学期计划要点及完成情况	第二学期计划要点及完成情况
未完成原因分析	未完成原因分析
改进措施	改进措施
学年目标达成度及综合评价（班主任填写）	

二十七、潍坊（上海）新纪元学校导师制家校信息表

学籍编号：_____

姓名		性别		出生年月日				学生照片
籍贯		民族		户口所在地				
入学年级		身高		体重		视力	血型	
					左 　 右			
家庭住址					邮政编码			
入学前所在学校								

家庭情况	姓名	与学生关系	职业	学历	工作单位	联系电话

特长爱好	1. 唱歌 □　2. 舞蹈 □　3. 乐器 □　4. 田径 □　5. 美术 □　6. 书法 □ 7. 棋类 □　8. 电脑 □　9. 数学 □　10. 英语 □　11. 写作 □　12. 朗诵 □ 13. 摄影 □　14. 乒乓球 □　15. 足球 □　16. 篮球 □　17. 生物 □ 18. 模型 □　19. 表演 □　20. 手工 □　21. 游泳 □　22. 其他 □
入学前获奖情况	（奖项类别及名称、时间、奖项级别）
入学测试	学科测试：语文_____数学_____英语_____ 智力测试：语言智力_____非语言智力_____综合_____ 适应性测试：学习方法_____学习习惯_____学习态度_____学习环境_____ 身心适应_____ 人格因素测试：低分项_____高分项_____ 多元智能测试：强势项_____弱势项_____

日常检测（分数或等级）	语文	数学	英语	政治	历史	地理	生物	物理	化学	体育	音乐	美术	信息

日常表现量化得分（此项计入综合素质评价）	行政部			学习部			行为部				卫生部		
	出勤情况	纪律情况	班务承包	课堂发言	作业情况	听课状态	摆放张贴	课间秩序	爱护公物	文明礼仪	个人卫生	公共卫生	值日情况
	生活部			活动部			安全部				评宣部		
	衣着发饰	就餐情况	就寝情况	集会活动	两操情况	社团活动	人际关系	携带物品	发现隐患	安全作业	成果展示	善行义举	评价监督

导师叮咛	
	导师签字＿＿＿＿＿＿

爸妈期望	
	家长签字＿＿＿＿＿＿

我努力的方向	
	学生签字＿＿＿＿＿＿

二十八、潍坊（上海）新纪元学校导师制个性化辅导方案

日期：_____年_____月_____日

学生编号：	年级：	总课时数：	班主任：
学生姓名：	辅导科目：	辅导时间：	导师：

学生的基本情况	
优点	不足

学生知识掌握情况

序号	知识考点	学生掌握情况	备注
1			
2			
3			
4			
5			

辅导计划表

序号	辅导内容	预计课时	教学时间	备注
1				
2				
3				
4				
5				

预期目标
导师建议
家长意见

家长签名：_____　　　　　　　日期：_____

二十九、潍坊（上海）新纪元学校小学
语文课堂教学质量评价标准

项目		评价内容	得分标准				得分
			A	B	C	D	
教学理念		1. 教学理念新颖，符合素质教育和新课程改革的要求 2. 在语文学习的过程中渗透人文因素，实现工具性与人文性的统一 3. 以学生发展为本，全面提高学生的语文素养 4. 正确处理教师教与学生学的关系，突出学生的主体地位，让每个学生都能得到发展和提高	5	4	3	2	
教师教学活动	教学目标	1. 符合课程标准中的教学目标与要求 2. 体现知识与能力、过程与方法、情感态度与价值观三维目标的有机整合 3. 简明、具体、恰当，符合学生的实际和发展需要 4. 关注学生良好的学习行为和习惯的培养	10	8	6	4	

项目		评价内容	得分标准				得分
			A	B	C	D	
教师教学活动	教学内容	1. 正确理解教材，准确把握教材，创造性地处理和使用教材 2. 从整体上把握教学内容，恰当取舍，突出重点、训练点 3. 有课程资源意识，合理利用资源，适当拓展教学内容的广度和深度	10	8	6	4	
	教学过程	1. 教学结构设计合理，环节清晰、简约、紧凑，能突出重点、突破难点 2. 教学方法灵活、简单、有效，以听、说、读、写、实践为主，重视学习策略和方法的指导 3. 重视课堂评价的激励和导向功能，能激发学生兴趣，激活学生思维 4. 面向全体，因材施教，关注每个学生，尊重学生的差异和个性特征 5. 创设能引导学生主动参与和体验的教学环境，构建民主和谐的课堂气氛，善于激发和调动学生的情感，形成平等对话、互动交往的课堂氛围	20	16	12	10	
	教师素质	1. 教态亲切自然，情感丰富，亲和力强 2. 课堂语言简练准确，富有激励性、启发性和感染力，板书工整规范，普通话标准，具有较高的朗读水平 3. 具有良好的文学修养和较高的专业素养，语文教学基本功扎实，调控课堂教学的能力强 4. 具有灵活运用现代化教学手段的能力	10	8	6	4	
学生学习活动	学习状态	1. 学习积极性高，思维活跃，有强烈的求知欲，敢于质疑、善于表达、勤于实践，能够创新 2. 全员参与、全程参与、有效参与，参与教学活动的时间不少于整节课的1/2	10	8	6	4	
	学习方式	1. 有充足的自主学习时间和空间 2. 学会进行有意义的接受性学习，主动运用自主、合作、探究的学习方式，形成一定的语文学习能力	10	8	6	4	
	习惯养成	1. 具有正确的书写姿势和良好的书写习惯 2. 具有正确的读书方法和良好的读书习惯 3. 具有自主学习、主动学习的习惯 4. 具有良好的倾听、思考、质疑、交流、合作等学习品质	10	8	6	4	

续表

项目	评价内容	得分标准				得分
		A	B	C	D	
教学效果	1. 师生感情融洽，教师能获得教学的成就感和幸福感，学生能获得成功与进步的积极体验，学习兴趣浓厚，有进一步学习的愿望 2. 教学目标达成度高，突出重点，突破难点，每个学生都有不同程度的收获 3. 语言文字和语文能力训练扎实，学生学习方法的掌握和运用良好，语文综合学习能力得到一定的发展和提高 4. 体现知识获取、能力形成、素养提高的螺旋上升过程	15	12	9	6	
教学特色	教学设计具有原创性，教学方式独特新颖，教学效率高，效果好	（作为奖励加分，最高加 10 分）				

三十、潍坊（上海）新纪元学校初中部、高中部学生差异化教育评价手册（节选）

（一）学生基本信息

1. 学生信息

基本信息			
姓名		健康状况	
性别		出生年月	
民族		政治面貌	
籍贯		学籍号码	
家庭住址			

联系信息			
电话		QQ 或电子邮箱	
家庭成员信息			
家庭成员	姓名	手机号	单位及职务
学业状况信息			
特长科目		弱势科目	
担任过的职务			
自我评价			

2. 自我综合分析——机会永远偏爱有准备的人

（1）我有哪些性格特征？ _____。

（2）我的兴趣、爱好主要体现在哪些方面？ _____。

（3）我最擅长哪些方面？最不擅长哪些方面？ _____。

（4）人生中我最重视的是什么？ _____。

（5）我有哪些自我管理能力？ _____。

（6）我有理想吗？我的理想是什么？在实现理想方面我有哪些优势和劣势？

_____。

3. 学习能力自我分析

因素		分析
智力因素	注意力	
	观察力	
	记忆力	
	想象力	
	思维力	
非智力因素	理想	
	动机	
	兴趣	
	意志	
	情绪	
	自信心	
积极因素		
不足之处		

4. 职业生涯规划

因素		分析
目标职业分析	感兴趣的职业	
	职业基本素质要求	
	职业前景	

续表

因素		分析
职业发展目标	短期目标	
	中期目标	
	长期目标	
内外部分析	优势及使用（自身）	
	弱势及弥补（自身）	
	机会及利用（外部）	
达到中短期目标的计划与措施		

（二）差异化教育评价方案

1. 评价依据和指导思想

学生差异化教育评价是贯彻党的教育方针、全面实施素质教育的基本要求。根据山东省教育部门关于学生综合素质评价的政策文件，为全面、客观、科学、规范地实施我校学生差异化教育的评估工作，建立科学合理的评估机制，充分发挥差异化教育评估对学生成长的促进作用和导向作用，促进学生全面发展，特制定潍坊(上海)新纪元学校差异化教育评价方案。

2. 评价方案的基本构成

本评价方案从思想品德、学业水平、身心健康、艺术特长、创新实践五个维度制定考评标准，以计分的办法进行评价。

（1）思想品德。此维度分基础性指标和附加奖惩性指标两大部分。其中基础性指标包含热爱祖国，自尊自爱、注重仪表，团结互助、礼貌待人，热爱家庭，诚信文明，关爱集体，道德修养，遵纪守法，社会实践，环境卫生，共 10 个 A 级指标；设仪表规范、生活方式健康、尊敬老师、团结同学、家庭责任意识强、孝敬父母、诚实做人、举止文明、爱护公物、关爱集体、遵守公共秩序等 19 个 B 级指标；总分为 100 分。附加奖惩指标分为 20 个小项，其中奖励 9 项，惩罚 11 项。

（2）学业水平。该维度设学习态度、学习品质、学习能力、实践探究能力、合作能力、学业水平考试及模块考试共 7 个 A 级指标，另有 15 个 B 级指标，合计 100 分。

（3）身心健康。该维度要求学生热爱体育运动，养成体育锻炼的习惯；具备锻炼健身的能力、一定的运动技能和强健的体魄；形成健康的生活方式，提高心理调节能力。该维度以《国家学生体质健康标准》为依据，分年级、分性别进行评定，设合格、不合格两个等级。

（4）艺术特长。该维度要求学生能感受并欣赏生活、自然、艺术和科学中的美，具有健康的审美情趣；积极参加艺术活动，用多种方式进行艺术表现；在各级各类艺术表演或比赛中力争优良成绩；衣着得体，举止大方，气质优雅。该维度包括音乐类鉴赏与技能评价以及美术类素质与技能评价两部分。音乐类鉴赏与技能评价分为模块评价与态度评价，分初级、中级和高级三个等级。美术类素质与技能评价分为优秀、及格、不及格三个等级。

（5）创新实践。该维度要求学生积极参加社会实践、社区服务等活动，积极参与 STEAM 等创新实践课程并取得标志性成果。

3. 评价的原则

（1）尊重差异、多元发展的原则。要从思想品德、学业水平、身心健康、艺术素养、创新实践各方面出发，综合评估学生。

（2）评价内容的全面性原则。既要注重对学生科学文化素养的评价，也要注重对学生基础性发展目标的评价，纠正仅依据文化课考试成绩评价、选拔学生的不当做法。

（3）评价目标的发展性原则。评价学生的基础素养时要用发展的观点，以促进学生健康、主动、全面地发展为目标，肯定学生的进步，分析学生的不足，为学生发挥优势、弥补不足、健康快乐成长提供的建议和帮助。

（4）评价方法的多样化原则。基础素养评价采取定量评价和定性评价有机结合的方法，评价结果采用等级评定、描述性评语和质性评语相互补充、相互结合的方式，充分体现不同评价方法的优越性和它们之间的互补性。

（5）评价主体的多元化原则。改变单纯由教师评价学生的做法，采取自评与他评相结合的方式，强化学生在评价中的主体地位；加强学生的自评和学生间的互评，使对学生的评价成为学生、教师、学校、家长共同参与的交互性活动，激发评价主体和客体在学生评价中的能动性；加大学生家长在学生评价过程中的参与程度，让家长了解学校的评价改革、参与评价改革实践，充分发挥家长评价这一环节应有的功能。

（6）评价过程的动态化原则。学生评价要瞄准学生自身的纵向发展，不仅要关注结果，更要关注学生成长、发展的过程。终结性评价要与形成性评价有机结合，且应更加注重形成性评价。

（7）评价结果的客观性原则。对学生进行评价时要做到客观、具体，要实事求是。

（8）易操作性原则。差异化教育评价方案要合理、适用、具体、可操作，避免形式化和过于烦琐。评价过程要简便、直观、易操作，且要逐步实现评价操作与管理的信息化。

4. 组织实施

（1）落实好学生评价的组织工作。成立以校长为组长，分管副校长、学部主任、德育主任、教务主任、级部主任、班主任、教师代表、家长代表及学生代表为成员的学生差异化教育评价委员会，委员会要结合本评价方案，组织评价实施，监督评价过程，处理评价过程中遇到的各种问题。委员会下设评价小组，评价小组由行政班班主任牵头，任课教师、学生导师、学生代表和家长代表共同参与。

（2）组织学生自评和家长评价。学生自评和家长对学生的评价由学生导师组织进行。评价工作开始前，学生导师应当就学生评价的意义、方法、需要注意的问题向学生做出说明并提出要求。学生自评以学生自己的成长记录为主要依据，描述和分析自己在五个维度的表现，表达自己的感悟，提出自己前进的方向，并在五个维度上评定自己的等级。家长对学生进行评价之前，班主任、学生导师通过家长会、家访、信函、电话等方式向家长介绍评价的内容和要求，并介绍学生的在校情况，家长根据以上信息和对学生的日常了解提出评价意见。

（3）组织学生互评。学生互评在学生自评的基础上进行，由班主任通过班会等方式组织。

（4）初定等级，起草评语。班主任在学生自评、学生互评、家长评价的基础上，根据学生在五个维度上的日常表现，参考学生的学业成绩和在学习过程中的表现，为学生写出评语的草稿，分别从五个维度为学生初定一个等级，并就此集中或分别征求评价小组成员的意见，再修改评语，维持或变更评定的等级。

（5）向学生征求意见。班主任通过谈话等方式，就评语和评定等级向被评价的学生征求意见。

（6）撰写评定报告及报审。班主任在征求每个学生意见的基础上，确定每个学生的等级和评语，并撰写关于其所带行政班的学生差异化教育评价工作情况报告，报学部差异化教育评价委员会审核。报告经评价委员会批准后放入有关档案袋。

（7）学生差异化教育评价时间。学生差异化教育评价被安排在每学期末进行，每学期一次。

5. 评价分类及分值

评价分为日常综合评价、学期综合评价、毕业综合评价、标志性评价四类。

（1）日常综合评价从以下方面进行：课堂表现、学案作业、测试成绩、自习情况、教室卫生、宿舍卫生、入校离校、文明礼仪、纪律、安全。每个班级成立记录小组，根据学生差异化教育评价量表，每天记录每个学生的量化得分。小组利用班会时间进行每周小结，通报个人累计分数，每月进行一次分数汇总，每学期进行一次大汇总。

（2）学期综合评价包括日常综合评价、同学评价、自我评价、教师评价、学业成绩评价五方面。对学生日常综合评价（占30%）、自我评价（占5%）、同学评价（占5%）、教师评价（占20%）、学业成绩评价（占40%）的得分进行加权汇总，由高到低对学生的总评价得分排序，以等级呈现，A等为前30%，B等比率为50%，其余20%是C等。

（3）毕业综合评价是在学生毕业时进行的。学生差异化教育评价委员把六个学期的综合评价等级进行汇总（第一至第六学期的权重分别为15%、15%、15%、15%、20%、20%），并汇总学生获得的综合性荣誉（优秀学生、三好学生、优秀学生干部、优秀团员、优秀毕业生等，不同于标志性成果），将它们作为评定毕业等级的基本依据。

（4）标志性评价指将学生参加社会活动取得的标志性成果纳入学生素质综合评价并记录，具体包括各种学科竞赛、体育活动、美术展览、学术交流、发明创造、文章发表等。学期末，各班评价小组对班内每位同学在本学期的各项标志性成果进行认定，在班内公示，无异议后上报学部差异化教育评价小组进行审核、赋分，再导入评价系统。

6. 考评结果的用途

（1）评价结果合格是学生毕业的必备条件。学生修业期满，完成毕业要求学分，学业水平考试合格，差异化教育评价合格，体质健康测试合格，学校则准予其毕业，按程序颁发毕业证书。

（2）评价结果是参加高校自主招生的必备材料。

（3）评价结果是评选优秀学生的主要依据。在学校组织的星级评定、十佳学生、百优中学生、优秀班干部、各类标兵等优秀（先进）评选活动中，只有德育、智育、体育、艺术和特长等方面考评结果优秀的同学才能入围。

（4）评价结果是评价班级工作、级部工作的重要依据。

（5）评价结果是总结回顾、改革完善学校教育教学工作的重要参考。

（三）成长档案（节选）

★刚开学时的我：_____。

★我的发展目标：_____。

思想品德

热爱 祖国 （10分）	自尊自 爱、注 重仪表 （10分）	团结互 助、礼 貌待人 （10分）	热爱 家庭 （10分）	诚信 文明 （10分）	关爱 集体 （10分）	社会 实践 （10分）	道德 修养 （10分）	遵纪 守法 （10分）	环境 卫生 （10分）	综合 评价

学业水平

学习态度（10分）	学习品质（10分）	学习能力（20分）	实践探究能力（10分）	合作能力（10分）	学业水平考试（30分）	模块考试（10分）	综合评价

学业分科评价

课程	日常评价			学期总评
	平时评价	期中评价	期末评价	
语文				
数学				
英语				
生物				
历史				
地理				
思品				
物理				
化学				
音乐				
美术				
体育				
信息				
综合实践				

身心健康

项目 1 (10 分)	项目 2 (10 分)	项目 3 (10 分)	项目 4 (10 分)	项目 5 (10 分)	两操 (20 分)	参加 活动 (5 分)	心理 调节 (10 分)	身心 素质 (10 分)	加分 项 (5 分)	综合 评价

艺术特长

美术 （日常） (20 分)	美术 作品 (15 分)	活动 展示 (15 分)	音乐 （日常） (20 分)	音乐 作品 (15 分)	活动 展示 (15 分)	综合 评价

创新实践

学科 竞赛 (10 分)	艺体 比赛 (5 分)	作品 发表 (5 分)	校本 课程 (20 分)	自我 锻造 (10 分)	社会 实践 (50 分)	综合 评价

标志性成果

标志性成果	发证单位	发证日期

期末班主任评语：_____

_____

期末家长评语与期望：_____

_____

本学期最值得铭记的一件事情及感想：

_____

_____

_____

_____

_____

_____

_____

_____

_____

_____

_____

_____

毕业综合评价

语文	数学	英语	政治	历史	地理	物理	化学	生物	体育	音乐	美术	信息	社会实践	多元课程	多元社团	综合评定
拓展获奖情况																

自我评价	
教师评价	班主任签字：　　　时间：　　年　　月　　日
家长评价	家长签字：　　　时间：　　年　　月　　日

三十一、潍坊（上海）新纪元学校小学部
综合素质学年评价标准

（一）思想品德

思想品德方面的"我做到"板块每学期有 20 个评价指标，一学年共计 40 个评价指标。每学年完成 34 个及以上指标的学生为优秀，完成 28—33 个指标的为良好，完成 24—27 个指标的为及格，完成 23 个及以下的为不及格。对不及格者需进一步加强教育。

（二）学业水平

一、二年级的评价范围包括语文、数学、英语、音乐、体育、美术六个学科。学生每学年能完成 32—36 个学分为优秀，完成 27—31 个学分为良好，完成 21—26 个学分为及格，完成 20 个及以下学分为不及格。不及格者需进行二次达标，二次达标不过关的还需要进行三次达标，如果三次达标仍不过关，则在下学年开学前还要接受达标检测。

三至六年级的评价范围包括语文、数学、英语、科学、品德与生活（社会）、音乐、体育、美术八个学科。学生每学年完成 41—48 个学分为优秀，34—40 个学分为良好，29—33 个学分为及格，完成 28 学分及以下为不及格。不及格者需要进行二次达标，二次达标不过关的还需要进行三次达标，如果三次达标仍不过关，则在下学年开学前还要接受达标检测。

语文学习质量评价分为五个部分：识字与写字、阅读、口语交际与演讲、习作和综合实践。每生每学期完成 1 学分为达标，否则要进行补考；完成 2 学分为良好，完成 3 学分为优秀。计算公式如下：

一学期语文学科所修学分＝每月所得学分×60％＋期末学分×40％

数学学习质量评价分为五个部分：计算技能、基础知识、图形与几何、解决问题和平日综合素质。每生每学期完成 1 学分为达标，否则要进行补考；完成 2 学分为良好，完成 3 学分为优秀。计算公式如下：

一学期数学学科所修学分＝每月所得学分×60％＋期末学分×40％

一、二年级英语学习质量评价分为单词认读、课文朗读、口语交际及课堂表现四部分。三至六年级英语学习质量评价分为词汇、课文背诵、阅读以及口语交际四部分。每生每学期完成 1 学分为达标，否则要进行补考；完成 2 学分为良好，完成 3 学分为优秀。计算公式如下：

一学期英语学科所修学分＝每月所得学分×60％＋期末学分×40％

科学学习质量评价分为过程性评价（科学实验、科学记录本、课堂表现、课外探究）和期末科学素养评价两部分。每生每学期完成 1 学分为达标，否则要进行补考；完成 2 学分为良好，完成 3 学分为优秀。计算公式如下：

一学期科学学科所修学分＝每月所得学分×60％＋期末学分×40％

品德与生活（社会）学习质量评价分为过程性评价（课堂表现）、平时作业、期末考试三部分。每生每学期完成 1 学分为达标，否则要进行补考；完成 2 学分为良好，完成 3 学分为优秀。计算公式如下。

一学期品德与生活（社会）学科所修学分＝每月所得学分×60％＋期末学分×40％

另外，小学部每学期组织期中和期末两次考试，考试成绩出来后，教务处首先分析各科的平均分、优秀率、及格率、各类学生进步幅度，并画出班级各科成绩折线图；分析各班、各科的成绩，也就是标准性评价；与联考学校的成绩进行对比分析，也就是相对性评价；同时对各班、各科连续几次成绩的变化进行分析，也就是发展性评价。只有通过这三方面的分析，对每个班级、每位任课教师、每位学生的分析才能客观到位。

（三）艺术特长

学校一直坚持"尊重差异、提供选择、开发潜能、多元发展"的办学理念，在教育部要求的每个学生能够掌握两项体育运动技能和一项艺术特长的基础上，我们充分利用资源优势，要求学生掌握两项体育运动技能和两项艺术特长。为此学校为学生开设了丰富多彩的体艺多元课程，有篮球、足球、排球、长跑、羽毛球、书法（毛笔和硬笔）、沙画、纸工、漫画、泥塑、合唱、钢琴、琵琶、萨克斯、古筝、葫芦丝等课程。

（四）身心健康

身体素质基本情况的记录与身心健康的评价如表附 31-1、表附 31-2 所示。

表附 31-1　身体素质基本情况

项目		测试结果	达标等级
身高			
体重			
胸围			
肺活量			
视力	左眼		
	右眼		

表附 31-2　身心健康评价

评价内容		形成性评价		单项总评
		自评	组评	
身体健康情况	热爱体育运动，学会锻炼方法，养成锻炼习惯			
	讲卫生，养成良好的卫生习惯			
	读、写、坐、立、走姿势正确			
	按时做眼保健操，课间操动作规范、有力、优美			
心理健康情况	做事认真负责			
	勇于克服困难，积极进取			
	乐观自信			
	有一定调节自己情绪和行为的能力			
	具有较强的创新意识和创新能力			
	有适应环境的能力			
	善于与他人交往			
	能通过与他人合作实现确定的目标			

（五）创新实践

对创新实践活动的评价和记录如表附 31-3、表附 31-4 所示。

表附 31-3　创新实践活动评价

序号	评价内容	形成性评价		单项总评
		自评	组评	
1	积极参加公益活动或社区活动，能吃苦耐劳			
2	主动参加家务劳动			
3	了解简单的生产劳动常识，会使用简单的劳动工具			
4	爱护公物，珍惜劳动成果，勤俭节约			
5	掌握一定的信息技术知识并能主动收集、处理信息			
6	有一定的观察能力、思维能力和实践能力，能主动开展社会实践			
7	实践活动课表现积极			

表附 31-4　创新实践活动记录

活动主题		活动日期	
指导老师		活动地点	
活动过程、表现			

后 记

　　从教以后，我非常喜欢朱熹的《活水亭观书有感二首·其二》："昨夜江边春水生，艨艟巨舰一毛轻。向来枉费推移力，此日中流自在行。"朱熹从自然界捕捉自然现象，揭示了深刻的教育教学哲理：如果不能激发兴趣，不能唤醒主体意识，教育教学就会像推移艨艟巨舰一样枉费力气；而若想达到"巨舰一毛轻""中流自在行"这种和谐欢快的状态、自动自发的境界，则需要"江边春水生"的催发，需要主动精神火花的点燃、主体意识的推进。这种"中流自在行"也是我心中期待的理想教育状态。

　　我所追求的理想教育的实践起点就是唤醒师生的主体意识，使教师想教、学生想学，解决教与学的动力问题；然后提升教师的专业能力，完善学生的学习方法，培育学生的优势智能，解决"教师会教"和"学生会学"的问题；最后实现教师的专业成长以及学生个性的发展、核心素养的形成。这也是对差异化教育目标的落实。

　　20多年来，我一直关注学生的差异，进行差异化教育研究。期间积累的研究材料，如方案、计划、量表、校本教材、论文集等，用汗牛充栋来形容也不为过。近几年，我一直想静下心来好好梳理一下已经做过的事情，思考理想教育进一步努力的方向，却总因琐事缠身而无法实现；后在潍坊市教育局局长徐友礼同志的催促下，忙里抽闲，匆匆写就此书，但感觉仍不完善。

　　差异化教育研究得到过多位专家的指导与鼓励。我在海亮外国语学校时，华东师范大学的袁振国教授、左焕琪教授曾多次亲临学校指导；到上海市教科院实验中学后，上海市教科院的顾泠沉先生、胡卫先生、程华山先生等不吝赐教，使我受益良多，而且当时华东师范大学的由陈桂生教授、徐冬青博士、方剑峰博士组成的课题组每周来校进行半天的专题研讨，他们在差异化教育的理论层面和操作层面给予了方向性指导；到潍坊（上海）新纪元学校后，北京国信世教信息技术研究院左罡院长在引进创新课程等方面给予了我热情帮助。在此，向各位专家表示诚挚的谢意。

差异化教育是上海新纪元教育集团教育研究院的研究项目之一，集团下属各学校都遵循"尊重差异、提供选择、开发潜能、多元发展"的办学理念，将其贯穿于教育教学全过程；陈伟志董事长全力支持，集团上下都为差异化教育的研究与实践付出了辛勤劳动；浙江平阳新纪元学校校长许益权团队、浙江瑞安新纪元学校校长叶绍胜团队、重庆中山外国语学校校长曾义荣团队、四川广元外国语学校校长陈大向团队以及集团其他旗下学校的教师团队，都对差异化教育的研究与推进做出了积极努力。如果说有研究成果的话，那一定是集团全体人员的心血与智慧的结晶。

差异化教育研究永远是一个新课题，因为有群体的地方就会有个体差异。我们所提出的"尊重差异、提供选择、开发潜能、多元发展"，也是一个渐进的实施过程和日臻完善的提升过程。就差异化教材研发来说，想要真正拥有开放的勇气、包容的心态和海纳百川的胸襟，做到古为今用、洋为中用，充分利用我国传统文化的智慧，强化中华文化的根基，并且批判性地吸收其他文化的精华，形成中西融合、面向未来的教材，我们还有很长的路要走。另外，差异化教育的实施除了完善学校设施设备、做好教材建设外，更关键的环节在于转变教师的教育观念，提高教师的多元课程教学能力。而转变教师的观念则需要极大的耐心和细心，甚至是长期的、艰苦的，需要学校进行持之以恒的教育培训与价值引领。

在本书写作过程中，我也得到了陈伟志董事长的肯定和同事的帮助，吴素琴、王平、马秋娟、潘祥成、李爱云、鞠宪庆、殷惠等老师在量表测试、图表制作和材料收集等方面付出了辛勤劳动，特别是吴素琴老师，做了大量的基础性工作。在此，向陈伟志董事长和我的同事们表示深深的感谢。

在差异化教育研究和本书撰写的过程中，有些方案、材料吸纳了不少专家学者的思想和观点，但由于时间久远，现难以一一注明出处，对此深表歉意。

顾明远教授亲自为本书题写书名，顾老也曾到潍坊（上海）新纪元学校进行视察指导，对学校工作多有鼓励，在此向顾老，也向其他关心、支持潍坊（上海）新纪元学校发展的老前辈们致以深深的感谢。

　　本书把差异化教育实施过程中的做法和实施方案较为原生态地呈现出来，谨供有志于进行差异化教育研究的同志参考。由于本人水平有限，加之成书时间仓促，难免有所疏漏，在此恳请大家批评指正。

周远生

2018 年 8 月 8 日